FLASCHENPOST AUS BURGUND

Herausgegeben von Thomas Schröder

Frankfurter Allgemeine Magazin

HORST DOHM
FLASCHENPOST AUS BURGUND

Die sechzig großen Weine
Fotografiert von Jürgen Röhrscheid
Gestaltet von
Hans-Georg Pospischil

Keyser

Inhalt

DAS WEINLAND BURGUND

Die Burgunder haben nie gezweifelt: Die besten Weine der Welt kommen aus ihrem Land. Mögen die anderen noch so lautstark prahlen – nur in Burgund seien der sensible Pinot noir und der verläßliche Chardonnay zu Hochleistungen fähig. Auch die Erfolge, die mit diesen Rebsorten inzwischen in Kalifornien und Australien, in Neuseeland und Südafrika erzielt werden, schrecken die burgundischen Weinbauern nicht. Nur wenige nehmen die neue Welt zur Kenntnis.

Das Selbstbewußtsein hat Geschichte. Schon die großen Burgunder-Herzöge, die im vierzehnten und fünfzehnten Jahrhundert die französische Krone das Fürchten gelehrt hatten, waren sich ihrer Sache sicher. Sie nannten sich schlicht die Herren über die besten Weine der Christenheit. Sie fanden Claqueure: Die Festlichkeiten am Hofe der Herzöge wurden gerühmt und kopiert, die Weine Burgunds fanden wachsenden Zuspruch. Selbst die Könige konnten sich dem Wein aus dem mächtigen Burgunderreich nicht verschließen; ihre Leibärzte verschrieben den Wein als Medizin – wie der berühmte Gui Crescent Fagon seinem König Ludwig XIV. Auch Erasmus von Rotterdam vertraute auf die heilende Wirkung des Burgunders, vor allem der Weine von Beaune: „Mutter der Menschen" nannte er das „glückliche Burgund", das den Menschen eine „ebenbürtige Milch" schenke. Die Reihe der Bewunderer läßt sich mühelos verlängern. Madame Pompadour, die Maitresse Ludwigs XV., schwärmte für den Romanée-Conti, und Napoléon verliebte sich in den Chambertin – zum Kummer der Winzer und Händler in Bordeaux, denen der Imperator lange die kalte Schulter zeigte. Und im neunzehnten Jahrhundert eroberte der Wein die Welt. Das Ausland wurde zum wichtigsten Markt für die Weine aus Burgund. Wann der Weinstock in Burgund eingebürgert worden ist, verliert sich im Dunkel der Geschichte. Auch über die Herkunft läßt sich nur spekulieren. Vermutlich sind es die Griechen gewesen, die ihn um sechshundert vor Christus, bei der Besiedlung von Marseilles, mitgebracht haben. In die Römerzeit fällt die erste Blüte der Weinkultur, der Rebstock nimmt seinen Weg nach Norden – bis in das heutige Gebiet von Chablis. Als die römische Epoche zu Ende geht und sich die Einfälle der Barbaren mehren, ist die Weinkultur schon so verbreitet und so gefestigt, daß sie sich behaupten kann, daß sie die Zeiten überdauert.

Die Weine der Herzöge: Die besten Weine der Christenheit

Die Klöster als Hort der Weinkultur

Entscheidende Impulse empfängt der Weinbau in Burgund durch die Kirche. Überall in Burgund entstehen Klöster, die zum Refugium für die Weinkultur werden. Das Leben des Rebstocks wird mit nahezu wissenschaftlicher Besessenheit erforscht, die Weinqualität verbessert, der Weinbau vorangetrieben. Könige und Adlige beschenken die Klöster mit Ländereien, die Abteien erfreuen sich beachtlichen Wohlstands. Keine Provinz, schreibt der französische Historiker Jules Michelet (1798 bis 1874), habe jemals größere, wohlhabendere und an fernen Niederlassungen reichere Klöster besessen als Burgund: die Benediktiner-Abteien Saint-Bénigne in Dijon und Cluny bei Mâcon und das knapp zweihundert Jahre später gegründete Zisterzienser-Kloster (1098) Cîteaux, nahe Chalon. Vor allem die Zisterzienser, die sich im Gegensatz zu den Benediktinern wieder der asketischen Lebensweise erinnern, erwerben sich große Verdienste. Sie setzen die ersten Maßstäbe für den modernen Qualitätsweinbau. Clos-de-Vougeot und Clos-de-Bèze an der Côte d'Or sind ohne die Zisterzienser ebensowenig zu denken wie die große Abtei Kloster Eberbach im Rheingau. Im dreizehnten Jahrhundert hat die Arbeit der Klöster schon so viel Früchte getragen, daß der Wein als der große Reichtum Burgunds bezeichnet wird.

Zusätzliches Ansehen gewinnt der Wein während der Regierungszeit der großen Herzöge in Dijon, die seit dem vierzehnten Jahrhundert die weltliche Herrschaft ausüben. Philipp der Kühne (1363 bis 1404), Johann der Unerschrockene (1404 bis 1419), Philipp der Gute (1419 bis 1467) und Karl der Kühne (1467 bis 1477) führen Burgund zu Macht und Wohlstand, sie pflegen die Künste und den Wein, sie schwelgen in Luxus und Lust. Philipp der Kühne, der 1369 Margareta von Flandern heiratet und das Burgunderreich bis nach Flandern ausdehnt, macht sich als Gourmet und Gourmand einen Namen, gilt als der Erfinder des Wortes „Bankett" und der Menükarte. Und er scheut sich nicht, im Dienste der guten Sache unpopuläre Maßnahmen anzuordnen. So befiehlt Philipp der Kühne 1395 seinen Untertanen, die „sehr unredliche Gamay-Rebe", die „schrecklich harte" Weine liefere, auszuhauen und durch den edlen Pinot noir zu ersetzen. Nur wenige Winzer lassen sich einschüchtern; die meisten halten an der ertragreichen Gamay-Rebe fest. Einige Jahrzehnte später erneuert Herzog Philipp der Gute den Rodungs-Befehl. Doch auch er kann der Gamay nicht den Garaus machen, die Rebsorte behauptet sich noch viele Jahrhunderte als die Nummer eins in Burgund (in den fünfziger Jahren des vorigen Jahrhunderts zum Beispiel sind von den sechsundzwanzigtausend Hektar Rebfläche an der Côte d'Or noch dreiundzwanzigtausend mit Gamay bepflanzt).

Die Handelshäuser entstehen

Anfang des achtzehnten Jahrhunderts werden die ersten Handelshäuser in Beaune gegründet; die Stadt hatte mit dem Ausbau der Straßen seine Standortnachteile gegenüber anderen, an Flüssen liegenden Wein-Städten wettmachen können. Die Händler erschließen zunächst die benachbarten Provinzen, dann Nordfrankreich und Belgien. In vielen Provinzen und Ländern sind die Weine Burgunds zwar schon bekannt, doch nun beginnt die systematische Eroberung des Marktes. Bald darauf entstehen auch die négociants-éleveurs – jene Weinhäuser, die nicht nur mit dem Wein handeln, sondern die ihn in eigenen Kellern ausbauen und lagern. Das älteste Unternehmen dieser Art, Champy Père & Cie. in Beaune (1720 gegründet), ist noch immer aktiv.

Tiefe Einschnitte in die Struktur des burgundischen Weinbaus bringt die Französische Revolution 1789. Die kirchlichen Besitztümer und die adligen Domänen werden vom Staat konfisziert, zerschlagen und an neue Eigentümer versteigert. Nur wenigen Altbesitzern gelingt die Rückkehr – im Gegensatz zu Bordeaux, wo viele aristokratische Emigranten einige Jahre nach der Revolution einen Neubeginn wagen können. Verschärft wird die Zersplitterung der Besitztümer in Burgund durch das französische, auf den Code Napoléon zurückgehende Erbrecht, wonach alle Kinder zu gleichen Teilen, also nicht nur die Erstgeborenen, erbberechtigt sind. Der Besitz muß im Erbfall aufgeteilt werden – entsprechend der Zahl der Kinder. Die Folgen sind noch heute spürbar: Ungefähr zwanzigtausend Winzer (einschließlich der Nebenerwerbsbetriebe) teilen sich einundvierzigtausend Hektar Rebland (mit kontrollierter Herkunftsbezeichnung). Noch drastischer läßt sich die „Demokratisierung" der burgundischen Weinberge an den Besitzverhältnissen berühmter Lagen demonstrieren. Clos-de-Vougeot zum Beispiel, von den Zisterziensern der Abtei Cîteaux im Mittelalter angelegt, zählt heute fast achtzig Besitzer, die sich eine Rebfläche von fünfzig Hektar teilen müssen. Ähnlich zersplittert ist der Grand Cru Chambertin: auf dreißig Hektar arbeiten fünfundzwanzig Besitzer. Lagen im Alleinbesitz, sogenannte Monopol-Lagen, sind in Burgund jedenfalls nur noch selten anzutreffen. Romanée-Conti und La Tâche sind sicherlich die berühmtesten.

Durch die „Atomisierung" der Weinberge gewinnt die Rolle des Weinhandels zusätzliche Bedeutung. Die négociants und négociants-éleveurs kaufen bei den Winzern Wein und Trauben in vielen kleinen Partien und fassen das zerstückelte Angebot zu handelsfähigen Mengen zusammen. Auf diese Weise werden die Voraussetzungen für den Ausbau des Burgunder-Absatzes geschaffen – vor allem im Ausland; denn nur mit ausreichend großen Mengen lassen sich Märkte aufbauen und pflegen. Gefördert wird die Entwicklung durch die Verbesserung der Transportverhältnisse. Der Handel blüht auf, die Weine aus Burgund erobern nun endgültig die Welt. Großbritannien und Irland, Belgien und die Schweiz, Deutschland und Skandinavien und letztlich auch die überseeischen Länder wachsen zu den klassischen Märkten für die Burgunder-Weine heran.

Die Reblauskatastrophe

Dann kommen Rückschläge. Zuerst werden die Reben – wie in anderen Weinbau-Ländern auch – durch den echten Mehltau geschädigt. Die Rebstöcke kümmern dahin, die Erträge gehen erheblich zurück. Die Lage entschärft sich erst wieder, als die Winzer lernen, durch das Bestäuben der Reben mit Schwefel die Krankheit zu bannen. Doch die Mehltau-Krise ist nur der Anfang. Was danach kommt, weitet sich zur Katastrophe aus: die Reblaus, aus Amerika eingeschleppt, überfällt die europäischen Weinberge. Anfang der sechziger Jahre taucht sie erstmals in Südfrankreich auf, 1878 erobert sie das Gebiet um Meursault – die große Weißweinregion der Côte d'Or. Die Wissenschaftler finden keine Waffe gegen Phyloxera vastatrix, gegen die Verwüsterin; die Rebflächen siechen dahin, der Bestand schrumpft.

Vertrieben ist die Reblaus bis heute nicht. Aber sie ist unschädlich gemacht worden – durch die Einführung der Pfropfreben: Europäische Vinifera-(Edel-)Reiser werden auf amerikanische Rebwurzeln aufgepfropft, die gegen die Reblaus unempfindlich sind. Seither ist der Weinbau in den Weinbauländern der Welt praktisch ein Pfropfrebenbau. Wurzelechte Rebstöcke sind nur noch in wenigen Weinbergen zu finden.

In Frankreich beginnt das Zeitalter der Pfropfreben 1886. Weinberge werden neu bepflanzt – von der Reblaus verwüstete ebenso wie die wenigen, die der Katastrophe standgehalten haben. Doch Spuren der Verwüstung bleiben. Viele Winzer können die Kosten des Neubeginns nicht tragen; Weinberge werden zu Schleuderpreisen verkauft oder stillgelegt. Nur die besseren Weinberge – meist an den Hängen gelegen – bleiben übrig. Zu Beginn der Reblausinvasion haben an der Côte d'Or noch vierunddreißigtausend Hektar unter Reben gestanden, nach der Wiederbepflanzung, etwa um 1920, sind nur noch zwölftausend Hektar übrig. Doch die Reblaus ist nicht der einzige Feind des Burgunder Weinbaus. Auch wirtschaftliche Krisen machen den Winzern zu schaffen. In den dreißiger Jahren ist mit dem Wein kaum noch Geld zu verdienen; viele verlieren die Nerven und steigen aus dem Metier aus. Die Rebfläche verringert sich von neuem, an der Côte d'Or erreicht sie nie wieder die Marke von zehntausend Hektar.

Das Weinbaugebiet Burgund – im Osten Frankreichs, an der Nord-Süd-Durchgangsstrecke gelegen – dehnt sich von Chablis im Norden bis hinunter nach Lyon. Das Weinbaugebiet, die Anbaufläche mit kontrollierter Herkunftsbezeichnung (Appellation d'Origine Contrôlée), Bourgogne Viticole genannt, ist durch ein Gerichtsurteil der Zivilkammer in Dijon 1930 festgelegt worden. Es erstreckt sich über die Départements Yonne, Côte d'Or, Saône-et-Loire und Rhône. Im Département Yonne, nordwestlich von Dijon, auf halbem Weg nach Paris, liegt das Chablis-Gebiet.

Von Chablis bis nach Lyon

Diese Region (Seite 19) hat sich auf Weißwein spezialisiert, wenn auch im Yonne-Tal, südlich von Auxerre, einige – durchaus akzeptable – Rot- und Roséweine erzeugt werden (der Irancy zum Beispiel). Das Département Côte d'Or wird – vom Weinbau her gesehen – in zwei Hauptgebiete untergliedert: in die Côte de Nuits mit den Weinbaugemeinden Gevrey-Chambertin, Morey-Saint-Denis, Chambolle-Musigny, Vougeot, Vosne-Romanée und Nuits-Saint-Georges (Seite 20) und in die Côte de Beaune (Seite 21) mit den Gemeinden Aloxe-Corton, Pernand-Vergelesses, Savigny-lès-Beaune, Pommard, Volnay, Meursault, Puligny-Montrachet und Chassagne-Montrachet. Dazu kommen noch zwei Bereiche am Rande: Die Hautes Côtes im Westen – die Weinberge, die an den Hängen kleiner Täler liegen – und die Ebene von Beaune. Der Côte d'Or schließt sich südlich das Département Saône-et-Loire an, mit den Weinbauregionen Côte Chalonnaise (Seite 22) und Mâconnais (Seite 22), und am unteren Ende folgt die Region Beaujolais im Département Rhône (Seite 22). Historisch gesehen hat das Beaujolais zwar nie zur Provinz Burgund, sondern zur Provinz Lyon gezählt, doch unter geographischen Gesichtspunkten ist die Beaujolais-Region eine natürliche Fortsetzung der burgundischen Weinbergkette im Norden. Die Weinberge grenzen unmittelbar an die sanften Hügel des Mâconnais, sie orientieren sich zur aufgehenden Sonne. Allerdings reichen sie weiter hinauf – bis zu einer Höhe von siebenhundert Metern.

Durch Gerichtsbeschluß festgelegt: Das Weinbaugebiet Burgund

Kontinentales Klima

Durch die Lage im Osten und die Barrieren der westlichen Hügelketten, die Burgund von maritimen Einflüssen abschotten (Massif-Central-Ausläufer und Morvan), ist das Klima definiert: Im Weinbaugebiet Burgund herrscht strikt kontinentales Klima. Dennoch zeigen die Verhältnisse in den einzelnen Teilregionen beträchtliche Unterschiede. Chablis im Norden ist der „sibirische" Teil Burgunds; Nachtfröste gefährden die Reben bis in das Frühjahr hinein. Südländisch warm, manchmal fast heiß wird es im Mâconnais, zuweilen auch an der Côte Chalonnaise – wenn auch im Sommer die Temperaturen an der im Norden gelegenen Côte de Nuits höher sein können als im südlichen Teil Burgunds. Und an der Côte de Beaune, die zwischen den südlichen und nördlichen Bereichen liegt, zeichnet sich das Klima im Sommer und Winter durch Gleichmäßigkeit aus; es ist weniger extrem. Einheitliche Bedingungen sind also keinesfalls burgundische Norm – trotz des grundsätzlich kontinentalen Klimas. Ähnliches läßt sich bei den Niederschlägen beobachten. An der Côte d'Or, vor allem an den Hautes Côtes, regnet es weniger als im Süden; die Hügelkette im Westen schützt vor den feuchten Winden. Andererseits leidet der Norden Burgunds stärker unter Hagel – vor allem die Côte de Nuits, die häufig von Hagelschlägen heimgesucht wird. Ebensowenig wie das Klima lassen sich auch die Bodenverhältnisse in ein festes Schema pressen. Die Böden variieren von Region zu Region, von Lage zu Lage. Kalk- und Mergelböden bilden zwar eine gewisse gemeinsame Grundlage, doch ändert sich die Zusammensetzung häufig schon innerhalb weniger Kilometer. In Chablis zum Beispiel finden sich vorwiegend hellgraue bis weiße Böden, die aus dem Mergel und Kalkmergel des Spätjura stammen. Die Chardonnay-Rebe fühlt sich auf diesen Böden besonders wohl. An der Côte d'Or, dem östlichen Rand eines Kalksteinplateaus, lassen sich grundsätzlich drei Gesteine nachweisen, deren Zusammensetzung sich ebenfalls ständig ändert: Kalk, Ton und Kieselerde. Die Unterschiede in den Lagen und der Art der Weine, vor allem der roten Spitzenweine, lassen sich weitgehend auf diese Gesteinsvariation zurückführen. In der Weißweinzone von Meursault und Puligny dominieren weiße Mergelschichten, die den typischen Charakter dieser berühmten Weine, vor allem des Montrachets, begründen. Ähnliche Bodenverhältnisse (mergelhaltig, kalkreich) sind auch an der Côte Chalonnaise, besonders in der Gegend um Mercurey, anzutreffen. Im Mâconnais, wo die Weinberge weit verstreut liegen, wird die Bodenvielfalt wieder größer. Im Norden erinnern die Böden an die Côte Chalonnaise, im Süden sind Beaujolais-Strukturen zu entdecken. Das Beaujolais-Gebiet selbst läßt sich – im Hinblick auf die Weinbergsböden – zweiteilen. Im Norden, der Heimat der zehn Crus und des Beaujolais-Villages, ist der Boden granit- und schieferhaltig (ohne Kalk). Hier wachsen die besten Weine der Region – auf markanten Hängen und Gipfeln. Im Süden, unterhalb der Stadt Villefranche, finden sich Lehm und Kalkstein. Aus dieser Zone stammt der einfache Beaujolais. Klima und Boden sind die natürlichen Faktoren, die Einfluß auf den Charakter und die Qualität der Weine nehmen. Sie bestimmen darüber, ob es der Weinstock zu etwas bringt, ob er überhaupt gedeiht. Und sie zwingen dazu, darüber nachzudenken und zu erkunden, welche Rebsorten bei unterschiedlichen Klima - Boden - Bedingungen zu guten Leistungen fähig sind. In Burgund ist die Antwort der Wissenschaftler und Praktiker – nach Jahrhunderten der Erfahrung – restriktiv ausgefallen: Nur wenige Rebsorten werden kultiviert, nur zwei Sorten gelten als Garanten für große Weine – der Pinot noir und der Chardonnay.

Klima und Böden: Von Region zu Region unterschiedliche Verhältnisse

Der Pinot noir ist der Vater der großen Rotweine von Burgund. Die Rebsorte ist alt, sie gilt als eine der ältesten Sorten überhaupt. Der Winzer muß sein ganzes Können, seine ganze Fürsorge aufbieten, will er den Pinot zu Höchstleistungen herausfordern. Denn der Pinot noir ist anfällig und launisch, er ist sicher die empfindlichste rote Edelrebsorte der Welt. Er treibt früh aus, ist frostempfindlich, er neigt zum Verrieseln bei kühler nasser Witterung während der Blüte. Übermäßig hohe Temperaturen liebt er nicht, er gedeiht am besten in einem gemäßigten, eher kühlen Klima – auf Böden, die durch Kalk und Mergel geprägt sind. In Burgund wird er vor allem an der Côte d'Or und der Côte Châlonnaise angebaut.

In den vergangenen Jahrzehnten ist viel darüber diskutiert worden, ob die Leistungskraft des Pinot noir, der zur Degeneration neigt, schwächer geworden ist. Die Frage scheint inzwischen beantwortet. Es ist nicht der Pinot noir schlechthin, der zu Sorgen Anlaß gibt, sondern es sind einzelne Klon-Serien (Untersorten), die von den Züchtern auf höhere und stabilere Erträge getrimmt worden sind. Angeklagt ist hier vor allem der Klon Pinot droit, der es mit seinen größeren und dünnschaligen Beeren zu deutlich höheren Erträgen bringt als zum Beispiel der hochwertige Klon Pinot fin. Der Pinot fin liefert weniger Menge, seine Beeren sind klein, eng aneinandergereiht und dickschalig. Vor allem die Pinot fin-Klone Nummer 114, 115, 667 und 777 garantieren gute Qualität.

Pinot noir und Chardonnay

Im Gegensatz zum Pinot noir (rot) ist der Chardonnay (weiß) eine genügsame, weniger kapriziöse Rebsorte. Der Chardonnay liebt Kalkboden, er reift früh und produziert reichlich Saft mit viel Zucker. Allerdings reagiert er empfindlich auf Spätfröste. Seine (etwas länglichen) Beeren hängen weniger dicht als beim Pinot noir; die Traube kann besser durchlüftet werden. Die Schimmel- und Fäulnisgefahr ist geringer. Da er nicht nur gute Erträge bringt, sondern sich auch verhältnismäßig einfach verarbeiten läßt, wird er inzwischen in vielen Weinbauländern kultiviert. In Burgund ist er in fast allen Unterzonen zu guten Leistungen fähig: in Chablis, wo die Rebsorte – da sie von der Côte d'Or gekommen ist – auch „Beaunois" genannt wird (auch „Morillon"), an der Côte de Beaune, wo sie in Aloxe-Corton, in Puligny/Chassagne-Montrachet und Meursault die berühmten Spitzenweine hervorbringt, an der Côte Chalonnaise (in Rully) und im Mâconnais (Pouilly-Fuissé, Pouilly-Vinzelles/Pouilly-Loché, Saint-Véran).

Das Wort Chardonnay, behaupten die einen, sei vom burgundischen Ort gleichen Namens abgeleitet. Andere wieder sind davon überzeugt, daß der Ort den Namen der Rebsorte übernommen hat. Pinot noir und Chardonnay sind die Edelsteine. Sie sorgen für den Glanz des Weinbaugebiets. Aber sie sind nur ein Teil von Burgund. Zum Ganzen gehören auch einige Halbedelsteine, die das Weinbild Burgund erst vervollständigen, die ein fester Bestandteil des Weinbaulandes sind: die Rebsorten Gamay (rot) und Aligoté (weiß).

Gamay und Aligoté

Die Gamay ist die ertragreichste Sorte in Burgund. Sie wird, wie der Pinot noir, schon seit Jahrhunderten kultiviert (erstmals erwähnt in Dokumenten wird sie im vierzehnten Jahrhundert). Ihre Hochburg ist das Beaujolais, fast neunzig Prozent der Rebfläche sind in dieser Region mit der fruchtbaren Gamay-Rebe bestockt. Von den vielen Untersorten wird der Gamay noir à jus blanc (auch Gamay Beaujolais genannt) als der beste Typ bezeichnet; er produziert in Burgund mehr als die Hälfte aller Weine, die eine Ursprungsbezeichnung (Appellation d'Origine Contrôlée) tragen. Die besten Ergebnisse bringt diese Rebsorte im Norden des Beaujolais – auf den Granit-Hügeln, wo die zehn Cru-Bezirke des Beaujolais liegen. In Burgund wird die Gamay-Rebe aber nicht nur im Beaujolais-Gebiet angebaut, sie ist auch im Mâconnais und zum Teil an der Côte Chalonnaise verbreitet, wo sie häufig – zusammen mit einem Drittel Pinot noir – zu der Billigwein-Spezialität Passe-Tout-Grains verarbeitet wird. Der Name der Rebsorte leitet sich angeblich von dem Weiler Gamay in der Nähe von Puligny-Montrachet her, wobei einige vermuten, daß der eigentliche Ursprung des Wortes auf den Kreuzritter Du May zurückgeht, der die Rebsorte vom Nahen Osten nach Burgund getragen habe.

Ebenfalls gute Erträge garantiert die Rebsorte Aligoté. Sie zählt zu den halbedlen Gewächsen, ist seit langem in Burgund heimisch. Die Beeren sind dicker als die der Chardonnay-Rebe; sie reift früh und liefert in guten Jahren durchaus schmackhafte Weine. Häufig allerdings, in Jahren, da die Trauben nicht ausreifen, bleibt ein störender harter, säuerlicher Ton erhalten. Die besten Ergebnisse erzielen die Winzer mit dieser Rebsorte im Norden der Côte Chalonnaise, vor allem in der Gemeinde Bouzeron, sowie in Pernand-Vergelesses und St. Aubin (Côte de Beaune). Aligoté-Weine werden häufig als Aperitif – meist als Kir (sieben Achtel Aligoté und ein Achtel Crème de Cassis) – oder zu einfachen Mahlzeiten getrunken; zum guten Teil werden sie auch zu Schaumwein verarbeitet, zu Crémant de Bourgogne.

Neben diesen vier – Pinot noir und Chardonnay, Gamay und Aligoté – finden sich noch einige weitere Rebsorten, die aber allenfalls von regionaler Bedeutung sind. Hierzu zählen in der Gruppe der roten Sorten César und Tressot, die im Département Yonne zugelassen sind und in der Regel zu einfachen Bourgogne Grand Ordinaire verarbeitet werden. Zu den weißen Hauptsorten Chardonnay und Aligoté gesellen sich in einigen Regionen der Pinot blanc, der es an der Côte de Nuits zu einigen erwähnenswerten Qualitäten bringt. An den Hautes Côtes de Beaune ist zuweilen auch der Pinot gris anzutreffen, der in Burgund unter dem Namen Pinot Beurot bekannt ist. Außerdem sind noch die Sorten Melon de Bourgogne, Sacy (der im Auxerrois zu finden ist und häufig zu vin mousseux verarbeitet wird) und Sauvignon erlaubt. Der Sauvignon wird im Département Yonne angebaut und unter der Bezeichnung Sauvignon de Saint-Bris als VDQS-Wein (Vin Délimité de Qualité Supérieure) auf den Markt gebracht.

Die Methoden der Weinherstellung

Über die Herstellung des Weins, über die Weinbereitung, Vinifizierung, wird in Burgund (und außerhalb der Region) immer wieder gestritten. Die einen preisen die Vorzüge der „alten" Methode, die anderen schwören auf die „neue", die moderne. Doch was „alt" und was „neu" ist, läßt sich am Ende kaum klären.

Tradition und Moderne: Die Kellertechnik ist verfeinert worden

Diese Feststellung bedeutet natürlich nicht, daß alles beim alten geblieben wäre. Im Gegenteil, es hat sich Entscheidendes verändert: Die Verfahren sind verfeinert, die Kellertechnik ist modernisiert worden. Was unverändert gilt, sind die Grundprinzipien: Der Wein soll mit Tannin und mit Holz nicht überfrachtet werden, die natürliche Frucht der Traube soll erhalten bleiben, der Wein soll nicht erst nach Jahrzehnten trinkfähig sein. Daß die Grenzen dabei fließend sind, liegt in der Natur der Sache. Je nach Philosophie und Geschmack, je nach Erfahrung und Nachfrage (Wunsch des Kunden) wird der Stil des Weins variieren – ob ausgeprägt fruchtig oder eher neutral, ob weich oder tanninbetont.

Die Rotweinbereitung

Bei der Rotweinproduktion zeigen sich Unterschiede in der Verarbeitungsmethode schon am Anfang der Produktion, nämlich bei der Entscheidung, ob die Trauben mit oder ohne Stengel gemaischt und vergoren werden sollen. Die meisten Winzer entrappen die Trauben, das heißt, sie trennen die Stengel (Kämme) von den Früchten (Beeren). Auf diese Weise wollen sie verhindern, daß (adstringierendes) Tannin in den Most und Wein austritt. Ein Teil der Stiele (häufig zehn bis zwanzig Prozent) wird dem Most allerdings oft wieder untergemischt, um dem Wein dann doch zu einem spürbaren Tanningerüst zu verhelfen. Wie hoch dieser Prozentsatz ist, richtet sich nach dem persönlichen Geschmack und nach dem Jahrgang. Einige Winzer haben wenig Berührungsängste; sie entrappen die Trauben nur teilweise.

Nach dem Abbeeren und Mahlen werden die gequetschten Früchte über Förderbänder oder durch Pumpen in die Gärbottiche transportiert. Diese Behälter sind entweder Holzcuves, ausgekleidete Zementkammern, Stahl-, Inox- oder Kunststofftanks. In der Regel werden in Burgund offene Gärbottiche verwendet, wenn auch zunehmend geschlossene oder Drucktanks Eingang in die cuviers finden. Während der Gärung wird der Zucker durch Hefen (durch natürliche, die sich auf der Beerenhaut befinden, oder durch zugesetzte Reinzuchthefen) in Alkohol und Kohlensäure gespalten und die Farbe, die Aromen und Tannin (durch den entstehenden Alkohol) aus den Beerenhäuten gelöst. Die Schalen müssen, damit sie genügend Inhaltsstoffe abgeben können, ständig mit dem Most in Kontakt bleiben. Aus diesem Grund wird der „Hut", der chapeau (feste Bestandteile der Maische), der während der Gärung durch die Kohlensäure an die Oberfläche getrieben wird, regelmäßig getaucht. Die Winzer benutzen dazu Holzstangen (piges), oder – das gibt es immer noch – sie treten und stampfen die Maische mit den Füßen. Eine andere Methode ist die remontage. Hier wird der gärende Most umgepumpt; er fließt über den „Hut" und kommt in Kontakt mit den Schalen. Die remontage wird auch dann praktiziert, wenn mit einem Gitter (Grill), das über der Maische hängt, das Auftauchen des „Hutes" verhindert wird.

„Hut" unter: Die Schalen der Beeren müssen stets mit dem Most Kontakt haben

Entscheidend in dieser Phase ist die Kontrolle der Temperatur. Sind die Temperaturen zu niedrig oder zu hoch, arbeiten die Hefepilze nur langsam oder gar nicht mehr. Bei Temperaturen von mehr als fünfunddreißig Grad wird zudem der Geschmack beeinträchtigt – unter anderem durch den sogenannten Kochton. Die Temperatur muß während der alkoholischen Gärung daher gesteuert (meist gebremst) werden, wozu Kühlschlangen (drapeaux) oder – bei modernen Edelstahltanks – Wasser-Berieselungssysteme dienen können. Die Temperaturspanne, die als vertretbar oder wünschenswert angesehen wird, liegt zwischen achtundzwanzig und dreiunddreißig Grad Celsius.

In schlechten oder durchschnittlichen Jahren gleichen die Winzer den Mangel an natürlichem Traubenzucker mit Rohr- oder Rübenzucker aus (der Winzer hat die freie Wahl; Rohrzucker ist teurer, aber feiner). Die Zuckerung (chaptalisation) fällt in die Phase der Gärung, wobei einige Winzer den Beginn, andere wieder die letzten Tage als Termin wählen. Der Zucker wird vollständig in Alkohol umgewandelt. Die chaptalisation (der Tag und die genaue Uhrzeit) muß den Steuerbehörden zwei Tage vorher angezeigt werden. Häufig ist dann ein Beamter zu dieser Zucker-Stunde anwesend. Entsprechend der nationalen Bestimmungen und der Vorschriften, die für die Europäische Gemeinschaft gelten, darf der Rotwein aber nur um höchstens zweieinzehntel, der Weißwein um zwei Volumenprozent Alkohol aufgebessert werden (für ein zusätzliches Prozent Alkohol im Wein sind je hundert Liter Most tausendsiebenhundert Gramm Zucker erforderlich).

Ebenso individuell, wie die Winzer den Anteil der Stengel in der Maische festlegen, entscheiden sie auch über die Gär- und Maischezeit. Wer Wert auf viel Tannin (Gerbstoff) legt, wird den jungen Wein länger auf der Maische (auf den Schalen, Kernen und Fruchtfleischresten) stehen lassen, wer eher sanfte Weine liebt, wird den Wein früher von der Maische trennen (abziehen, abstechen, wirzen; soutirage). Aber nicht nur der persönliche Geschmack ist für die Zeit der Maischedauer maßgebend. Auch die Art und die Güte des Jahrgangs müssen berücksichtigt werden. Im allgemeinen liegt die Gär- und Maischezeit zwischen sechs und zwanzig Tagen.

Ist der Wein abgezogen (Tropf- oder Wirzwein), wird der Trub, der sich am Boden des Gärbottichs abgesetzt hat, gepreßt – neuerdings häufig schon mit pneumatisch arbeitenden Pressen. Der Preßwein läuft ab. Meist wird in Burgund nur einmal gekeltert; es soll verhindert werden, daß durch zu starkes Pressen Bitterstoffe frei werden. Anschließend werden der Tropfwein und der Preßwein vermischt – zu einem Verhältnis von zehn bis zwanzig Prozent Preß- und achtzig bis neunzig Prozent Tropfwein.

Die malolaktische Gärung, der biologische Säureabbau (die grantige Apfelsäure wird ganz oder teilweise durch Bakterien in die weiche Milchsäure umgewandelt), ist der nächste Schritt. Meist dauert es Wochen, bis die sogenannte zweite Gärung einsetzt; der Winzer muß den Keller häufig erwärmen, damit die Bakterien wach werden. Diese Phase erlebt der junge Wein entweder wieder in den Gärbottichen, in die er nach dem ersten Abstich rückgepumpt oder rückgeleitet wird, oder schon in den kleinen Eichenfässern, in den pièces (zweihundertachtundzwanzig Liter Inhalt). Nach der malolaktischen Gärung, die Wochen dauern kann, wird der Wein von neuem abgezogen und danach – je nach Jahrgang und je nach Geschmack und Erfahrung des Produzenten – zwölf bis vierundzwanzig Monate in den pièces gelagert.

Die Reife in den pièces

Die Auswahl der Fässer ist eine höchst individuelle Angelegenheit. Der eine schwört auf die Eiche, die aus Allier oder den Vogesen stammt, der andere zieht das Holz aus dem Limousin oder dem Jura vor. Manche Winzer lagern das Holz, das zu Fässern verarbeitet werden soll, im eigenen Weingut. Denn nur auf diese Weise sei sichergestellt, daß die Hölzer richtig gepflegt werden. Es sei häufig nicht die Herkunft der Eiche für die Eignung und Qualität des Fasses entscheidend, sondern die richtige Trocknung. Wie hoch der Anteil der neuen, noch nicht gebrauchten Fässer sein soll, ist ebenso eine Sache persönlicher Entscheidung. Doch spielen hier auch objektive Argumente eine Rolle. Das eine ist der Preis (ein Faß kostet rund sechshundert Mark); viele Winzer können sich den Spaß nur bedingt leisten. Das andere ist der Geburtsort des Weins, der Rang. Weine aus Spitzenlagen – Grands Crus vor allem, aber auch gute Premiers Crus – werden grundsätzlich immer in neuen pièces ausgebaut – zumindest für eine bestimmte Zeit. Die anderen Weine reifen in gebrauchten Fässern – in ein oder zwei Jahre alten, manchmal auch noch älteren pièces.

Im Durchschnitt dürfte bei den Domänen der Anteil der neuen Fässer zwanzig bis dreißig Prozent erreichen. Nur wenig Betriebe sind in der Lage und willens, jährlich mehr als drei Viertel der pièces zu erneuern. Eine Reihe von Erzeugern geht allerdings nicht aus finanziellen, sondern aus Geschmacksgründen vorsichtig mit dem neuem Holz um. Sie fürchten nämlich, daß die neuen Fässer zuviel Tannin und Holzaromen an den jungen Wein abgeben und den ursprünglichen Burgundergeschmack überdekken könnten.

Während der Lagerzeit wird der Wein nochmals abgestochen, etwa zwei- oder dreimal. In vielen Fällen ist der Wein dann so klar, daß vor der Abfüllung eine Schönung mit frischem Hühnereiweiß, mit Albuminen oder Gelatine ausreicht. Nicht wenige Produzenten allerdings gehen auf Nummer Sicher. Sie filtern den Wein vor der Füllung, um jede Gefahr der (harmlosen) Depotbildung in der Flasche auszuschließen. Die Herstellung des Weißweins unterscheidet sich von der Rotweinbereitung in einem Punkte wesentlich: Während der Rotwein gemaischt wird (die Trauben werden gemahlen und gequetscht, der Most vergärt in ständigem Kontakt mit den Schalen und den übrigen Feststoffen), wird der Weißweinmost vor der Fermentation von den Schalen und Kernen getrennt. Die Weißweintrauben werden schon vor der Gärung gekeltert. Der Grund hierfür liegt auf der Hand: Für den Weißwein muß kein Farbstoff und kein Tannin aus den Schalen der Beeren gelöst werden, die Maischetechnik erübrigt sich.

Zum Teil werden die Weißweintrauben in Burgund mit den Stengeln gepreßt; sie werden also nicht entrappt. Denn die harten Stiele (Kämme) erleichtern das Pressen; sie dienen praktisch als Kanäle für das Ablaufen des Mostes (in Kalifornien werden die Trauben vor dem Pressen aus dem gleichen Grund häufig mit Reisspelzen vermischt; die Spelzen bohren sich in die Schalen, der Saft kann besser aus den Beeren austreten). Das Pressen mit den Stengeln erfordert viel Aufmerksamkeit und Vorsicht. Denn es muß verhindert werden, daß durch das Pressen adstringierende Gerbstoffe aus den Stengeln frei werden. Außerdem ist beim Pressen Eile geboten; denn der frische Most darf nicht oxydieren. Durch Beigaben von Schwefel läßt sich die Oxydationsgefahr mindern. Nach dem Pressen sitzt der Most in großen cuves meist zwölf bis vierundzwanzig Stunden ab; schlammige Trubstoffe sinken zu Boden. In größeren Betrieben und Kellereien wird diesem Prozeß in der Regel nachgeholfen. Der Most wird leicht gefiltert und zuweilen auch zentrifugiert. Nach dieser Reinigung (Vorklären, Entschleimen) ist der Most für die Fermentation vorbereitet. Der Most aus den Spitzenlagen (Grands und Premiers Crus) wird zumeist in kleinen Eichenfässern, in pièces, vergoren, wobei häufig neue Fässer verwendet werden. Für die einfacheren Weine, die Gemeinde-Appellationen oder Bourgogne AC, stehen in der Regel große Gärbehälter (Stahl, Inox, Zement) zur Verfügung. Die Temperatur, die in den großen Behältern während der Gärung kräftig steigen kann, wird ständig kontrolliert; sie soll fünfzehn bis zwanzig Grad nicht überschreiten. Anderenfalls bestünde die Gefahr, daß die Frucht leidet, daß Aromen verlorengehen. Bei der Vergärung des Mostes in den kleinen Eichenfässern ist die Gefahr eines starken Temperaturanstiegs weniger groß. Zum einen ist das Volumen verhältnismäßig klein (zweihundertachtundzwanzig Liter), zum anderen sind die Temperaturen in den Faßkellern niedrig. Wo diese Verhältnisse nicht gegeben sind, helfen die Winzer mit Raumkühlgeräten häufig nach. Der Bodensatz in den Fässern und Gärbottichen (Trub und Hefen) wird von Zeit zu Zeit aufgerührt, damit sich die Hefen besser im gärenden Most verteilen und so ihre Wirkungsmöglichkeit erhöht wird.

In der Frage der Hefe teilen sich die Geister. Die einen verlassen sich auf die Kraft der natürlichen Pilze, die anderen schwören auf die Reinzuchthefen. Das Arbeiten mit diesen kommerziellen Hefen sei sicherer und einfacher, der Erfolg kalkulierbar. Manche Winzer züchten ihre Hefe auch selbst aus den ersten reifen Trauben kurz vor der Ernte, die in kleinen Fässern vergoren werden. Dieses Produkt dient dann später als Hefestamm für die Fermentation der Trauben (pied de cuve).

Ist die alkoholische Gärung, die sich über Wochen hinziehen kann, beendet, warten die Önologen und Kellermeister auf den biologischen Säureabbau. Bei diesem Säureabbau (auch malolaktische oder zweite Gärung genannt) wird die kantige Apfelsäure im Wein durch Bakterien ganz oder teilweise (was der Winzer steuern kann) in weiche Milchsäure umgewandelt. Der Wein wird erträglicher, er verliert seine jugendliche Aggressivität. Aber noch einen weiteren Effekt haben die Önologen und Winzer beobachtet: Durch den biologischen Säureabbau wird dem Wein nicht nur die säuerliche Spitze gebrochen, ihm werden auch weitere Aromastoffe erschlossen. Nicht berührt von alledem wird die geschmacksträchtige und alterungstüchtige Weinsäure. Sie bleibt dem Wein erhalten.

Biologischer Säureabbau: Die kantige Apfelsäure wird in weiche Milchsäure umgewandelt

Wie lange der junge Weißwein nun noch gelagert werden muß, ist eine Frage des Jahrgangs und der persönlichen Erfahrung des Winzers. Die Spitzenweine (Grands Crus und Premiers Crus) werden zum Teil bis zu achtzehn Monaten in den Fässern ausgebaut, die einfacheren Qualitäten zehn bis zwölf Monate. In neuen pièces verbringen vor allem die hochwertigen Weine die erste Phase ihres jungen Lebens, während sich die übrigen mit gebrauchten Fässern zufrieden geben müssen. Aus dem neuen Holz zieht der junge Wein nicht nur Gerbstoffe, sondern auch Aromen (Spuren von Vanille zum Beispiel), die sich mit den ursprünglichen Geschmacksstoffen später zu einem reichen Bukett vereinigen können.

Der letzte Schritt: Schönen und Färben

Nach der Lagerung in den Fässern wird der Wein auf die Abfüllung vorbereitet. Er wird zunächst geschönt; das heißt, mit besonderen, gesetzlich ausdrücklich zugelassenen Klärstoffen behandelt. Diese Stoffe (Bentonit zum Beispiel, Hausenblase/Fischleim oder Speisegelatine) absorbieren die trübenden Bestandteile im Wein und sinken anschließend zu Boden. Meist ist der Wein dann klar, stabil und rein. Allerdings geben sich nicht alle Erzeuger mit der Schönung zufrieden. Sie filtern den Wein häufig noch – aus Gründen der Sicherheit. Erst dann kommt der Wein in die Flasche. Die auf die strenge Tradition eingeschworenen Winzer lehnen das Filtern jedoch ab. Sie fürchten, daß der Wein durch diesen Eingriff strapaziert wird, daß er Finesse und – bei Rotweinen – farblichen Glanz verliert.

Nach den hier geschilderten Methoden wird grundsätzlich in

Beaujolais-Methode: macération sémi-carbonique für fruchtige Weine

allen Regionen Burgunds gearbeitet. Im Detail lassen sich zwar gewisse regionale Eigenständigkeiten beobachten (so werden in Chablis statt der Burgunder-pièces häufig noch die traditionellen feuillettes verwendet – kleine Eichenfässer mit hundertzweiunddreißig Litern Inhalt), doch im großen und ganzen ähneln sich die Verfahren – beim Rotwein wie beim Weißwein.

Die große Ausnahme macht das Beaujolais-Gebiet. Der Rotwein wird hier nach einer Methode hergestellt, die den Namen Semi-Kohlensäure-Mazeration trägt (macération sémi-carbonique). Die Trauben (Rebsorte Gamay) werden – und hierin liegt der bedeutsame Unterschied zum übrigen Burgund – weder gemahlen noch gequetscht (natürlich auch nicht entrappt); die Beeren bleiben unversehrt. Da aber im unteren Teil des Gärbehälters (sechzig Hektoliter Inhalt und mehr) die Beeren wegen des Eigengewichts der darüber liegenden Trauben platzen, befinden sich im Gärtank (Holz, Zement oder Edelstahl) zwei unterschiedliche Traubenschichten: Im unteren Teil des Gärbehälters die geplatzten Beeren, deren Saft ausgetreten ist. Dieser Most vergärt unter Einwirkung der Hefepilze auf die gewöhnliche Weise. Darüber schwimmen die unversehrten Trauben, die allmählich durch das aufsteigende Kohlendioxyd aus dem unteren Teil des Tanks umhüllt und an die Oberfläche gedrückt werden. Ist der Gärbehälter oben verschlossen (was häufig der Fall ist), baut sich im Tank ein mehr oder weniger kräftiger Kohlensäuredruck auf. In den unzerquetschten Beeren beginnt nun – ausgelöst durch Enzyme (nicht durch Hefen) – eine leichte Fermentation, wodurch ein kleiner Teil des Zuckers in Alkohol umgewandelt wird (etwa eineinhalb bis zweieinhalb Volumenprozent). Außerdem dringt auch durch Osmose Alkohol aus dem unteren Teil des Gärtanks in die Beeren ein. Die Temperatur, die während der Fermentation zu steigen beginnt, wird kontrolliert und durch Kühlung auf ungefähr zweiundzwanzig bis achtundzwanzig Grad begrenzt – zum Schutz der Frucht und der Aromen. Damit die Maische (der chapeau) durch die Kohlensäure nicht nach oben getrieben wird und austrocknet, installieren einige Produzenten am oberen Rand der cuves metallene Grillgitter, die den Maischeauftrieb hem-

men. Darüber hinaus wird einmal am Tag der gärende Most aus dem unteren Teil des Gärtanks abgezogen und von oben über die gesamte Tankfüllung (unversehrte Beeren und Maische) geflutet. Der Hut bleibt damit immer feucht, die Farb-, Tannin- und Aromaausbeute ist effektiver. Nach fünf bis vierzehn Tagen ist die erste Produktionsphase beendet. Der Most aus dem Traubengut im unteren Teil des Tanks hat nun die alkoholische Gärung vollständig abgeschlossen, in den unversehrten darüber schwimmenden Beeren ist nur ein Teil des Zuckers in Alkohol umgewandelt worden. Jetzt wird der Wein abgezogen (Tropfwein) und die Maische zusammen mit den unzerquetschten Beeren gepreßt. Der noch Zucker enthaltende, aromatische und farbintensive Preßwein wird nun mit dem Tropfwein vermischt, chaptalisiert (wenn erforderlich) und von neuem in Holzbottiche oder Tanks transvasiert. Die Fermentation beginnt von neuem, bis der gesamte Zucker in Alkohol und Kohlendioxyd gespalten ist.

Die Beaujolais, die nicht im Hauruckverfahren als Primeur auf den Markt geworfen werden, bleiben gewöhnlich bis zum Frühjahr nach der Ernte in den Fässern und Tanks (die Größe der Lagerfässer ist höchst unterschiedlich; sie reicht von zweihundertsechzehn Litern bis zu fünfzig Hektolitern). Dann wird der Wein füllfertig gemacht; er wird nach allen Regeln der Kunst gefiltert und stabilisiert (manchmal sogar nach der Methode der Schock-Pasteurisierung). Winzer, die auf Qualität achten, die sich in der Menge bescheiden, halten sich mit der Filterprozedur allerdings zurück. Sie filtern sanft, oft nur einmal, um die Aromen und die Frucht, um den Charakter des Weins zu erhalten.

Nach derselben Methode wie der normale Beaujolais wird auch der Beaujolais Primeur produziert. Doch wird dieser Jungwein – damit ihn die Ungeduldigen schon wenige Wochen nach der Ernte trinken können – einer strapaziösen Stabilisierungs- und Filterprozedur unterzogen. Die moderne Technik macht es jedenfalls möglich, daß dieser Wein schon am dritten Donnerstag im November (null Uhr) zum Verkauf freigegeben werden kann. Der fruchtige, frische Wein ist zum baldigen Verbrauch bestimmt; sein Alterungspotential ist auf wenige Monate beschränkt. Das gilt auch für seine Marktfähigkeit. Meist erlahmt das Interesse der launischen Weinfreunde schon nach kurzer Zeit. In der Weihnachtszeit spricht kaum noch jemand ernsthaft über den Beaujolais Primeur.

Im Korsett der gesetzlichen Vorschriften

In der Wahl der Methoden und Techniken ist der Winzer weitgehend frei. Ob er die Trauben entrappt, ob er mit Holzcuves oder Edelstahltanks arbeitet, ob er die Maischezeit verkürzt, ob er neue oder gebrauchte pièces verwendet, ob er den Wein filtert oder nur schönt – all das steht in seinem Belieben. Doch seine Freiheit stößt an Grenzen. Denn wie die anderen Weinbauregionen ist auch Burgund in ein festes Korsett gesetzlicher Vorschriften gezwängt: Für die allgemeinen, übergeordneten Regeln sorgen die Weinmarktordnungen der Europäischen Gemeinschaft, für spezielle Richtlinien das nationale Recht – vor allem die Bestimmungen der einzelnen Appellations d'Origines Contrôlées (AC-Regeln). Die Anbaugebiete werden exakt eingegrenzt, die Rebsorten vorgeschrieben, die Erträge reglementiert und der natürliche Mindestalkoholgehalt festgesetzt. In einigen Weinbauregionen reichen die Vorschriften noch weiter: Die Herstellungsmethode wird vorgegeben (in der Champagne zum Beispiel die traditionelle Flaschengärung), der Rebschnitt, die Lagerzeit. Begründet werden die Ge- und Verbote mit dem Schutz der Verbraucher vor Manipulationen und der Sicherung der Qualität. Außerdem sollen die ehrlichen Winzer vor unlauteren, wettbewerbsverfälschenden Praktiken rigoroser Konkurrenten bewahrt werden.

Die Bestrebungen, Manipulationen und Betrügereien auszuschließen oder doch wenigstens einzugrenzen, haben eine lange Tradition. Vor allem ist immer wieder versucht worden, die Herkunft des Weins zu schützen. Anbaugrenzen sind gezogen, Verschnittverbote erlassen worden.

In Burgund datiert der erste Versuch dieser Art auf das Jahr 1416: König Karl VI. hatte verfügt, daß nur die Weine aus der Region Beaune und dem Auxerrois als Vins de Bourgogne bezeichnet werden durften.

Mit System und Freude am dirigistischen Detail wurde die Sache aber erst im zwanzigsten Jahrhundert betrieben. 1905 wurde in Frankreich das erste, 1919 das zweite Schutzgesetz erlassen. Doch der Effekt war gering. Die Herkunft des Weins war zwar de jure geschützt, doch profitierten gute wie schlechte Weine gleichermaßen von diesem Schutz. Außerdem wurden Herkunftsangaben weiterhin gefälscht. Die (ehrlichen und ehrgeizigen) Winzer protestierten, es kam zu Krawallen – 1911 zum Beispiel in der Champagne. 1927 ließ sich der französische Gesetzgeber dann davon überzeugen, daß die Konsumenten und Produzenten nur dann wirksam geschützt werden können, wenn zusätzlich zur garantierten Herkunft auch Qualitätsmaßstäbe gesetzt werden. Weitere acht Jahre später wurde das System verfeinert, es kam 1935 zur Appellation d'Origine Contrôlée (AOC/AC) – zum System der kontrollierten Herkunftsbezeichnung, das bis heute gilt. Von nun an wachte das Institut National des Appellations d'Origine des Vins et Eaux de Vie (INAO) über die geschützten Anbaugebiete. Es setzte Mindestkriterien für die Inanspruchnahme der AOC-Bezeichnungsmöglichkeit.

Schnell wurde allerdings deutlich, daß auch mit dem AOC-System, der kontrollierten Herkunft, ein wirksamer Schutz vor schlechten Weinen nicht geschaffen worden war. Denn auch die neuen Regeln waren letztlich keine Qualitätsgarantien. Die Produzenten wurden entweder überhaupt nicht oder nur oberflächlich überwacht und geprüft. Erst mit dem Weingesetz von 1974 schuf der Gesetzgeber die Voraussetzungen für ein besseres Kontrollsystem. Jetzt wurden Kontrollen definitiv vorgeschrieben; die Weine mit Herkunftsschutz sollten analytisch und organoleptisch überprüft werden. Außerdem wurde nun die Möglichkeit für eine bessere Definition und Begrenzung der zulässigen Erntemengen geschaffen.

Bisher war in Burgund folgendes möglich: Ein Winzer erntete in einer Grand Cru-Lage, zum Beispiel im Corton, hundert Hektoliter je Hektar. Dreißig Hektoliter verkaufte er als Grand Cru-Wein Corton (das war die maximal erlaubte Menge für den Grand Cru), den Rest taufte er um: zum Teil in den Village-Wein Aloxe-Corton, zum Teil in einfachen Bourgogne AC oder gar in Tafelwein. Immer handelte es sich um denselben Wein, vielleicht sogar um dasselbe Faß. Der Unterschied lag allein im Etikett – und im Preis. Auf die Weise, wie der Wein von oben (Grand Cru) nach unten (Bourgogne AC oder Tafelwein) abgestuft wurde (en cascade), fiel auch der Preis. Doch trotz der Preistreppe nach unten konnte der Erzeuger – wegen der hohen Produktion – insgesamt häufig mehr erlösen, als ihm bei einer konsequenten Mengenbeschränkung auf einer hohen Qualitätsstufe und bei einem höheren Preis für diese Qualität geblieben wäre.

Nach dem Gesetz von 1974 und den daraus folgenden Erlassen muß sich der Winzer nun vor der Ernte entscheiden, wie er seinen Wein deklarieren will. Das Cascade-System ist außer Kraft gesetzt. Für jede Appellation gilt jetzt ein maximaler Grundertrag (rendement de base), der das grobe Maß für die Produktion angibt. Dieser Grundertrag wird dann Jahr für Jahr durch den Jahresertrag (rendement annuel) revidiert. Der Sinn, der hinter dieser Korrektur zu suchen ist, liegt in der Einsicht, daß witterungsbedingte Jahrgangsunterschiede in der Erntemenge zum Ausdruck kommen müssen: Falle die Qualität in einem Jahr besonders gut aus (auch bei einer größeren Erntemenge), müsse auch die Möglichkeit gegeben sein, in diesem Jahr mehr zu ernten als dem Grundertrag entspreche. Und sei ein schlechter Jahrgang zu erwarten, müsse der Grundertrag nach unten korrigiert werden.

Doch beim Jahresertrag bleibt es am Ende nicht. Denn der rendement annuel wird noch durch einen weiteren Wert korrigiert: durch den plafond limite de classement (plc), der prozentual auf den Jahresertrag aufgeschlagen wird. Dieser Wert, der in der Regel zwanzig, manchmal aber auch hundert Prozent beträgt, bestimmt dann letztlich die maximale Erntemenge eines jeden Jahres. Das folgende Beispiel soll dieses (auch in anderen Weinbauregionen Frankreichs geltende) System verdeutlichen: für den weißen Grand Cru Montrachet gilt ein Grundertrag von vierzig Hektolitern je Hektar. Dieser Grundertrag wird um zehn Hektoliter auf den Jahresertrag von fünfzig Hektoliter nach oben korrigiert. Da aber zugleich ein plafond limite von zwanzig Prozent festgelegt ist, kann der Winzer letztlich sechzig Hektoliter Montrachet produzieren und verkaufen. Überzieht der Winzer diesen Ertrag, muß die über sechzig Hektoliter hinausgehende Übermenge destilliert werden.

Allerdings hat die Sache einen Haken. Will der Winzer den plafond limite de classement in Anspruch nehmen, muß er den Wein überprüfen lassen. Eine Kommission – bestehend aus einem Winzer, einem Händler und einem Makler – untersucht den Wein und entscheidet, ob der Antrag auf den plafond limite genehmigt wird. Sollte das Urteil der Kommission negativ ausfallen, wären die Folgen verheerend: Dem Winzer würde dann nicht nur der plafond limite verwehrt, er müßte die gesamte Ernte, auf die sich sein Antrag bezieht, destillieren. Viele Erzeuger verzichten daher von vornherein auf den plafond limite.

Wie also kann sich der Winzer entscheiden? Er beschränkt sich entweder auf den Jahresertrag und deklariert den Jahresertrag von fünfzig Hektolitern als Montrachet. Was darüber hinausgeht, läßt er destillieren (wofür er nur wenig erlöst). Oder aber er ist mutig und selbstbewußt und stellt einen Antrag auf den plafond limite. Besteht der Wein die Prüfung, kann der Erzeuger sechzig Hektoliter als Montrachet verkaufen. Fällt das Urteil negativ aus, muß alles destilliert werden. Wer in größeren Mengen denkt, kann einen Teil der Ernte vor der Destillation retten – durch frei-

Die Erntemengen: Grundertrag, Jahresertrag, plafond limite

willige Deklassierung. Wählt der Erzeuger nämlich die nächst tiefer liegende Appellation, in diesem Fall beispielsweise die Gemeindebezeichnung Puligny-Montrachet, kann er von vornherein auf einem höheren Ertragsniveau aufbauen (der Grundertrag liegt hier bei fünfundvierzig Hektolitern – im Gegensatz zum Montrachet mit vierzig Hektolitern). Auch diesmal kann ein Antrag auf den plafond limite gestellt werden. Und geht der Produzent noch einen Schritt tiefer, entscheidet er sich von vornherein für die Qualitätsstufe Bourgogne AOC, erhöht sich der Maximalertrag je Hektar noch einmal (auch hier kann zusätzlich noch der plafond limite beantragt werden).

Das neue System, darin sind sich die Beteiligten weitgehend einig, ist der Qualität des Burgunders zugute gekommen. Das Gesetz von 1974 habe sich bewährt, die Ertragsbeschränkung werde befolgt. Das Regelwerk sei zwar nicht perfekt, aber die Verbesserungen gegenüber dem früheren System seien unverkennbar. Kritiker verweisen jedoch darauf, daß die Praxis in einem Punkt Lücken zeige: Geschmacksprüfungen seien zwar seit 1979 offiziell vorgeschrieben, doch könne von einer flächendeckenden Kontrolle keinesfalls gesprochen werden. Die Betriebe würden nur stichprobenartig überprüft. Allerdings läßt sich die Kritik nicht verallgemeinern. In einigen Gebieten, an der Côte Chalonnaise zum Beispiel, scheint die Geschmacksprüfung recht gut zu funktionieren, die Betriebe werden regelmäßig kontrolliert.

Das Weingesetz von 1974: Nicht perfekt, aber ein großer Fortschritt

Wie effektiv die Kontrolle am Ende auch praktiziert wird – wer mogeln und betrügen will, wird immer einen Weg finden. Selbst das perfekte System wird Unregelmäßigkeiten und bewußte Täuschungsmanöver nicht ausschließen können. Andererseits läßt sich mit Fug und Recht behaupten, daß die redlichen Erzeuger und Weinhandelshäuser das Bild des burgundischen Weinbaus prägen. Der Ehrgeiz ist groß, die Verpflichtung zur Qualität überall spürbar. Es sind nicht nur die berühmten Domänen und Handelshäuser, die den Namen Burgund hochhalten, die von einem unerbittlichen internationalen Markt diszipliniert werden – zugunsten perfekter Qualität. Es sind auch viele kleine und weniger bekannte Produzenten, die sich in den Dienst der großen Tradition, der hohen Weinkultur stellen.

Logisch verknüpft mit dem System der Maximalerträge und der Umbenennungsmöglichkeiten ist die Hierarchie, die Klassifikation der einzelnen AOC-Weine. Die Fülle der geschützten Herkunftsbezeichnungen in den Anbauregionen mag den Weinfreund zunächst verwirren, doch läßt sich das Knäuel der Appellationen relativ leicht entwirren. Vier Kategorien sind zu unterscheiden, die – von unten nach oben angeordnet – die burgundische Qualitätspyramide ergeben.

Die Hierarchie der AOC-Weine

Am unteren Ende der AOC-Skala stehen die Regional- und Gattungsweine. Hierzu zählen die Bourgogne, Bourgogne Hautes-Côtes de Beaune/Bourgogne Hautes-Côtes de Nuits, Bourgogne Passe Tout Grains, Bourgogne Aligoté und Bourgogne Grand Ordinaire. Die Appellation Bourgogne können Rot-, Weiß- und Roséweine tragen, wobei folgende Rebsorten zugelassen sind: für Rotweine Pinot, César und Tressot (im Département Yonne) sowie Gamay, für Weißweine Chardonnay und Pinot blanc (wobei der Pinot blanc nur eine Außenseiterrolle spielt). Der Mindestalkoholgehalt (natürlicher Zuckergehalt) muß für Rot- und Roséweine zehn, für Weißweine zehneinhalb Grad betragen. Erreicht er dieses Minimum nicht, muß er in Bourgogne Grand Ordinaire umbenannt werden. Die Grand Ordinaire-Weine bilden die unterste AOC-Stufe. Als Rebsorten sind hier Pinot, Gamay, César und Tressot sowie Chardonnay, Pinot blanc, Aligoté, Melon de Bourgogne und – im Département Yonne – Sacy erlaubt. Der Mindestalkoholgehalt ist auf neun (rot und rosé) und neuneinhalb Grad (weiß) festgesetzt.

In zwei Fällen können die Bourgogne régionaux näher spezifiziert werden. Zum einen können den Bezeichnungen Bourgogne und Bourgogne Rosé die Namen Marsannay-la-Côte oder Marsannay angefügt werden, wenn die Weine aus den Weinbergen von Marsannay-la-Côte – am nördlichen Zipfel der Côte d'Or – stammen. Zum anderen dürfen die Bourgogne den Zusatz Hautes-Côtes de Beaune oder Hautes-Côtes de Nuits tragen, wenn die Weine in bestimmten Gemeinden westlich der Côte de Beaune und der Côte de Nuits, also auf dem Hügelland, den Hautes-Côtes, gewachsen sind.

Eine wichtige Rolle (als Wein für jeden Tag) spielt der Aligoté AOC. Dieser Weißwein wird entweder vollständig aus der Rebsorte Aligoté hergestellt oder mit Chardonnay verschnitten. Für die Weine gilt ein natürlicher Mindestalkoholgehalt von neuneinhalb Grad sowie ein Hektarhöchstertrag (Grundertrag) von sechzig Hektolitern. Eine Sonderstellung genießt der Aligoté aus der Gemeinde Bouzeron (Chalonnais-Gebiet). Dieser Wein darf – seit 1979 – als einziger Aligoté-Wein Burgunds den Gemeindenamen tragen – allerdings unter der Voraussetzung, daß die Trauben zu hundert Prozent aus der Gemarkung Bouzeron stammen. Ein Verschnitt mit Chardonnay ist hier nicht erlaubt. Der Bourgogne Aligoté Bouzeron ist seinen Artgenossen zum Teil deutlich überlegen, wenn er auch im Aligoté aus den Gemeinden Pernand Vergelesses und St. Aubin (Côte de Beaune) zuweilen einen starken Konkurrenten findet.

Ebenfalls zur Gruppe der burgundischen Regional- und Gattungsweine zählt der Passe Tout Grains – ein Wein für bescheidene Ansprüche. Er wird als Rot- oder Roséwein auf den Markt gebracht und ist das Ergebnis eines Verschnitts von zwei Dritteln Gamay noir à jus blanc und einem Drittel Pinot. Der Mindestalkoholgehalt muß neuneinhalb Grad betragen, der Grundertrag je Hektar ist auf fünfundfünfzig Hektoliter je Hektar festgesetzt. Oberhalb der Regional- und Gattungsweine sind die Weine mit Gemeindebezeichnungen eingeordnet (appellations des villages). Diese Weine müssen strengeren Qualitätsanforderungen genügen; der Mindestalkoholgehalt liegt höher, der Hektar-Grundertrag niedriger. Wenn sie die Voraussetzungen nicht erfüllen, verlieren sie das Recht auf die kommunale Appellation, sie können dann bestenfalls als Bourgogne angeboten werden. Ein Verschnitt mit mehreren Lagen aus der genannten Gemeinde ist möglich, meist die Regel. Zu den Kommunen, die dem Wein aus ihren Weinbergen den Ortsnamen hinzufügen dürfen, zählen alle bekannten Weinbaugemeinden Burgunds: Fleurie im Beaujolais zum Beispiel, Mercurey an der Côte Chalonnaise, Meursault an der Côte de Beaune, Chambertin an der Côte de Nuits, Chablis im Département Yonne.

In den beiden darüber liegenden, den beiden oberen Klassen der AOC-Hierarchie sind all jene Weine zu finden, die Weinfreunde in aller Welt mit hohen Preisen honorieren: die climats (Lagenweine) und die Grands Crus. Ein climat (burgundisch: Weinbergsflur) entspricht ungefähr einer deutschen Weinbergslage. Diese Flurnamen können – wenn sie im Kataster eingetragen sind – dem Namen der Gemeinde auf dem Etikett hinzugefügt werden. Sie sollen kenntlich machen, daß der Wein aus einem exakt definierten, meist kleineren Stück Weinberg stammt, daß er sich in seinem Charakter von einer anderen Lage mehr oder weniger deutlich unterscheidet. Das climat-System ist dann noch verfeinert worden; es ist in zwei Kategorien geteilt: in die einfachen climats und in die besseren, die Premiers Crus. Da der Weinfreund schon auf den ersten Blick am Etikett erkennen soll, ob er einen einfachen Lagenwein oder einen Premier Cru in der Flasche hat, ist die Schriftgröße des Flurnamens genau vorgeschrieben: Die Schriftzeichen für die einfachen climats dürfen nur halb so groß sein wie die Buchstaben des voranstehenden Ortsnamens. Die Premiers Crus dagegen sind optisch aufgewertet. Hier darf die Bezeichnung der Lage ebenso groß gedruckt sein wie der Name der Weinbaugemeinde (aber nicht größer). Einfache climats sind zum Beispiel Nuits-Saint-Georges Les Fleurières, Nuits-Saint-Georges Les Charmois, Meursault Les Tessons.

Für die Kennzeichnung der Premiers Crus sind drei Möglichkeiten erlaubt (Beispiel: Meursault Les Genevrières). Entweder heißt es auf dem Etikett schlicht Meursault Les Genevrières (Appellation Contrôlée), oder (hilfreicher) Meursault Les Genevrières Premier Cru (Appellation Contrôlée) oder auch nur Meursault Premier Cru (Appellation Contrôlée). Bei der dritten Variante tritt der climat-Gedanke wieder zurück, denn der Name der Lage bleibt ungenannt. Die dritte Möglichkeit wählen die Winzer dann, wenn die Mengen zu klein sind, so daß es zweckmäßig erscheint, einen Premier Cru aus zwei oder drei Premier Cru-Lagen zu mischen, was keinesfalls einem Qualitätsverlust gleichzusetzen ist. In der Spitze der AOC-Hierarchie stehen die Grands Crus – die Weine mit den legendären Namen wie Montrachet, Corton, Chambertin, Richebourg, Romanée-Conti, La Tâche. Diese Weine sind in Kreisen der (zahlungskräftigen) Kenner so bekannt, daß es den Produzenten erlaubt ist, nur die Cru-Bezeichnung auf das Etikett zu drucken – ohne den Ortsnamen. So heißt es schlicht Montrachet oder Chambertin (ohne den Hinweis auf die Gemeindenamen Puligny-Montrachet oder Gevrey-Chambertin).

Grand Cru: Die Spitze der AOC-Hierarchie in Burgund

Der Weinfreund sollte sich allerdings davor hüten, einen Gevrey-Chambertin mit dem Chambertin oder einen Aloxe-Corton mit einem Corton zu verwechseln. Der Gevrey-Chambertin gehört in die Klasse der (einfacheren) appellations des villages, der Chambertin dagegen ist ein Grand Cru. Der Grund für diese Verwechslungsgefahr ist letztlich in der Geschäftstüchtigkeit der burgundischen Ratsherren und Winzer zu suchen. Um ihre Gemeinde bekannt zu machen, um sie aus der Masse der Weindörfer herauszuheben, haben sie dem Ort den Namen ihres bekanntesten Weinbergs hinzugefügt. Auf diese Weise sind an der Côte d'Or – vom Norden bis zum Süden – alle jene Gemeindenamen entstanden, die heute dem Unkundigen die Unterscheidung zwischen den einfacheren Villages-Weinen und den großen Grands Crus erschweren: Gevrey-Chambertin, Morey-Saint-Denis, Chambolle-Musigny, Vosne-Romanée, Nuits-Saint-Georges, Aloxe-Corton, Pernand-Vergelesses, Auxey-Duresses, Puligny-Montrachet und Chassagne-Montrachet. Außerhalb der vierstufigen AOC-Pyramide liegen die Appellation Côte de Beaune-Villages und Côte de Nuits-Villages. Obwohl beide begrifflich Artverwandtschaft zeigen, bestehen von der Sache her doch erhebliche Unterschiede. Côte de Beaune-Village gilt nur für Rotweine. Sechzehn Kommunen dürfen diese Bezeichnung nutzen, obwohl diese Gemeinden das Recht auf eine eigene Orts-Appellation besitzen, und zwar die Dörfer Auxey-Duresses, Blagny, Chassagne-Montrachet, Cheilly-les-Maranges, Chorey-les-Beaune, Dezize-les-Maranges, Ladoix, Meursault, Monthélie, Pernand-Vergelesses, Puligny-Montrachet, Saint-Aubin, Saint-Romain, Sampigny-les-Maranges, Santenay und Savigny. Die Winzer können frei wählen, wie sie ihren Wein bezeichnen wollen (demonstriert am Beispiel Monthélie): entweder als Monthélie, als Monthélie Côte de Beaune oder als Côte de Beaune Village.

Côte de Beaune-Villages / Côte de Nuits-Villages

Der Grund, der die Produzenten veranlassen könnte, nicht die enge Orts-Appellation, sondern die Sammelbezeichnung Côte de Beaune Village zu verwenden, ist leicht auszumachen: Manchmal sind die produzierten Mengen für die Ortsappellation zu klein, zuweilen ist die Qualität nicht berauschend und dann wieder nehmen einige Erzeuger an, daß die Bezeichnung Côte de Beaune den wenig erfahrenen Konsumenten zum Kauf eher lockt als der Name einer kaum bekannten Weinbaugemeinde. Allerdings muß sich der Produzent entscheiden. Wählt er die Sammelappellation Côte de Beaune-Villages, verwirkt er das Recht auf die individuelle Ortsbezeichnung. Der Name der Gemeinde darf im Zusammenhang mit der Weinbezeichnung nicht mehr genannt werden. Diese Reglementierung – entweder/oder – hat ihre Berechtigung. Denn häufig sind die Weine, die unter der Bezeichnung Côte de Beaune-Villages angeboten werden, keine reinen Villages-Weine, sondern ein Verschnitt aus Weinen mehrerer Dörfer.

Nicht identisch mit der speziellen Bezeichnung Côte de Beaune-Villages ist die Herkunftsbezeichnung Côte de Beaune. Bei dieser Appellation handelt es sich um eine exakt definierte Rebfläche für Rot- und Weißweine

Verwirrspiel: Côte de Beaune, Côte de Beaune AC, Côte de Beaune-Villages AC

mit eigenen Vorschriften für den Mindestalkoholgehalt und den Hektarhöchstertrag, die weitgehend in der näheren Umgebung von Beaune liegt – in weniger günstiger Position für den Weinbau. Hinzu kommen weitere fünfzig Hektar, die besondere Lagennamen tragen. Ein Teil der Weinberge gehört der Fachschule Lycée Agricole et Viticole de Beaune.

Von der Bezeichnung Côte de Nuits-Villages profitieren die Gemeinden Fixin und Brochon im Norden der Côte de Nuits sowie Prissey, Comblanchien und Corgolin im Süden. Diese Gemeinden haben – im Gegensatz zur Appellation Côte de Beaune-Villages – nicht das Recht auf eine eigene kommunale Ursprungsbezeichnung (mit Ausnahme von Fixin); die Produzenten müßten ihre Weine unter dem einfachen (fast anonymen) Etikett Bourgogne AC verkaufen. Mit der Appellation Côte de Nuits-Villages kann der Anonymität abgeholfen werden. Denn diese Ursprungsbezeichnung verheißt mehr Eigenständigkeit und Persönlichkeit als die Appellation Bourgogne. Die Appellation muß in jedem Jahr ausdrücklich beantragt werden – im Zusammenhang mit den Erntemeldungen. Das Recht auf die (höhere) Appellation Côte de Nuits-Villages steht den Produzenten aber nur zu, wenn sie spezielle (strengere) Regeln befolgen als für die Appellation Bourgogne gefordert, und zwar im Hinblick auf den Hektarhöchstertrag und den Mindestalkoholgehalt. Die meisten Weine, die unter dem Etikett Côte de Nuits-Villages verkauft werden, sind Rotweine; auf Weißweine entfallen nur etwa fünf bis zehn Prozent. Außer den genannten dürfen keine weiteren Gemeinden an der Côte de Nuits (Gevrey-Chambertin zum Beispiel oder Nuits-Saint-Georges) von der Appellation Côte de Nuits-Villages Gebrauch machen.

Händler, Makler, Winzer

Große Weingüter sind in Burgund selten. Der Weinbergsbesitz ist zersplittert, die Parzellen sind klein. Zur Produktion marktfähiger Mengen fehlen häufig die Voraussetzungen, manchmal auch das Know-how. Der Handel springt hier ein. Zwar hat sich seine ursprüngliche Rolle gewandelt; er hat sich vom reinen Händler (négociant) des achtzehnten Jahrhunderts zum Weinproduzenten (négociant-éleveur) weiterentwickelt (zum guten Teil mit eigenem Weinbergsbesitz), und er hat in den Domänen und Winzerbetrieben, die ihren Wein jetzt selbst verkaufen, beachtliche Konkurrenz gefunden. Doch letztlich ist er die bedeutende Handels-Institution für den burgundischen Weinbau geblieben. Rund fünfundsechzig Prozent des Umsatzes mit Burgunder-Weinen laufen über die einflußreichen Handelshäuser, die in der Fédération des Syndicats de Négociants-Eleveurs de Grande Bourgogne organisiert sind. Von den hundertdreißig Handelshäusern haben fünfundachtzig ihren Sitz an der Côte d'Or und im Norden Burgunds, fünfundvierzig arbeiten an der Côte Chalonnaise, im Mâconnais und im Beaujolais. Im Handel mit regionalen und Villages-Weinen ist der Handel besonders stark, in der Gruppe der Weine bringt er es auf einen Anteil von fünfundsiebzig Prozent. Schwächer ist seine Position bei den Grands und Premiers Crus. Diese Spitzenweine werden zum größten Teil von den Domänen selbst verkauft. Die burgundischen Handelshäuser begnügen sich aber nicht nur mit den Weinen aus der Heimatregion, sie handeln auch mit Weinen aus anderen AOC-Bereichen – vor allem mit Weinen von den Côtes du Rhône. Manche Weinfreunde stört das, aber sie nehmen es hin. Woran sich allerdings die Kritik entzündet, ist das starke Engagement vieler Handelshäuser im Tafelweingeschäft. Das paßt den Burgunder-Gralshütern nicht ins Konzept. Marktkenner schätzen, daß rund vierzig Prozent des négociant-Geschäftes auf Tafelweine entfallen. Bei aller (berechtigten und unberechtigten) Kritik wird die Aufgabe des Handels aber nicht in Frage gestellt. Jeder weiß, daß die Handelshäuser noch immer Funktionen erfüllen, die für das Geschäft und die Pflege der Qualität unerläßlich sind. Oft ist es allein ihr Können, das aus dem, was in Burgund gewachsen ist, auch einen ordentlichen Wein werden läßt. Einige Weinfreunde mögen die Umgehung des Handels, den direkten Weg zu den Domänen, als die wahre, die verläßliche Art des Weinkaufs sehen. Doch oft hat sich herausgestellt, daß der Domänen-Wein keinesfalls immer der bessere Wein ist. Nicht selten bleibt der Wein des Winzers hinter dem Wein des Handelshauses in der Qualität zurück. Eine General-Absolution für den Handel soll diese Feststellung nicht sein. Aber sie soll deutlich machen, daß die Handelshäuser, die in größeren Dimensionen denken (müssen), nicht von vornherein als die Sünder verdammt und die Winzer und Domänen heilig gesprochen werden sollten. Licht und Schatten liegen auf beiden Seiten.

Wie bedeutsam die Rolle des Handels für das Burgundergeschäft ist, wird besonders deutlich am Exportgeschäft. Vielen kleinen Herstellern fehlt der Zugang zu den Auslandsmärkten. Ihr Angebot ist zu klein, eine kontinuierliche Belieferung der Kunden ist nicht gesichert, die Erfahrung im Umgang mit den Abnehmern im Ausland fehlt. Die Handelshäuser fühlen sich hier zu Hause. Sie kennen die Märkte, sie bringen die erforderlichen Mengen zusammen, sie haben Zugang zu den Vertriebskanälen. Es wundert daher nicht, daß trotz der Bemühungen der Domänen, den direkten Kontakt zum Käufer zu knüpfen (unter Umgehung des Handels), die Handelshäuser noch immer rund neunzig Prozent des Burgunder-Exports auf sich vereinigen.

Zwischen den Produzenten und den Händlern besteht ein Spannungsverhältnis, das von Mittlern, von den Maklern (courtiers), neutralisiert wird. Der Winzer möchte seinen Wein zu möglichst hohen Preisen verkaufen, der Händler dagegen versucht, den Preis zu drücken. Das führt häufig dazu, daß der Händler den direkten Kontakt zum Erzeuger meidet; die Verhandlungen über die Preise sind ihm lästig. Der Makler übernimmt die Vermittlung. Er sucht bei den zahllosen Winzern die gewünschten Mengen zusammen, reicht dem Händler entsprechende Proben ein und garantiert dafür, daß der später gelieferte Wein auch den Proben entspricht (ein eigenes Lager hält der Makler nicht). Kommt das Geschäft zustande, wird der Makler für seine Dienste von beiden Seiten mit einer Provision abgegolten. Häufig weiß der Abnehmer nicht, von welcher Domäne der Wein stammt; das Geschäft über den Makler wird anonym abgwickelt.

Einige Makler geben sich mit der mehr oder weniger passiven Vermittlerrolle nicht zufrieden. Sie sehen ihre Aufgabe vielmehr darin, gute Winzer und Domänen aufzuspüren, neue Adressen ausfindig zu machen. Hat sich die Suche gelohnt, sind sie fündig geworden, bieten sie ihren Verhandlungspartnern auf der Abnehmerseite das Ergebnis zum Kauf an. Vor allem ausländische Käufer sind an diesen Such-Diensten interessiert.

Im Gegensatz zu den Handelshäusern, die eine kleine, verhältnismäßig leicht definierbare Gruppe bilden, ist die Schar der Winzer und Domänen weniger überschaubar. Wieviele es sind, die sich der Pflege des Rebstocks oder der Weinproduktion verschrieben haben, läßt sich nicht exakt ermitteln. Manche kultivieren die Rebe nur im Nebenerwerb, andere haben Weinberge nur gepachtet, und einige betreiben die Weinwirtschaft nur als Ergänzung zur Landwirtschaft oder zum Gartenbau. Nicht alle produzieren Wein selbst; sie verkaufen ihre Trauben im Herbst. Und nicht alle, die Wein selbst herstellen, gehen an den Markt. Sie geben ihre jungen Weine als Faßware an den Handel oder an andere Winzer ab. Andere wieder sind Mitglied einer Genossenschaft, wenn auch in Burgund die Genossenschaften nur regional von Bedeutung sind. Einflußreich sind die Genossenschaften für die Hautes Côtes de Beaune und die Hautes Côtes de Nuits, für Chablis sowie einige Betriebe im Mâconnais und vor allem im Beaujolais. Sonst aber dominiert in Burgund der Individualismus. Die burgundischen Weinbauern und Weingutsbesitzer denken nicht daran, sich einem Gemeinschaftsunternehmen – gleich welcher Form – unterzuordnen. Die bedeutsame Rolle, die seit dem achtzehnten Jahrhundert die Handelshäuser in Burgund spielen, hat dazu beigetragen, daß die Winzer und Weingüter ihre Weine nie selbst abgefüllt haben. Sie haben ihre Erzeugnisse als Faßware verkauft. Erst vor etwa sechzig Jahren haben die ersten Produzenten versucht, Wein selbst zu füllen und ihre Erzeugnisse als Flaschenware abzusetzen – zumindest einen Teil der Ernte. Die Domaine Marquis d'Angerville in Volnay gehört dazu, auch die Domänen Henri Gouges in Nuits-Saint-Georges und Armand Rousseau in Gevrey-Chambertin. Inzwischen füllen alle namhaften Domänen selbst, wenn sich auch der alte Brauch des Faßweinverkaufs noch erhalten hat. Oft wird noch immer das eine oder andere Faß für ein Handelshaus oder einen Makler reserviert. Doch eines wird sichtbar: Insgesamt, von der Gesamtmenge her gesehen, dominiert im Geschäft nach wie vor der Handel. Doch in der Klasse der guten und der Spitzenweine haben die Winzer und Domänen als selbständige Anbieter am Markt gegenüber den Handelshäusern Boden gewonnen. Es ist für den Handel jedenfalls schwierig geworden, den bekannten Domänen hochwertige Weine in größerer Menge zu entlocken.

Burgund in Zahlen

Das Weinbaugebiet Burgund (Bourgogne Viticole), 1939 durch ein Gerichtsurteil geographisch eingegrenzt, erstreckt sich über eine Fläche von zweiundvierzigtausend Hektar. Fast die Hälfte davon (zwanzigtausend Hektar), liegt im Département Rhône; dieser Teil ist mit dem Anbaugebiet Beaujolais identisch. An zweiter Stelle folgt der Distrikt Côte d'Or (achttausendfünfhundert Hektar), an dritter der Mâconnais (sechstausendeinhundert Hektar), an vierter – nach den Neuanpflanzungen – Chablis (viertausend Hektar) und am Ende die Côte Chalonnaise (dreitausendvierhundert Hektar). Die Produktion schwankt mehr oder weniger stark; im Durchschnitt der vergangenen fünf Jahre sind in Chablis, an der Côte d'Or, an der Côte Chalonnaise und im Mâconnais gut eine Million Hektoliter jährlich eingebracht worden. Dazu kommen rund eine Million dreihunderttausend Hektoliter Beaujolais. Rund fünfundachtzig Prozent der Produktion (alle Burgunderdistrikte einschließlich Beaujolais) sind Weine mit gesetzlicher Ursprungsbezeichnung (AOC). Das sind nicht mehr als drei bis vier Prozent der gesamten französischen Weinernte.

Die Hälfte der AOC-Weine, die auf burgundischem Weinterritorium geerntet werden, stammt aus dem Beaujolais-Gebiet. Weitere achtzehn Prozent kommen als einfache Bourgogne AOC auf den Markt, ungefähr dreizehn Prozent sind Weine aus dem Mâconnais, und sieben Prozent tragen die Côte Chalonnaise und Chablis zum Angebot bei. Für das Kernstück Burgunds, für die Weine der Côte d'Or, bleiben also nur gut dreizehn Prozent übrig. Und nur ein Prozent der gesamten Ernte mit AOC-Anspruch kann sich mit dem Prädikat Grand Cru schmücken. Das sind im Durchschnitt nicht mehr als drei Millionen Flaschen.

Ungefähr vierzig bis fünfundvierzig Prozent der Burgunder-Weine trinken die Franzosen selbst. Der etwas größere Rest wird exportiert; die Ausfuhr verteilt sich auf mehr als hundertsiebzig Länder. Bis zum Ende der sechziger Jahre sind die Weine vor allem in Fässern exportiert worden, dann hat der Anteil der Flaschenware kontinuierlich zugenommen. Inzwischen dürfte die Flaschenwein-Ausfuhr mehr als achtzig Prozent betragen (nach Deutschland werden Burgunder-Weine nur noch in Flaschen geliefert). Im Weinwirtschaftsjahr 1991/92 sind vierhundertneunundsiebzigtausend Hektoliter Burgunder-Weine in das Ausland geliefert worden. An der Spitze der Abnehmerländer stehen wieder die Vereinigten Staaten mit zweiundneunzigtausend Hektolitern (die Amerikaner hatten 1989/1990 den ersten Platz an die Briten abtreten müssen), auf den nächsten Plätzen folgen Großbritannien mit knapp neunzigtausend und Deutschland mit sechsundsiebzigtausend Hektolitern. Der Export hat sich in den achtziger Jahren nicht grundlegend verändert; die Zahlen bewegen sich um eine mittlere Linie, die bei ungefähr fünfhundertzwanzigtausend Hektolitern liegt. Es wird in der Regel mehr Weiß- als Rotwein exportiert (mit Ausnahme in den Wirtschaftsjahren 1985/86 und 1986/87); der Weißweinanteil im Export hat in den vergangenen Jahren zwischen dreiundfünfzig und sechzig Prozent gelegen. Den Wert der Ausfuhr berechnet das Bureau Interprofessionnel des

Stabiler Export: Fünfundfünfzig bis sechzig Prozent der Weine werden ausgeführt

Chevalier du Tastevin: Inbegriff für die hohe Kunst der Weinwerbung

Vins de Bourgogne für das Wirtschaftsjahr 1991/92 auf fast eineinhalb Milliarden Franc.

Weinfreunde bleiben ungern allein. Der Wein erfreut nicht nur des Menschen Herz, er macht auch Appetit auf Mitmenschlichkeit. Er aktiviert die soziale Komponente, er subventioniert das Verlangen nach Gemeinsamkeit. Die kleinste Einheit, die aus dieser Wein-Funktion hervorgehen kann, ist die Zweisamkeit. Sie kann tiefgreifende Folgen haben, sie kann ein Leben lang Wirkung zeigen. Die harmlosere, weniger folgenträchtige Form dieser bacchantischen Kuppelei sind die Zechrunden, die Weinfeste und die Weinbruderschaften.

Weinbrüder und Feste

Burgund, das läßt sich ohne Übertreibung sagen, ist der harte Kern der Weinbruderschaft (confrérie). In allen Regionen sind diese Wein-, Gesang- und Gourmand-Vereine zu finden, zu allen Zeiten des Jahres wird irgendwo gefeiert. Die berühmteste aller Weinbruderschaften ist zweifellos die Confrérie des Chevaliers du Tastevin. Ihre Gründung 1934 verdankt diese confrérie aber nicht nur dem Wunsch burgundischer Winzer, Weinhändler, Gastronomen und Poeten (die Gründer waren die Herren Georges Faiveley und Camille Rodier), gemeinsam zu feiern und zu trinken. Der eigentliche Anlaß war von ernster Natur: Die Weinbrüder wollten durch ihre Aktivitäten Öffentlichkeitsarbeit für Burgund leisten und für den Wein werben; denn die Zeiten waren schlecht, die Krise hatte sich – wie in anderen Weinbaugebieten auch – fest in den Weinbergen und Kellern eingenistet. Das Vorhaben der Weinbrüder glückte, die Chevaliers du Tastevin wurden zum Inbegriff für die hohe Kunst der Weinwerbung.

Mehrmals im Jahr treffen sie sich zu ihren feucht-fröhlichen Sitzungen (chapitres), die sie im Clos-de-Vougeot, das ihnen gehört und das sie vollständig restauriert haben, veranstalten. Die chapitres sind stets ausgebucht, selbst aus Übersee strömen die Weinbrüder herbei. Denn nur die Hälfte der fast zehntausend Mitglieder sind Franzosen. Wie es zugeht bei den Festlichkeiten, haben die beiden Weinexperten Pierre Poupon und Pierre Forgeot in ihrem Buch „Die Weine Burgunds" wie folgt beschrieben: „Die chapitres sind alle hervorragend; sie haben die Herzen vieler Persönlichkeiten von hohem Rang verzaubert und erobert. Die malerischen Zeremonien und die humorvollen Reden, unterbrochen durch mitreißende Trinklieder der ‚Cadets de Bourgogne', atmen den Geist von Rabelais und Molière. Trotz der vielen, nach Belieben immer wieder gefüllten Gläser stellen diese Festmähler des Tastevin ein großes Schauspiel dar, wo Ritterlichkeit und Anstand nie fehlen."

Aber bei diesen chapitres bleibt es nicht. Auch die Saint-Vincent tournante, das Fest zu Ehren des heiligen Vinzenz, des Schutzpatrons der Winzer, steht unter ihrer Schirmherrschaft. Das Fest, das am ersten Samstag nach dem 22. Januar gefeiert wird, ist eine bewegliche Veranstaltung; es wird jedesmal in einem anderen Dorf der Côte d'Or und der Mercurey-Region begangen. Außerdem betätigt sich die Weinbruderschaft als Weinjury. Einmal im Jahr lädt sie die Winzer und Handelshäuser zu einer Weinprämierung ein (tastevinage), die für die Prämierten einen absatzfördernden Effekt haben kann. Mehrere hundert Weine werden vorgeführt, fünfzig und mehr Prozent davon werden prämiert. Die prämierten Weine dürfen dann mit einem speziellen Etikett ausgestattet werden, das dem Käufer anzeigt, daß dieser Wein von der Prüfungskommission der Confrérie des Chevaliers du Tastevin ausgezeichnet worden ist. Da allerdings nicht streng genug kontrolliert wird, ob die Tastevin-Etiketten später auch tatsächlich für die prämierten Weine benutzt werden und nicht für andere (schlechtere), wird der Wert der tastevinage oft angezweifelt. Viele Winzer beteiligen sich an dieser Prämierung deshalb nicht.

Neben Chevaliers du Tastevin, die in aller Welt zu einem Markenzeichen für Burgund geworden sind, haben aber auch noch einige andere Weinbruderschaften Aufmerksamkeit verdient. Da ist zum Beispiel die Confrérie Vineuse des Piliers Chablisiens, die seit Anfang der fünfziger Jahre unverdrossen für den heimatlichen Wein wirbt. Diese confrérie ehrt französische und ausländische Weinfreunde, die sich Burgund besonders zugetan fühlen, die bereit sind, das hohe Lied auf den Chablis zu singen. Zweimal im Jahr werden neue piliers in den Orden aufgenommen – zum Fest des Saint-Cochon im Mai und zur Weinausstellung des Département Yonne Ende November.

In Mâcon sitzt die Weinbruderschaft Vignerons de Saint-Vincent. Dieser Orden, der 1951 eine alte Dorf-Weinbruderschaft abgelöst hat, ist die bedeutendste confrérie an der Côte Chalonnaise und im Mâconnais. Die Zahl der Mitglieder geht in die Tausende, das Engagement der Ritter und Offiziere ist bemerkenswert. Wenn die Weine des südlichen Burgunds in den vergangenen Jahrzehnten auch außerhalb Frankreichs bekanntgeworden sind, dann ist das zum guten Teil auf die Diplomatie der Vignerons de Saint-Vincent zurückzuführen.

Auch das Beaujolais kann sich mit einer Weinbruderschaft zu Wort melden – mit den Compagnons de Beaujolais. Kurz nach Kriegsende, Weihnachten 1947, ist diese confrérie gegründet worden; sie hat sich zur Aufgabe gesetzt, den Wein und die Sehenswürdigkeiten der alten Provinz bekanntzumachen. Die Weinbrüder sind im Feiern wohl geübt. Aber sie beschränken sich nicht nur auf die Region, sie lassen auch andere an ihrem dionysischen Talent teilhaben. So wird jährlich in Nizza die Nuit du Beaujolais gefeiert. Und wer in Paris, London oder Turin lebt, hat das Glück, daß er sich dort von einer Tochtergesellschaft der Beaujolais-confrérie betreuen lassen kann.

Eine Gesellschaft besonderer Art ist in Savigny-les-Beaune zu finden: die Cousinerie de Bourgogne. Die Satzung dieser Gesellschaft steht im Zeichen der burgundischen Gastfreundschaft. Cousins aus vielen Ländern, vor allem aber Schweizer, Belgier,

Holländer und Franzosen, sind darauf eingeschworen, den burgundischen Geist weiterzutragen und zu demonstrieren, was stilvoller Genuß sein soll. Der feine Club ist 1960 gegründet worden. Drei Tage im Jahr werden zum Höhepunkt der burgundischen Weinfestivitäten: die Trois Glorieuses im November. Mittelpunkt dieser glorreichen Tage ist die Weinversteigerung der Hospices de Beaune. Versteigert werden die Weine des jungen Jahrgangs – also Weine, die gerade erst geboren, die noch nicht ausgebaut sind. Die Auktion – früher im Hôtel-Dieu, jetzt in der Markthalle im Zentrum von Beaune – zieht sich über viele Stunden hin, sie lockt die Touristen aus aller Welt. Der Erlös der Versteigerung (1992: fast zwölf Millionen Franc) kommt den Hospices de Beaune zugute, die nunmehr seit fünfhundertfünfzig Jahren Kranke behandeln und betreuen.

Der wohltätige Zweck der Auktion führt häufig dazu, daß die Weine zu überhöhten Preisen versteigert werden – jedenfalls zu Erlösen, die nicht immer in Einklang mit den tatsächlichen Preis-Verhältnissen am Markt stehen. In einem Punkt aber kommt die Versteigerung den Realitäten nahe: sie läßt Rückschlüsse auf die aktuelle Lage, die künftige Entwicklung zu. Steigen die Preise bei der Versteigerung, läßt sich mit einiger Sicherheit auf eine gute Verfassung des Burgunder-Marktes schließen; sinken sie, ist Vorsicht bei den Dispositionen angebracht. In den vergangenen drei Jahren sind die Auktionspreise ständig gefallen. Und was sich hierdurch angedeutet hat, ist für den Markt Gewißheit geworden: Burgund leidet unter einer Baisse. Die Preise stehen unter Druck, die Vorräte sind deutlich gestiegen.

Die Weine, die unter den Hammer kommen, stammen ausnahmslos aus eigenem Wachstum – aus den zahllosen Parzellen, die wohltätige Stifter den Hospices vermacht haben (mehr als fünfzig Hektar). Sie werden in eigenen Domänen gekeltert und für die Versteigerung vorbereitet. Der Ausbau dieser Weine kann vom Kellerchef der Hospices allerdings nicht mehr überwacht werden, da die Weine nach der Auktion in die Verantwortung der Käufer übergehen. Das kann zu einem Risikofaktor werden; denn nicht immer ist garantiert, daß der Wein, der beim Besitzwechsel noch im Faß liegt, mit dem erforderlichen Qualitätsbewußtsein ausgebaut und abgefüllt wird.

Entsprechend der Besonderheit der Hospices-Weine sind die Etiketten gestaltet: Sie geben Auskunft über die Stifter. Da heißt es dann zum Beispiel „Corton. Cuvée Docteur Peste“, oder „Pommard. Suzanne-Chaudron“ oder „Beaune. Nicolas-Rolin“. Nicolas Rolin ist auch der Gründer der Hospices de Beaune. Er hat zum „Hostel Dieu“ im Sommer 1443 den Grundstein gelegt, nachdem er zur Einsicht gekommen war, daß er sein verschwenderisch geführtes Leben als Kanzler Herzog Philipps des Guten durch einen wohltätigen Akzent entlasten sollte. Das zunächst „Hôpital Saint-Antoine“ genannte Hospital hat alle politischen Krisen überstanden – im Hinblick auf die Echtheit der Gebäude und den ursprünglichen Stiftungszweck. Heute allerdings werden im Hôtel-Dieu an der Place Carnot keine Kranken mehr gepflegt; der Komplex spielt nur noch die Rolle eines vielbesuchten Museums, wobei vor allem Rogier van der Weydens berühmtes Triptychon „Das Weltgericht“ die Besucher lockt. Das Krankenhaus ist seit 1971 in einem Neubau untergebracht.

Umrahmt wird die Versteigerung der Hospices de Beaune (die am Abend mit einem glanzvollen Diner beendet wird) durch zwei üppige Feste: durch ein Diner im Clos-de-Vougeot am Samstagabend vor der Auktion, veranstaltet von der Confrérie des Chevaliers du Tastevin, und durch die Paulée de Meursault, durch ein ausladendes Mittagsmahl am Montag nach der Versteigerung. Die Paulée, die inzwischen eine gute Tradition hat, beschließt die Ernte. Winzer und Erntehelfer feiern den Herbst, der Weinkonsum erreicht unglaubliche Ausmaße. Jeder Gast bringt seinen eigenen Wein mit, die Tafel ist reich gedeckt. Der Name des Festes leitet sich von la poêle ab, womit ein Topf bezeichnet wird, in dem früher das Festmahl (geschmortes Schweinefleisch) zubereitet worden ist. Zum ersten Mal ist das Erntefest 1923 gefeiert worden; Comte de Lafon, Domänenbesitzer von Meursault, hatte Freunde und Bekannte zu einer gemeinsamen Herbstfeier eingeladen. Heute finden sich ungefähr vierhundert Leute im Festsaal von Meursault zusammen. Die Winzer und Händler haben das Vorrecht, für Gäste bleibt nur ein kleines Kontingent. Doch damit das feucht-fröhliche Fest nicht in einer Gourmand-Orgie endet, gedenken die Initiatoren auch der kulturellen Schöpferkraft: Alljährlich wird ein Literaturpreis vergeben. Die Belohnung ist sachgerecht: hundert Flaschen Meursault für eine mehr oder weniger geglückte literarische Hommage auf eine französische Landschaft.

Chablis

Das Weinbaugebiet Chablis, die goldene Pforte Burgunds, in der Nähe der Stadt Auxerre gelegen, zählt zu den ältesten Weinbaugebieten Frankreichs. Die ersten Berichte über die besondere Qualität des Weins stammen aus dem zwölften Jahrhundert; die Abtei von Pontigny, die zweite Gründung des Klosters Cîteaux, hatte dem Wein zu hohem Ansehen verholfen. Im zwanzigsten Jahrhundert wäre die Geschichte der Region als Weinland fast zu Ende gegangen. Zuerst hatten die Reblaus und der Mehltau die Kulturen schwer geschädigt, dann schien es so, als wollten die Winzer vor den harten Frösten im Frühjahr kapitulieren. Ende der fünfziger Jahre setzte die Renaissance ein, die Weinbauern lernten den Frostgefahren – durch Öfen, Fackeln und Wasser-Berieselungsanlagen – zu begegnen. Dennoch, die ursprüngliche Größe des Anbaugebietes wurde nicht wieder erreicht. Waren früher rund vierzigtausend Hektar mit Rebstöcken bepflanzt (die Weinberge erstreckten sich hinunter bis zur Côte d'Or), beträgt die Anbaufläche heute nur noch viertausend Hektar, die sich – zum Teil weit verstreut – auf neunzehn Gemeinden verteilen. Die rund dreihundert Winzer bauen fast ausschließlich Weißwein an; Chardonnay ist die dominierende Rebsorte. Der Weißwein ist ungewöhnlich trocken, er ist klar und hell, er ist grünlichweiß in der Farbe, er hat – wenn der Winzer sein Handwerk ernsthaft betreibt – Finesse und Tiefe. Neunzig Prozent der Produktion (1991: hundertsechzigtausend Hektoliter)

Chablis:
Ein ungewöhnlich trockener, klarer, heller Weißwein

werden exportiert. Das Institut National des Appellations d'Origine (INAO) hat das Anbaugebiet genau definiert und – nach einer vorläufig letzten Revision 1986 – in drei Appellations d'Origine Contrôlées eingeteilt. An der Spitze stehen die Grands Crus, die auf einer Fläche von nur knapp hundert Hektar wachsen – am rechten Ufer des Flüßchens Serein. Ungefähr siebenhunderttausend Flaschen werden jährlich erzeugt. Die Grands Crus sind Blanchot, Bougros, Grenouilles, Les Clos, Preuses, Valmur und Vaudésir. Der Wein hat Substanz und Finesse; er kann gut altern.

Die zweite Appellation heißt schlicht Chablis. Diese allgemeine Bezeichnung kann allerdings durch den Zusatz Premier Cru geadelt werden, wenn die Reben auf genau bezeichneten Lagen stehen. Zu den wichtigen Premiers Crus zählen Monts de Milieu, Fourchaume, Montée de Tonnerre, Vaillons, Montmains, Mélinots, Côte de Léchet, Beauroy, Vaucoupin, Vogros und Les Fourneaux. Die dritte Appellations ist der Petit Chablis. Die Rebstöcke stehen am Rande der Appellation Chablis, der Wein ist frisch und spritzig, er sollte möglichst jung getrunken werden.

Die Côte d'Or: Der glanzvolle Mittelpunkt des burgundischen Weinbaus

Die Côte d'Or

Die Côte d'Or ist der glanzvolle Mittelpunkt des burgundischen Weinbaus. Die Weinfront erstreckt sich von Marsannay-la-Côte, nahe Dijon, bis hinunter nach Dezize-les-Maranges. Die Weine zeigen zum Teil deutliche Unterschiede – sowohl in der Art als auch im Qualitätspotential. In der nördlichen Hälfte, der Côte de Nuits, wachsen die besten Rotweine, in der südlichen, an der Côte de Beaune, die besten Weißweine. Alle Grand Cru-Rotweine – mit Ausnahme des Corton – kommen von der Côte de Nuits.

Früher haben die Weinberge bis an die Stadtgrenze von Dijon gereicht. Doch die Industrialisierung und das Wachstum der Stadt haben den Rebstock zurückgedrängt. Weinbau in erwähnenswertem Umfang wird heute erst von Marsannay an betrieben, wenn auch die Bedeutung der kleinen Gemeinde nur durch eine Besonderheit Bestand hat: durch Rosé-Weine aus der Rebsorte Pinot noir, die seit gut siebzig Jahren produziert werden (über lange Zeit hatten die Winzer von Marsannay die Gamay-Rebe kul-

tiviert – als „Rohstoff" für einfache Weine für die Leute von Dijon).

Die ersten „richtigen" Burgunder kommen aus der Gemeinde Fixin, wenige Kilometer hinter Marsannay-la-Côte. Die Weine haben eine kräftige Farbe, sie sind durchaus füllig und können sich gut entwickeln (es werden nur Rotweine produziert, obwohl auch Weißweine möglich wären). Grands Crus gibt es in Fixin nicht; doch die Premiers Crus erreichen zuweilen ein bemerkenswertes Niveau – vor allem Le Clos-du-Chapitre und La Perrière.

In Gevrey-Chambertin beginnt die Perlenkette der Grands Crus. Die beiden besten der Gemeinde (nur Rotweine) sind sicherlich Chambertin und Chambertin-Clos-de-Bèze. Diese Weine bieten alles, was von einem Spitzenwein zu erwarten ist: Feinheit und Delikatesse, Kraft und Stärke. Es wird jedenfalls kein Zufall gewesen sein, daß Napoléon diese Weine besonders verehrt hat. Aber auch die anderen Grands Crus – Latricières-Chambertin, Charmes-Chambertin, Mazis-Chambertin, Griotte-Chambertin, Chapelle-Chambertin und Ruchottes-Chambertin – verdienen ihren hohen Rang, wenn sie vielleicht auch in der Fülle und der Feinheit hinter Chambertin und Chambertin-Clos-de-Bèze etwas zurückbleiben. Ergänzt werden diese prachtvollen Chambertin-Spitzen durch eine Reihe von Premiers Crus, die sich durch Fülle sowie gute Struktur und Farbe auszeichnen. Zu den besten werden im allgemeinen Le Clos Saint-Jacques und Les Verroilles gezählt. Die einfacheren Weine, die nur unter dem Etikett Gevrey-Chambertin verkauft werden, liegen im Niveau zuweilen deutlich unter den Grands Crus und Premiers Crus.

Mit klangvollen Namen glänzt auch Morey-Saint-Denis, wenn auch die Gemeinde etwas im Schatten des großen Nachbarn im Norden steht. Doch die Weine besitzen Größe, sie sind saftig und verströmen ein reiches Bukett. In der Gruppe der Grands Crus liegen Bonnes-Mares (diese Lage gehört allerdings zum größten Teil zu Chambolle-Musigny), Clos-de-la-Roche, Clos-Saint-Denis, Clos-de-Tart und Clos-des-Lambrays. Dazu kommt ein bunter Strauß von Premiers Crus, die als lange haltbare Weine mit entwicklungsfähigem Bukett geschätzt werden.

Die Nachbargemeinde Chambolle-Musigny, ein kleiner verschlafener Ort, bringt es auf zwei Grands Crus: auf Bonnes-Mares sowie auf den berühmten Musigny. Besonderer Erwähnung wert sind auch die Premiers Crus Les Amoureuses und Les Charmes, die es nicht selten mit ihren Grand Cru-Brüdern aufnehmen können. Die Weine von Chambolle-Musigny (Grands Crus und Premiers Crus nur als Rotwein) gelten als sensible, fast feminine Weine, die fein, delikat und duftig sind.

Von einem einzigen Weinberg lebt der Ruf des Dorfes Vougeot: vom Clos-de-Vougeot. Dieser Grand Cru von fünfzig Hektar, den sich fast achtzig Winzer teilen, steht fest in der Reihe der burgundischen Spitzenweine. Der Weinberg, der von den Zisterziensern begründet worden ist, bringt keine einheitlichen Weine hervor. Nach Art und Güte unterteilt, besteht Clos-de-Vougeot praktisch aus drei, auch in der Qualität absteigenden Zonen: der oberen, die feine, charaktervolle Weine liefert (der Boden ist kiesig und stark kalkhaltig), einer mittleren und einer unteren, fruchtbaren und feuchteren Zone. Da zudem nicht alle Winzer mit der gleichen Ernsthaftigkeit das berühmte Stück Erde bearbeiten, ergibt sich eine erstaunliche Palette unterschiedlicher Produkte: Sie reicht von wahrhaft großen Weinen bis zu Erzeugnissen, die dem Ruf des legendären Clos-de-Vougeot nicht gerecht werden.

Ebenso viele Grand Cru-Etiketten wie in Gevrey-Chambertin lassen sich in Vosne-Romanée zählen. Romanée-Conti und La Tâche gehören dazu (die beiden Lagen sind im Alleinbesitz der Domaine de la Romanée-Conti), dazu Richebourg, Romanée, Romanée-Saint-Vivant, Grands-Echézeaux, Echézeaux und Grande Rue. Viel ist über diese

Weine geschrieben worden, viel wird für sie bezahlt. Vor allem Romanée-Conti, Richebourg und La Tâche reizt die Weinfreunde zu Superlativen, die in Formulierungen, wie makellose Perfektion, herrliches Gewächs, der prächtigste Wein Burgunds oder der berühmteste aller roten Burgunder, ihren Ausdruck finden.

Wie ein Stiefkind dagegen wirkt Nuits-Saint-Georges. Doch der Schein trügt. Ein Grand Cru ist der kleinen Stadt zwar verwehrt geblieben, doch in der Reihe der Premiers Crus stehen bemerkenswerte Weine: Les Saint-Georges vor allem, Les Vaucrains und Les Cailles. Die Art der Weine ist eher männlich-robust, sie sind körperreich und kräftig. Der Rotwein dominiert, die Weißweinproduktion hält sich in Grenzen (die Weine des südlichen Nachbarortes Prémeaux zählen ebenfalls zur Appellation Nuits-Saint-Georges).

Einige Kilometer weiter geht die Côte de Nuits zu Ende, die Côte de Beaune beginnt. An der Grenze zwischen diesen beiden Teilstücken der Côte d'Or endet zugleich die Reihe der roten Grands Crus: in Aloxe-Corton. Der Corton Grand Cru – die massige Hügelkuppe ist schon von weitem sichtbar – gilt in guten Jahren als vollkommener Wein; er verbindet in idealer Weise die Vorzüge der Côte de Nuits mit den Stärken der Côte de Beaune: Kraft und Geschmacksfülle mit geschmeidigem Glanz. Der Corton (er kommt in verschwindend kleiner Menge auch als Weißwein vor) trägt viele Namen, denn der Appellation Corton darf der Name der Parzelle hinzugefügt werden. So kommt der Wein beispielsweise als Corton, als Corton-Clos-du-Roi, als Corton-Renarde oder Corton-Bressandes auf den Markt. Die Appellation (insgesamt hundertsechzig Hektar) reicht über Aloxe-Corton hinaus; sie erstreckt sich bis in die Gemeinden Pernand-Vergelesses und Ladoix-Serrigny. Aber nicht nur der rote Corton hat das verträumte Dorf Aloxe in aller Welt bekannt gemacht, es sind auch die weißen Charlemagne und Corton-Charlemagne, die ersten weißen Grands Crus auf dem Weg vom Norden nach dem Süden, die den Ruf der kleinen Gemeinde mehren (auch hier liegt ein Teil der Appellation in Pernand-Vergelesses und Ladoix-Serrigny). Der weiße Charlemagne, der angeblich auf Kaiser Karl den Großen zurückgeht, ist alkoholreich (manchmal auch zu wuchtig), goldfarben und geschmacksintensiv (häufig mit Feuersteinton). Die Premier Cru-Weine von Aloxe-Corton können ein gutes Niveau erreichen, sie bleiben hinter den Grands Crus in Reichhaltigkeit und Tiefe aber zurück.

Erwähnenswert auf dem Weg nach Beaune sind auch die Gemeinden Savigny-lès-Beaune und Chorey-lès-Beaune – jene Orte, die abseits der Nationalstraße Vierundsiebzig liegen. Können sich die Produzenten in Savigny auf gute Premier Cru-Lagen verlassen (Les Vergelesses, Bataillière, Les Marconnets, Lavières), müssen die Winzer in Chorey mit harter Arbeit ausgleichen, was ihnen die Gesetzgeber nicht zugestehen: denn in Chorey-lès-Beaune gibt es noch immer keine Premiers Crus. Die Weine beider Gemeinden zeigen beachtliches Niveau (und ein günstiges Preis-Leistungsverhältnis), allerdings erfreuen sie eher durch verspielten Charme denn durch üppige Kraft und Tiefe.

Die Weinhauptstadt Beaune, das wirtschaftliche Zentrum der Côte d'Or, läßt durch ihre Aktivitäten und Sehenswürdigkeiten leicht vergessen, daß hier auch Wein angebaut wird. Die Appellation Beaune bringt es immerhin auf vierhundertfünfzig Hektar, wovon dreihundertzwanzig Hektar auf Premier Cru-Parzellen entfallen (Les Marconnets zum Beispiel, Les Fèves, Les Bressandes, Les Grèves, Les Teurons). Die Weine (vorwiegend Rotwein) werden gelobt; in guten Jahren stuft so mancher Weinfreund die Premiers Crus ebenso hoch ein wie den einen oder anderen Spitzenwein.

Hinter den namhaften Rotweingemeinden Pommard (kräftige, tieffarbene Weine mit provinziellem Charme) und Volnay (zarte, elegante Weine mit delikatem Bukett) sowie den liebenswerten Weindörfern Monthélie, Saint-Romain und Auxey-Duresses (fruchtige, robuste Weine) beginnt die berühmte Weißweinzone der Côte d'Or. Meursault liegt hier, Puligny- und Chassagne-Montrachet. Wenn auch Meursault nicht mit Grand Cru-Weinen prahlen kann, ist der Standard der Weine unbestritten. Die Weine sind zugleich trocken und mild, reich an Alkohol, hell und klar, differenziert im Aroma. Alle guten Eigenschaften potenzieren sich in den Premiers Crus, die vor allem in den folgenden climats hochwertige Weine hervorbringen: Aux Perrières, Les Perrières-Dessus, Les Perrières-Dessous, Les Charmes-Dessus, Les Charmes-Dessous, Les Genevrières-Dessus und Les Genevrières-Dessous. Nahezu alle Weine sind Weißweine. Die Weine aus den Santenots-Lagen im Norden der Gemeinde werden unter der Bezeichnung Volnay-Santenots verkauft.

Einige Kilometer weiter südlich folgt dann jener Weinberg, der den besten trockenen Weißwein der Welt wachsen läßt: der Montrachet. Die Vegetationsbedingungen sind optimal. Der Boden ist stark kalkhaltig, der Grund wird gut entwässert, die Sonnenstrahlen erreichen die Rebstöcke vom Sonnenaufgang bis zum Sonnenuntergang. Der Grand Cru (nur Weißwein) verteilt sich auf zwei Gemeinden, die nicht ohne Grund das Wort Montrachet ihrem Ortsnamen angehängt haben: auf Puligny-Montrachet und Chassagne-Montrachet (jeweils rund vier Hektar). Die Weinfreunde in aller Welt sind bereit, (nahezu) jeden Preis für den Montrachet zu zahlen, die Hymnen auf diesen Ausnahmewein reißen nicht ab. Aber auch die anderen (weißen) Grands Crus sind praktisch ohne Konkurrenz. Und die Sonderklasse, die für den Montrachet gilt, kann weitgehend auch auf diese Weine übertragen werden: auf Bâtard-Montrachet (Puligny und Chassagne), auf Bienvenues-Bâtard-Montrachet (nur in Puligny), auf Chevalier-Montrachet (Puligny) und Criots-Bâtard-Montrachet (nur in Chassagne). Hervorragende Weine ergeben zudem die Premiers Crus in diesen beiden Gemeinden – Le Cailleret, Les Combettes und Les Pucelles in Puligny zum Beispiel sowie Clos-Saint-Jean und Morgeot in Chassagne. Während in Puligny der Weißwein dominiert, werden in Chassagne – trotz der weißen Grand Cru-Anteile – insgesamt mehr Rot- als Weißweine produziert. Diese Rotweine sind von makelloser Güte, sie ähneln durchaus einer Reihe guter Rotweine von der Côte de Nuits.

Montrachet: Der beste trockene Weißwein der Welt

Nach so viel geballter Kraft Grand Cru haben es die an der Südspitze der Côte d'Or gelegenen Gemeinden schwer. Doch die Weine haben Charme und Charakter. Zu ihnen zählen das liebenswerte Santenay, das sich mit seinen Rotweinen (vor allem aus

Côte Chalonnaise: Schon im sechsten Jahrhundert ist hier der Rebstock kultiviert worden

den Premier Cru-Lagen Les Gravières, Clos-de-Tavannes und La Comme) einen Namen gemacht hat, Saint-Aubin (Rot- und Weißweine, auch mit Premier Cru-Status) sowie die weithin unbekannten Dörfer Cheilly, Dezize- und Sampigny-les-Maranges (Rot- und Weißweine, auch Premiers Crus).

Chalonnais und Mâconnais

Unmittelbar an die Côte d'Or grenzt die Côte Chalonnaise. Das Gebiet ist vermutlich nur den Kennern unter den Weinfreunden ein Begriff, obwohl das Weinland eine lange Tradition hat. Schon im sechsten Jahrhundert ist der Rebstock kultiviert worden – in Givry zum Beispiel, das später, im Mittelalter, zum Hoflieferanten aufsteigt. Das Weinbaugebiet trägt den Namen der unmittelbar im Osten angrenzenden Stadt Chalon-sur-Saône, es erstreckt sich über fünfundzwanzig Kilometer von Chagny im Norden bis nach Saint-Vallerin im Süden. Die Region läßt sich zwar als Fortsetzung der Côte d'Or interpretieren, doch fehlt dem Gebiet ein wesentliches Charakteristikum der Nachbarregion: die Weinberge liegen an gemäßigten Bergrücken, doch nicht mehr an den Hängen einer durchgehenden Hügelkette. Außerdem ist die Positionierung nach Osten nicht mehr so stark ausgeprägt wie an der Côte d'Or.

Das Chalonnais-Gebiet ist in vier engere Appellationen unterteilt: in Rully, Mercurey, Givry und Montagny. In Rully wird vor allem Weißwein (Chardonnay) erzeugt, der auch Premier Cru-Standard haben kann. Der Wein ist trocken und frisch, er kann aber auch blumig und kräftig ausfallen. Die frische Variante eignet sich vorzüglich zur Gewinnung von vin mousseux, der es vor allem in der Spielart des Crémant de Bourgogne (klassische Flaschengärung) zu hohem Ansehen gebracht hat. In Mercurey, das Rully direkt benachbart ist, dominiert der Rotwein (Pinot noir). Fünf Lagen sind vor fünfzig Jahren zu Premiers Crus aufgewertet worden, was aber nicht unbedingt besondere Klasse verheißt. Die anderen Lagen können es mit den Erstklässlern durchaus aufnehmen. Der Rotwein von Mercurey besitzt Körper und Bukett; er kann zuweilen fein und elegant sein. Auch in Givry wird vorwiegend Rotwein produziert. Der Wein ist rund und geschmeidig, er erinnert – ähnlich wie mancher Mercurey – an bestimmte Weine von der Côte de Beaune. Premiers Crus gibt es hier nicht. Was in Givry fehlt, hat Montagny im Übermaß: Hier dürfen alle Weine das Prädikat Premier Cru tragen (wenn der natürliche Alkoholgehalt mindestens elfeinhalb Grad erreicht). In dieser südlichen Appellation der Côte Chalonnaise werden nur Weißweine erzeugt. Die Art des Weins beschreibt der Volksmund mit den Worten: Ein Wein, der den Mund frisch und kühl, den Kopf klar hält. Neu ist die Appellation Bourgogne Côte Chalonnaise (nach einem Dekret vom Februar 1990). Diese Appellation rückt praktisch zwischen die engeren Herkunftsbezeichnungen Mercurey, Rully, Givry sowie Montagny und die einfache Appellation Bourgogne, mit der sich bisher alle anderen als die vier genannten Gemeinden begnügen mußten.

Nicht so übersichtlich wie die Côte Chalonnaise präsentiert sich der Mâconnais, das Tor zum Süden. Die Rebflächen liegen weit verstreut, eine zusammenhängende Weinbauregion ist kaum auszumachen. Die Weine (weiß wie rot) sind fruchtig und zugänglich, sie können jung getrunken werden. Die Rebsorten Gamay und Aligoté sind hier ebenso heimisch wie Chardonnay, Pinot noir und Pinot blanc. Eine Klasse für sich ist der Pouilly-Fuissé, der zu den besten burgundischen Weißweinen zählt. Dieser Wein, der in den Gemeinden Fuissé, Solutré, Pouilly, Vergisson und Chaintré produziert wird, ist körperreich und kraftvoll (manchmal wirkt er allerdings auch ausladend), er lockt mit Klarheit und üppigem Bukett. Wenn der natürliche Alkoholgehalt mindestens zwölf Grad erreicht, kann der Pouilly-Fuissé auch als Premier Cru etikettiert werden. Neben dem Pouilly-Fuissé stehen noch zwei weitere Weißweine (Chardonnay), die diesen Ortsnamen tragen: Pouilly-Vinzelles und Pouilly-Loché. Die Fachleute sind sich in der Beurteilung dieser beiden Gewächse nicht einig, doch scheint die Meinung zu überwiegen, daß es sowohl Vinzelles als auch Loché nicht mit dem Fuissé aufnehmen können. Zur Gruppe dieser Weißwein-Appellationen zählt auch der Saint-Véran (ausschließlich aus Chardonnay), der in den Gemeinden Chânes, Chasselas, Davayé, Leynes, Prissé, Saint-Amour, Saint-Véran und Solutré produziert wird. Der Saint-Véran ist ein Wein, der jung getrunken werden sollte – in einem Alter jedenfalls, da er noch seine frischen Aromen bewahrt. Weine, die im Mâconnais aus einer weiter gefaßten Herkunft als die eben genannten Weine stammen, tragen besondere Bezeichnungen, die eigentlich nur der Mâcon-Kenner auseinanderhalten kann. Dazu zählen die folgenden Appellationen: Mâcon – als Pinot-Chardonnay-Mâcon (Weißweine, die sowohl aus Chardonnay als auch aus Pinot blanc produziert werden dürfen) und Mâcon Rouge und Rosé (Pinot noir oder Gamay); Mâcon Supérieur (rot, weiß, rosé; diese Weine haben einen höheren natürlichen Alkoholgehalt als der einfache Mâcon); Mâcon-Village (ausschließlich Weißweine, die nur in bestimmten Gemeinden erzeugt werden dürfen – im Gegensatz zum Supérieur); Mâcon in Kombination mit einem speziellen Ortsnamen (Rot- und Weißweine; diese Weine sind bezeichnungsrechtlich noch etwas stärker eingegrenzt als die Village-Weine). In der Hierarchie – im Hinblick auf die geographische Begrenzung der Herkunft – ergibt sich also folgender Aufbau: auf der untersten Stufe steht die Appellation Mâcon, darüber liegt Mâcon Supérieur, dann folgt Mâcon-Village, dann Mâcon plus Ortsname, und oben an der Spitze stehen Pouilly-Fuissé, Pouilly-Vinzelles, Pouilly-Loché und Saint-Vérant.

Das Beaujolais-Gebiet

Wo sich die letzten Ausläufer des Mâconnais verzweigen, beginnt der südlichste Weinbaudistrikt Burgunds: der Beaujolais. Die Grenze zwischen den beiden Gebieten ist unscharf; die nördlich gelegenen Weindörfer – Saint-

Amour zum Beispiel und Chénas – zählen geographisch eigentlich noch zum Mâconnais. Über fünfzig Kilometer erstreckt sich das Weinbaugebiet in Richtung Lyon; es wird im Westen begrenzt durch die Monts du Beaujolais, im Osten durch die Saône. Einundzwanzigtausend Hektar Weinberge, auf einer mittleren Höhe von dreihundert Metern, sind mit Reben bepflanzt, die Gamaytraube dominiert mit fast neunzig Prozent. Der Beaujolais ist ein Rotweinland, wenn auch seit einigen Jahren in kleinen, aber wachsenden Mengen durchaus akzeptable Weißweine erzeugt werden.

Das Beaujolais-Gebiet läßt sich in zwei unterschiedliche Teile trennen – etwa auf der Höhe von Villefranche, der Hauptstadt des Beaujolais. Im nördlichen Teil finden sich die Granitböden (mit Schiefer und Kieselgeröll), im Süden herrschen lehmige, kalkhaltige Böden vor. Entsprechend verschieden sind die Weine. Auf den Granitböden wachsen die charaktervollen, die hochwertigen Weine; hier liegt die Heimat der zehn Crus und des Beaujolais Village. Der kalkhaltige Lehmboden im Süden dagegen bringt einfache, anspruchslose Weine hervor, die als „Karaffenweine" – häufig noch in den traditionellen pots (mit einem halben Liter Inhalt) – serviert werden. In dieser Zone des Beaujolais wird auch die Masse des Beaujolais Primeur erzeugt.

Das Beste, was der Beaujolais zu bieten hat, kommt aus dem oberen Teil der nördlichen Zone – aus jenen zehn Kommunen und Distrikten, die als die Crus des Beaujolais klassifiziert sind. Dazu zählen Brouilly, Chénas, Chiroubles, Côte de Brouilly, Fleurie, Juliénas, Morgon, Moulin-à-Vent, Régnié und Saint-Amour. Als Spitzenwein gilt der Moulin-à-Vent (Moulin-à-Vent ist kein Ortsname; der Name des Cru bezieht sich vielmehr auf eine alte Windmühle in Les Thorins). Der Wein, der in Thorins und auf einem Teil der Parzellen von Chénas wächst, reift langsam, er ist männlich und kräftig, seine Farbe ist dunkel, das Bukett kompakt. Er erinnert von allen Beaujolais-Weinen am meisten daran, daß der Beaujolais ein Teil von Burgund ist. Hinter dem Moulin-à-Vent wird – als Zweitbester – in der Regel der Fleurie eingeordnet, der in seiner Art allerdings eher feminin wirkt. Aber auch der Chénas, der Juliénas und der Côte de Brouilly sind Weine, die durch Fülle und Geschmeidigkeit auffallen. Die zehn Crus bringen es auf einen Anteil von gut fünfundzwanzig Prozent an der gesamten Beaujolais-Produktion.

Etwa ebenso hoch ist der Anteil der Villages-Weine. Fünfunddreißig Gemeinden im nördlichen Teil des Beaujolais-Gebiets haben das Recht, ihre Weine unter dieser Appellation, unter diesem Namen zu verkaufen (oder als Beaujolais mit Nennung der Herkunftsgemeinde). Die Weine gelten als duftig und aromatisch; sie haben zwar nicht soviel Charakter und Identität wie die Crus, doch sind sie deutlich besser als ihre leichtgewichtigeren Brüder aus dem Süden. Was im Süden, also unterhalb von Villefranche wächst, darf nur als Beaujolais oder Beaujolais Supérieur angeboten werden, wobei für den Supérieur etwas strengere Qualitätsmaßstäbe gefordert sind (höherer Mindestalkoholgehalt und ein niedrigerer Ertrag je Hektar).

Die Weine aus dem Beaujolais erfreuen sich nicht nur in Frankreich als unkomplizierte, zum guten Teil früh trinkbare und preiswerte Weine großer Beliebtheit, sie sind auch im Ausland stark gefragt (vor allem als Primeur im späten Herbst). Mehr als die Hälfte des Beaujolais wird exportiert, Deutschland steht an zweiter Stelle der Abnehmerländer.

Die Weinjahrgänge

1961: Großer Jahrgang. Körperreiche, rassige Weine.

1962: Fruchtige Weine. Im allgemeinen wenig Körper.

1963: Mittelmäßige bis magere Weine. Viel Säure.

1964: Zufriedenstellende Weine mit viel Frucht.

1965: Leichte, dünne Weine. Schlechter noch als 1963.

1966: Großer Jahrgang.

1967: Durchschnittliche Qualität. Zum Teil aber auch angenehme, fruchtige Weine.

1968: An der Côte d'Or recht magere, im Beaujolais-Gebiet ansprechende Weine.

1969: Guter Jahrgang.

1970: Gute Qualität, aber nicht übragend.

1971: Viel Fülle. Gute Qualität, haltbare Weine.

1972: Kräftige Rotweine, schwache Weißweine.

1973: Unregelmäßige Qualität. Gute bis mittelmäßige Weine.

1974: Mittelmäßig. Zunächst unterschätzt, dann gut entwickelt.

1975: Mittelmäßig. Aber sehr gute Weißweine.

1976: Großer Jahrgang. Farbige und kräftige Weine.

1977: Mittelmäßig bis gut.

1978: Sehr guter Jahrgang.

1979: Guter Jahrgang. Saftige, harmonische Weine.

1980: Durchschnittliche Rotweine mit unterschiedlichen Qualitäten. Weißweine gut bis sehr gut.

1981: Durchschnittlich bis gut. Sehr gute Weißweine (Chablis).

1982: Großer Jahrgang. An der Côte d'Or zuweilen aber schwächer. Tiefe Farbe, voluminöses Bukett.

1983: Vollmundige, saftige Rotweine im Beaujolais und an der Côte d'Or. Gute Entwicklung. Zuweilen fehlt es den Weinen an Körper.

1984: Überwiegend schwache Rotweine. Zum Teil aber gute Weißweine.

1985: Sehr guter Jahrgang. Tiefe Struktur, kraftvoller Körper. Farbintensiv, haltbar.

1986: Gute, kraftvolle Weine mit angenehmer Frucht.

1987: Neidischer Jahrgang. Besser als sein Ruf. Schöne Weißweine.

1988: Fast ideales Weinjahr. Kraftvoll, farbintensiv, lagerungsfähig. Viel Rückhalt.

1989: Exzellenter Jahrgang. Saftig, körperreich, ausgeglichen, harmonisch. Gute Lagerungsfähigkeit, vor allem bei Weißweinen.

Drei große Jahrgänge in Folge: 1988, 1989, 1990

1990: Elegante, gut ausbalancierte Weißweine. Weiche, körperreiche Rotweine. Frühe Reife denkbar.

1991: Harmonische und angenehme Weißweine, die sich schnell entwickeln dürften; elegante, mittelgewichtige Rotweine mit viel Charme.

1992: Aromatische, kräftige, elegante Weine. Spitzenjahr in Chablis.

Ein Hort der Perfektion: Hier wird nichts dem Zufall überlassen. Hundertzwanzigtausend Flaschen im Jahr, die Hälfte davon wird exportiert

CHABLIS IM STIL DER CÔTE D'OR

Die Freunde waren irritiert, die Kollegen und Konkurrenten reagierten mit Kritik. Chablis-Weine nach der Art der Côte d'Or – das wurde eher als Verrat denn als Gewinn empfunden. Doch Jean-Paul Droin ließ sich nicht beeindrucken. Erstarrung in der Tradition war seine Sache nicht, er liebte das Experiment. Er suchte nach einem neuen Stil, nach einem anderen Typ Chablis: Weniger säurebetont sollte der Wein sein, weniger fordernd und schlank. Droin hat sein Ziel erreicht. Sein Flirt mit den großen Weinen der Côte d'Or, mit dem Puligny-Montrachet und dem Meursault, hat Früchte getragen, die Weine heben sich nun deutlich vom herkömmlichen Chablis ab: Sie sind voll und fett, zuweilen breit und „buttrig", sie lassen spüren, daß sie in neuen Holzfässern geboren worden sind. Droin ist stolz auf seine Schöpfung. Der Wein entspricht seinem Ideal – leichte Holznote, der Côte d'Or mehr verpflichtet als Chablis. Und er befriedigt seine Wünsche: „Die Weine, die ich mache, sollen mir vor allem schmecken." Doch sie schmecken auch anderen. Seit seinem vierzehnten Lebensjahr arbeitet Jean-Paul Droin im Weinberg und im Keller. Er hat die Schule vorzeitig verlassen. Die praktische Arbeit hat ihn mehr gereizt als die Vorbereitung auf ein Studium. Der Vater und der Großvater sind seine Lehrmeister gewesen. 1982 hat er den elterlichen Betrieb übernommen, 1986 hat er den ersten Schritt in die neue Richtung gewagt. Bisher war der Most auf der Domäne in großen cuves vergoren worden. Das entsprach der Tradition. Droin versuchte es nun mit neuen Eichenfässern. Er entschied sich aber nicht für das traditionelle Chablis-Maß, für die feuillettes (hundertzweiunddreißig Liter), sondern er wählte die größeren Burgunder-pièces (zweihundertachtundzwanzig Liter). Sechs bis sieben Monate – einschließlich der Zeit der Gärung – bleiben die jungen Weine in den pièces. Dann werden sie mit Bentonit geschönt und leicht gefiltert (Droin prüft, ob er dem Wein das Filtern in Zukunft ersparen kann). In den pièces werden inzwischen alle Grand Cru-Weine vergoren, für die anderen nutzt Droin die großen cuves. Besondere Aufmerksamkeit schenkt er der sogenannten zweiten Gärung, dem biologischen Säureabbau. Er stoppt diesen Prozeß, wenn dem jungen Wein durch die zweite Gärung ein zu hoher Säureverlust droht. Denn seine Vorliebe für fette Weine ist nicht gleichbedeutend mit säurearm: „Fett und buttrig heißt nicht plump." Der Wein soll, auch wenn er an die Côte d'Or erinnert, nach Chablis-Art nervös und lebhaft sein. Zwanzig Hektar Weinberge hat Droin gegenwärtig unter Ertrag. Vier Hektar davon liegen im Grand Cru-Korridor, acht Hektar können als Premier Cru deklariert werden. Der Rest entfällt auf die Appellationen Chablis und Petit Chablis. Zu den Grands Crus zählen Vaudésir, Les Clos, Grenouilles, Valmur und Blanchots, in der Gruppe der Premiers Crus finden sich Montée de Tonnerre, Fourchaume, Vaillons, Montmains, Côte de Léchet, Vaucoupin und Vosgros. Seit 1668, schon in der zwölften Generation, treiben die Droins in Chablis Weinbau. Daß der Faden nicht reißen wird, dafür hat der vierzigjährige Jean-Paul längst gesorgt. Der älteste Sohn, zwanzig Jahre alt, will zwar Mathematik und Ingenieurwesen studieren, doch der jüngere, der Siebzehnjährige, hat sich schon für den Weinbau entschieden.

Domaine Jean-Paul Droin, Chablis. Besitzer: Jean-Paul Droin, Weinbau, Kellerwirtschaft und Verwaltung: Jean-Paul Droin

Seite 26
Der Stolz von Chablis: Von der Anhöhe jenseits des Flüßchens Serein schweift der Blick über die berühmten Grand Cru-Weinberge

Le vignoble de Chablis le plus grand vignoble de Bourgogne
producteur de vins blancs a une superficie de 2500 hectares
de vignes. Il s'étend sur le territoire de 20 communes
Les vins de Chablis proviennent des grappes du seul
cépage Chardonnay. Leur originalité est due au sous-
sol de leur terroir fait des marnes argilo-calcaires
du kimméridgien
Chablis grand cru
Chablis premier cru
Chablis
Serein
AMENAGEMENT TOURISTIQUE DES CLOS PAR LA VILLE DE CHABLIS

Beine
Milly
Poinchy
CHABLIS

WIE AUS DEM LEHRBUCH

Domaine René & Vincent Dauvissat, Chablis.
Besitzer: René und Vincent Dauvissat

Die Qualität gründet im Weinberg, nicht im Keller. Eine Selbstverständlichkeit verkommt zur modischen Phrase. Wer im Gespräch bleiben will, preist die schöpferische Kraft der Natur, predigt die Verpflichtung zum Schutz der Umwelt und der Ressourcen. Die Allmacht der Techniker scheint gebrochen, der Rebstock wird als der wahre Weinproduzent wiederentdeckt. Die Winzer, die nie anders gedacht und gehandelt haben, lächeln mild, fühlen sich bestätigt: Die Natur ist die Herrin, die Technik die Magd. Vincent Dauvissat, Winzer in Chablis, gehört zu ihnen. Seine ganze Aufmerksamkeit gilt dem Weinberg – dem Boden, den Rebstöcken, den Trauben. Mit der Chemie geht er sparsam um, er verwendet nur „Bordelaiser Brühe“. Auch in der Produktion hält er Maß; der Rebstock soll nicht überfordert werden. Und um der drohenden Uniformierung in Chablis zu entgehen (gleiche Klone, gleicher Ausbau), züchtet er seine Reben selbst. Vincent Dauvissat hat Weinbau studiert, er ist Schüler von Dijon. Doch viel habe er nicht gelernt. Was er heute könne, habe er von seinem Vater gelernt. René Dauvissat, der Vater, ist immer noch dabei; er steht dem Junior mit seiner Erfahrung und seiner Arbeitskraft zur Seite. Beide sind ein Team, das von den Weinfreunden verehrt und von den Konkurrenten geachtet wird. Wer in Chablis nach den Besten im Lande fragt, wird einen Namen immer hören: Dauvissat. Und in der Tat, die Weine, die René und Vincent zu Markte tragen, sind Weine wie aus dem Lehrbuch. Sie können üppig sein und elegant, sie haben Substanz und Charakter, sie spiegeln das Ebenbild des klassischen Chablis: mineralisch und frisch, hell und klar, außerordentlich trocken – fast streng. Sie brauchen Zeit für die Reife; manche erreichen ihr bestes Alter erst nach fünf bis acht Jahren. Zehn Hektar Weinberge stehen dem Weingut zur Verfügung. Knapp drei Hektar liegen in der berühmten Grand Cru-Zone, jenseits des Flüßchens Serein; gut sechs Hektar sind Premiers Crus, und ein Hektar trägt die einfache Bezeichnung „Chablis“. Siebzigtausend Flaschen werden jährlich gefüllt, rund die Hälfte davon wird exportiert – vor allem nach Deutschland und Amerika, nach Japan, Holland, England und in die Schweiz. Mit der gleichen Sorgfalt, mit der Dauvissat die Weinberge pflegt, werden auch die Trauben verarbeitet. Die Lese – es wird nur mit der Hand geerntet – wird so weit wie möglich hinausgeschoben, die Trauben sollen völlig ausreifen. Vincent nimmt eher einen Hauch von Edelfäule in Kauf, als daß er die Zeit der Reife verkürzte. Die Trauben werden in einer pneumatisch arbeitenden Presse gekeltert – mit den Stengeln; der Most wird in emaillierten Stahltanks vergoren. Meist verläßt sich Dauvissat auf die natürlichen Hefen, in schwierigen Jahren setzt er aber auch Reinzuchthefe zu. Die Fermentation – bei einer Temperatur von etwa zwanzig Grad – dauert außergewöhnlich lang: ungefähr drei bis vier Wochen. Erst dann zieht Dauvissat den Wein vom Hefetrub ab. Nach der malolaktischen Gärung, dem biologischen Säureabbau, wird der Jungwein in kleinen Holzfässern ausgebaut – in feuillettes, den kleinen Chablis-Fässern, und in Burgunder-pièces. Neun Monate reift der Wein in den Holzfässern, die jährlich zu zehn bis fünfzehn Prozent erneuert werden. Vor der Abfüllung wird der Wein mit Bentonit geschönt, hin und wieder auch leicht gefiltert. Seit sechzehn Jahren arbeitet Vincent im elterlichen Betrieb. Er hat Erfahrung, er gilt als Meister seines Fachs. Angst vor der Zukunft hat er nicht: „Kleine Winzer, die gute Weine machen, werden immer überleben.“

Der Junior schwört auf das Konzept der Alten: Die Natur ist die Herrin, die Technik die Magd. Die Qualität wird im Weinberg, nicht im Keller geboren

Seite 30
Chablis atmet den Charme der Provinz: Der Weintourismus hat der Idylle nicht geschadet

CHABLIS FÜR GEDULDIGE

Domaine Jean-Marie Raveneau, Chablis. Besitzer: Jean-Marie Raveneau

Er fühlt sich als Traditionalist. Neue Methoden lehnt er nicht grundweg ab – wenn sie der Sache dienen. Doch letztlich führt er konsequent weiter, was er vom Vater gelernt und übernommen hat. Dazu gehört auch der Stil des Weins. Jean-Marie Raveneau will Weine produzieren, die haltbar sind. Frühreife und Schnellebigkeit widersprechen seiner Philosophie, seine Weine erfordern Ausdauer und Geduld. Mindestens fünf Jahre sollte der Wein in der Flasche ruhen. Wer ihn vorher wecke, werde seiner wahren Schönheit nicht gewahr. Aus diesem Grund hält Raveneau einen Teil seiner Weine im Keller zurück – die besten nach guten Ernten, ungefähr zehn Prozent. Er gibt sie erst frei, wenn sie fünfzehn Jahre alt sind, wenn sie das reife Alter erreicht haben. Den Weinbau betreibt Raveneau seit 1977. In Beaune und Dijon hat er Önologie studiert, in der Champagne und der Provence, an der Côte d'Or und in Cognac hat er praktische Erfahrungen gesammelt. Den elterlichen Betrieb in Chablis hat er 1989 übernommen; er hat ihn mit seinem eigenen kleinen Weingut vereinigt. So kann Raveneau jetzt sieben Hektar Weinberge bewirtschaften, die Rebstöcke stehen in den besten Lagen – in der Kernzone von Chablis. Die Grands Crus Blanchots, Valmur und Les Clos zählen dazu, auch die Premiers Crus Butteaux, Vaillons, Montée de Tonnerre und Chapelot. In der Weinbereitung orientiert sich Raveneau am klassischen Muster. Die Chardonnay-Trauben werden nicht entrappt, der Most wird mit den Stengeln vergoren. Drei Tage bis zwei Wochen dauert die Fermentation, die in größeren emaillierten cuves oder in kleinen Eichenfässern, in den für Chablis typischen feuillettes mit hundertzweiunddreißig Litern Inhalt, stattfindet. Die malolaktische Gärung, der bakteriologische Säureabbau, schließt sich im Januar an. Raveneau verwendet hierfür nur die cuves; der Jungwein aus den kleinen Holzfässern wird also in die größeren Bottiche umgefüllt. Nach dem Säureabbau, den Raveneau häufig durch Erwärmung der Keller einleiten muß, werden die Weine vom groben Trub abgezogen und in Holzfässern gelagert – in feuillettes oder Burgunder-pièces. Die Reifezeit dauert ungefähr ein Jahr. Vierzigtausend Flaschen bietet Raveneau jährlich an. Die wichtigsten Kunden sind die großen Restaurants, die sich regelmäßig von Raveneau beliefern lassen. Ein Viertel der Produktion wird exportiert – vor allem in die Vereinigten Staaten, nach England, Hongkong, Belgien und Dänemark. In Deutschland hat sich bisher kein Importeur gefunden; was Raveneau an deutsche Weinfreunde verkauft, beschränkt sich auf das Haustürgeschäft. Jean-Marie Raveneau führt das Weingut in Chablis in zweiter Generation. Sein Großvater hatte sich zwar schon mit dem berühmten Weißwein aus dem nördlichen Burgund eingelassen – er war Weinhändler in Chablis. Doch erst sein Vater François hatte Weinberge gekauft und mit dem Weinbau begonnen. Der Name „Raveneau" war bald zum Gütebegriff geworden. Jean-Marie konnte hier anknüpfen. Doch daß die Domäne heute zu den besten Weingütern in Chablis zählt, ist sein Verdienst. Was Jean-Marie seinen Kunden anbietet, entspricht jener Hymne, die im vergangenen Jahrhundert der Rebenfachmann Jules Guyot angestimmt hat: „Die Chablis-Weine haben Körper, Eleganz und ein charmantes Parfum; ihre Helle und Klarheit sind einmalig. Trotz des großen Rufs, den sie schon lange genießen, ist ihr Wert noch höher als ihr Ansehen."

Ein Wahrzeichen
der alten Stadt: Das Tor Noël.
Die beiden Türme
sind 1778 erbaut worden. Sie
haben die einstmals
befestigten mächtigeren
Türme von 1420
ersetzt

EIN KLASSIKER VON DER CÔTE DE NUITS

Domaine Armand Rousseau, Gevrey-Chambertin, Côte de Nuits. Besitzer: Charles Rousseau, Weinbau, Kellerwirtschaft und Verwaltung: Charles Rousseau

Für die Kenner ist die Sache klar: Wer den Burgunder in seiner klassischen, vollendeten Art kennenlernen möchte, kommt an Charles Rousseau in Gevrey-Chambertin nicht vorbei. In der Tat, der fröhliche und gastfreundliche Rousseau hat Maßstäbe gesetzt. Die Weine – Rousseau produziert nur Rotweine – zeigen individuelle Klasse, sie sind klar und anmutig, sie sind fein und rassig, sie sind sanft und „süß". In der Jugend duften sie verführerisch nach Beeren und Blumen, in späteren Jahren überzeugen sie durch die Reife des Alters. Ein besonderes Erfolgsgeheimnis habe er nicht, beteuert der Diplomönologe aus der Schule von Dijon. Er halte sich an die Tradition, an die Regeln, die er von seinem Vater, dem Gründer des Weingutes, übernommen habe. Doch bald wird im Gespräch deutlich, daß mehr dahinter steht als die Verpflichtung zur Tradition – keine Geheimnisse zwar, doch entscheidende Fakten. Da sind zuerst die Weinberge. Charles Rousseau verfügt an der Côte de Nuits über Lagen, die jeden Burgunderfreund zum Schwärmen veranlassen: die Grands Crus Clos-de-la-Roche, Chambertin und, Charmes-Chambertin, Ruchottes-Chambertin und Mazis-Chambertin sowie die Premiers Crus Les Cazetiers und Clos Saint-Jacques. Vierzehn Hektar Weinberge besitzt die Domaine Rousseau, drei Viertel davon sind Spitzenlagen (Grands Crus). Dazu kommt das Alter der Weinstöcke. Rousseaus Reben sind im Durchschnitt vierzig Jahre alt; sie stehen also in jener Vegetationsphase, da sie geringe Mengen, aber viel Qualität bringen. Entsprechend niedrig fallen die Ernten aus: fünfunddreißig Hektoliter je Hektar, oft sehr viel weniger. Aber noch etwas macht Rousseau für seinen Erfolg, für die Qualität seiner Weine verantwortlich. Das sei die Tugend der Geduld. In der Verarbeitung der Trauben geht Rousseau den traditionellen Weg. Die Fermentations- und Maischezeit wird auf zwei Wochen angesetzt, ein Teil der Trauben wird mit Stengeln vergoren. Auf diese Weise, berichtet Rousseau, könne Luft in die Maische gebracht werden. Die Gärtemperatur wird gezügelt – auf einunddreißig bis zweiunddreißig Grad. Den Ausbau der Weine läßt sich Rousseau einiges kosten; alle Grands Crus – mit Ausnahme des sensiblen Ruchottes-Chambertin – reifen zu hundert Prozent in neuen pièces (der Ruchottes wird nur zu einem Drittel in neuen Eichenfässern gelagert). Achtzehn Monate liegen die Weine in den kleinen Fässern, die Grands Crus oft sogar bis zu zwei Jahren. Nach der ersten Reife im Faß werden die Weine mit Eiweißpulver geschönt und leicht gefiltert, wobei Rousseau auch hier mit Samthandschuhen arbeitet: Der Wein wird beim Filtern nicht „ausgezogen", es werden nur die letzten festen Fruchtbestandteile vom Wein getrennt. Die Menge, die Rousseau verkaufen kann, schwankt erheblich. 1981 zum Beispiel hat er nur achtzig Fässer füllen können, 1982 dagegen dreihundert. Die Ernte reicht für zweihundert Fässer, das sind ungefähr sechzigtausend Flaschen im Jahr. Fünfundachtzig Prozent der Produktion liefert Rousseau ins Ausland, in nahezu alle Länder, in denen Wein als Kulturgut anerkannt ist. In Deutschland schätzen die Burgunderfreunde die Domaine Rousseau seit vielen Jahren – dank eines Mannes, der sich seinen Ruf als Rebell wider die Weinbürokratie redlich verdient hat: Franz Keller aus Oberbergen am Kaiserstuhl.

Der fröhliche, verschmitzt-selbstbewußte Charles Rousseau hat Maßstäbe gesetzt: Rote Burgunder der Spitzenklasse

Seite 36
Grands Crus, die jeden Burgunderfreund zum Schwärmen verführen: Clos-de-la-Roche, Chambertin, Charmes-Chambertin, Ruchottes-Chambertin, Mazis-Chambertin

16
16

DIE LEICHTE, ELEGANTE ART

Clos-de-Vougeot, Chambertin Clos-de-Bèze, Chapelle-Chambertin, Mazis-Chambertin, Latricières Chambertin, Bonnes-Mares – die Palette ist beachtlich. Drei Generationen haben mit Ausdauer und Fleiß ein Grand Cru-Sortiment zusammengetragen, das selbst im erlauchten Kreis der Spitzen-Domänen von der Côte de Nuits keinesfalls selbstverständlich ist. Seit Jean-Baptiste Laroze 1850 den Grundstein für das Weingut in Gevrey-Chambertin gelegt hat, ist der Weinbergsbesitz stetig vermehrt und qualitativ verbessert worden – auch durch eine Eheschließung: 1919 heiratet Suzanne Laroze Alexandre Drouhin aus Chambolle-Musigny, der wertvolle Grands-Crus-Weinberge in die neue Lebensgemeinschaft einbringt. Die Domäne heißt nun Drouhin-Laroze. Das Familiengut, das heute von Bernard Drouhin und dessen Sohn Philippe geleitet wird, ist inzwischen auf dreizehn Hektar gewachsen (nur Rotwein). Der größte Teil der Anbaufläche sind Grands Crus-Lagen, die sich auf die Gemeinden Gevrey-Chambertin und Chambolle-Musigny verteilen. Fünfzigtausend Flaschen werden jährlich verkauft; acht von zehn Flaschen finden den Weg ins Ausland: in die Schweiz und die Vereinigten Staaten vor allem, nach Japan, Deutschland und Holland. Für das große Renommee, das die Domäne unter Weinfreunden genießt, weiß Philippe Drouhin, der Vertreter der vierten Generation, eine einfache Erklärung: Es sei nicht allein der gleichbleibend hohe Qualitätsstandard, es sei auch der besondere Stil des Weins, der die Weinfreunde zur Treue gemahne. Philippe nennt die Art seiner Weine die eigentlich klassische: Die Weine seien nicht dunkel und tanninreich (was vor einigen Jahren etwas in Mode gekommen sei), sie seien vielmehr leicht und elegant, sie seien fruchtig und voller Finesse, sie verströmten Bukett, sie seien eher hell („ruby") als dunkel. Und vor allem – sie seien in der Regel schneller trinkbar als die Weine der meisten Konkurrenten. Manche Jahrgänge könnten durchaus schon nach fünf Jahren geöffnet werden, ohne daß ein Verlust an Genuß zu befürchten sei. Die Lebenserwartung der Weine werde dadurch nicht beeinträchtigt. Ob sie schon nach fünf oder erst nach zehn Jahren reif seien, beeinflusse die Altersfähigkeit nicht; die Weine von Drouhin-Laroze seien trotz ihrer leichten Art für ein langes Leben gut. Dem Stil des Hauses entsprechend, zum Schutz vor aggressivem Tannin, werden der Most und der junge Wein behutsam und vorsichtig verarbeitet. Die Trauben werden vollständig entrappt, der Most wird schnell vergoren (in emaillierten Stahlbehältern), die Maischezeit dauert nur maximal zehn bis zwölf Tage. Die Zeit der Reife im Faß richtet sich nach der Klasse der Weine. Die Grands Crus werden achtzehn Monate lang gelagert, und zwar ausschließlich in neuen Eichenfässern (pièces), die übrigen Weine etwa ein Jahr – wobei hier die Fässer zu einem Drittel neu und zu zwei Dritteln gebraucht sind. Für die Lagerung der Weine (im Faß und danach in der Flasche) steht der Domäne ein bemerkenswerter mehrstöckiger Keller zur Verfügung, der 1815 von Österreichern, die Napoléon verfolgt hatten, gebaut worden ist. Philippe Drouhin, dessen besondere Aufmerksamkeit und Fürsorge den Weinbergen der Domäne gilt, wird das Weingut in Zukunft in alleiniger Verantwortung führen. Philippe ist für die Aufgabe gut vorbereitet. Auf der Weinbauschule in Beaune hat er studiert; er habe dort auch einiges gelernt. Das Wesentliche aber – nämlich wie man wirklich guten Wein mache, habe ihm sein Vater verraten.

Domaine Drouhin-Laroze, Gevrey-Chambertin (Côte de Nuits). Besitzer: Bernard Drouhin, Philippe Drouhin, Weinbau: Philippe Drouhin, Vinifikation und Marketing: Bernard Drouhin

Das Dorf ist klein: Die meisten Einwohner haben auf irgend eine Weise mit dem Wein zu tun. Mit ihren acht Grands Crus-Lagen ist Gevrey-Chambertin eine der bedeutendsten Weinbaugemeinden Burgunds

DER REBELL VON GEVREY-CHAMBERTIN

Domaine Philippe Leclerc, Gevrey-Chambertin (Côte de Nuits). Besitzer: Philippe Leclerc, Weinbau und Kellerwirtschaft: Philippe Leclerc

Philippe Leclerc spielt das enfant terrible: Er bricht aus den eingetretenen Pfaden aus, er verläßt sich nur auf seine eigenen Erfahrungen und seinen eigenen Geschmack

Philippe Leclerc zweifelt nicht: Hätte er in früheren Zeiten gelebt, wäre er ein Ritter gewesen. Oder einer der drei Musketiere. Er ist ein Kämpfer. Doch auch das zwanzigste Jahrhundert scheint dem vierzigjährigen Weinmacher von Gevrey-Chambertin noch genügend Möglichkeiten zu bieten, seine Kampf- und Widerstandskraft zu testen. Er treibt die Dinge gern an den Rand der Normalität, er bricht aus den eingetretenen Pfaden aus. Maßgebend sei nur sein eigener Geschmack, seine eigene Meinung, sagt er. Weinbau hat er nicht studiert, er habe den Erfahrungsschatz der Alten im Dorf ausgebeutet. Das Rebellische, das er in sich spürt, setzt sich in seiner Arbeit fort. Er sei ein „hundertprozentiger Traditionalist", er mache keine Zugeständnissse an den Zeitgeist. Er filtert seine Weine nicht, er schönt sie nicht, er läßt sie lange im Faß, er verwendet keine kommerziellen Reinzuchthefen. Wer sich auf Leclercs Weine einläßt, braucht Geduld. Erst nach zehn bis fünfzehn Jahren erreichen sie das rechte Alter. Diese Durststrecke sei zwar ein Handikap, doch inzwischen hätten sich seine Kunden an die lange Reifezeit gewöhnt und seine „vins de garde" schätzen gelernt. Philippe Leclerc, der 1974 das Gut von seinem Vater übernommen hat, bewirtschaftet heute acht Hektar. Fünfzig Prozent der Anbaufläche liegen in Gevrey-Chambertin, die andere Hälfte verteilt sich auf Weinberge in Chambolle-Musigny sowie auf Parzellen in den Bourgogne générique-Zonen. Die Weinstöcke sind zum guten Teil mehr als dreißig Jahre alt; einige bringen es auf das schöne Alter von achtzig Jahren. Für die Produktion (nur Rotwein) läßt sich Leclerc viel Zeit. Er erntet später als seine Kollegen und Konkurrenten, das Lesegut kommt meist kühl aus den Weinbergen. Entsprechend langsam beginnt die Fermentation; der Anfang der Gärung verzögert sich zuweilen um fünf Tage. Drei bis fünf Wochen bleibt der Most auf der Maische stehen, erst dann wird der Jungwein abgepreßt. Gärung mit oder ohne Stengel? Leclerc hat zehn Jahre experimentiert. Zuerst hat er nur ein Drittel der Trauben mit Stengeln eingemaischt, dann das ganze Lesegut. Die Ergebnisse haben ihn nicht befriedigt. Seit 1989 werden alle Trauben entrappt; die Stengel gäben zu viele Bitterstoffe an den Wein ab – störende Geschmackskomponenten, die sich später nicht in der Flasche abbauten, sagt Leclerc. Allerdings läßt er dem Wein genügend Zeit, Tannine aus dem Holzfaß aufzunehmen. Die Premiers Crus-Weine reifen zu hundert Prozent in neuen Fässern (pièces), die Village-Weine etwa zu einem Drittel. Rund zweieinhalb Jahre bleiben die Weine im Holz. Leclerc erinnert sich an eine alte Burgunder-Regel: Der Wein dürfe erst dann in die Flasche gefüllt werden, wenn er zwei Sommer und drei Winter im Faß verbracht habe. Im dritten Winter falle der Wein in einen Winterschlaf; er werde klar und sauber. Als es noch keine Filtermaschinen gegeben habe, sei jedenfalls niemand auf die Idee gekommen, den Wein vorher – womöglich noch im Sommer – auf die Flasche zu ziehen. Leclercs rote Burgunder sind Weine für Liebhaber und Fortgeschrittene. Sie sind kräftig und nachhaltig, sie bleiben lange verschlossen. Doch überraschen sie zuweilen durch eine samtige Note, die man ihnen nicht zutraut. Als „hundertprozentiger Traditionalist" wirkt Leclerc noch auf andere Weise. Er renoviert in seiner Heimatgemeinde originalgetreu alte Burgunderhäuser.

DER NEUKLASSIKER VON MOREY

Domaine Dujac, Morey-Saint-Denis (Côte de Nuits).
Besitzer: Jacques Seysses
Önologe: Jacques Seysses

Der Vorgänger hatte sein Glück in Burgund nicht gefunden. Der Familie gefiel es nicht in Morey-Saint-Denis, Madame sehnte sich nach Hause – nach Nizza. Monsieur gab den Winzerberuf daher auf und kaufte an der Côte d'Azur Olivenbäume. Sein Nachfolger hat das Glück gemacht. Jacques Seysses ist erfolgreich, der Weinbau ist seine Leidenschaft. Seysses war ein Neuling im Metier. Als er 1968 vom Vorbesitzer die Domaine Dujac übernahm, wußte er vom Leben des Rebstocks und der Önologie nicht mehr, als er in zwei kurzen Praktika in Volnay, in der Domaine de la Pousse d'Or, erlernt hatte. Doch der ehemalige Marketingexperte aus der Nahrungsmittelindustrie glich mit Intelligenz und Fleiß aus, was ihm an Wissen und Können noch fehlte. Mit vier Hektar hat er angefangen, auf gut elf Hektar ist sein Besitz inzwischen gewachsen. Seysses, mit einer bemerkenswert charmanten Amerikanerin verheiratet, hat sich von Anbeginn den Reihen der burgundischen Traditionalisten angeschlossen. Technik duldet er nur in Maßen. Im Weinbau und in der Kellerwirtschaft orientiert er sich streng an der Überlieferung. Die Menge, die Seysses von seinen Weinstöcken fordert, ist bescheiden. Fünfundvierzigtausend Flaschen werden jährlich produziert, der Ertrag liegt im Durchschnitt also bei maximal dreißig Hektolitern je Hektar. Zum einen haben die Rebstöcke auf Dujac schon ein biblisches Alter erreicht (so daß sie nur noch wenig tragen), zum anderen werden die Reben im Frühjahr äußerst kurz geschnitten. Der Qualität kommt die Mengenbegrenzung spürbar zugute. Vergoren wird der Most mit den Stengeln; die Trauben werden nicht entrappt. Ungefähr achtzehn Tage bleibt der Most (der junge Wein) auf der Maische stehen. Die Trauben werden vor der Fermentation nicht gemahlen, die Beeren platzen während der Gärung nach und nach auf. Da die Fermentation langsam verläuft, steigt die Gärtemperatur meist nie über achtundzwanzig Grad. Kühlung während der Gärung ist nicht erforderlich. Gelagert werden die jungen Weine ungefähr achtzehn Monate lang. Die Grands Crus-Weine baut Seysses vollständig in neuen pièces aus, die Premiers Crus jeweils zur Hälfte in neuen und ein Jahr alten Fässern. Nach der Reife werden die Weine mit frischem Hühnereiweiß geschönt. Was Seysses dann in die Flaschen bringt, sind außergewöhnlich tanninreiche, männliche, elegante Weine mit einer langen Lebenserwartung. Sie müssen mindestens fünf bis acht Jahre in der Flasche reifen, bevor sie ihre wahre Größe ahnen lassen. Jacques Seysses, der inzwischen ohne Önologen auskommt, ist es in zwei Jahrzehnten Winzerleben geglückt, in guten und besten Lagen der Region Fuß zu fassen. Zu seinen Grands Crus zählen die Rotweine Charmes-Chambertin (Gemeinde Gevrey-Chambertin) Clos-Saint-Denis (Morey-Saint-Denis), Bonnes Mares (Chambolle-Musigny), Echézeaux (Vosne Romanée) und – der Lieblingswein von Madame Seysses – Clos-de-la-Roche (Morey-Saint-Denis). Dazu kommen einige Premiers Crus, unter anderem Aux Combottes in Gevrey-Chambertin und Les Gruenchers in Chambolle-Musigny. Ergänzt wird die Palette durch einfache Weine, wie die weißen Bourgogne Aligoté und Bourgogne Chardonnay. Das Wein-Ehepaar Seysses und die Domaine Dujac sind der internationalen Weinszene wohlbekannt: Achtzig Prozent der Weine, die sie jährlich ausliefern, werden von den Weinfreunden im Ausland gekauft.

Jacques Seysses war ein Neuling im Metier: Als er 1968 die Domaine Dujac übernahm, hatte er nur wenig Erfahrung. Heute zählt er zu den Besten im Lande

Seite 42
Alte Weine sind der Stolz der Winzer: Auf der Domaine Dujac wird mit Fleiß gesammelt, was in späteren Jahren Großes verspricht

Pugneau
1979

Als écologistes, als Grüne, sehen sie sich nicht. Aber aus ihrer Verantwortung für die Umwelt machen sie keinen Hehl. Der Schutz des Bodens ist für Jean-Marie und Laurent Ponsot eine Selbstverständlichkeit, der sanfte Umgang mit den Geschenken der Natur eine lebenswichtige Verpflichtung. Alles, was den Rebstock und den Weinberg strapazieren könnte, wird unterlassen, alles, was der Natürlichkeit des Weins dient, wird zum Gebot. Die Produktion im Weinberg wird streng begrenzt. Der Ertrag erreicht im Durchschnitt nur fünfundzwanzig (Rotwein) bis dreißig (Weißwein) Hektoliter je Hektar. Die Weinberge werden nur spärlich gedüngt – vor allem mit organischem Dünger; die Verwendung von Schwefel bleibt auf ein Minimum beschränkt. Jean-Marie, der

Vater (ein Marketing- und Finanzberater), und Laurent, der Sohn (Diplom-Önologe von Dijon), setzen auf das natürliche Potential ihrer Weinberge, vor allem auf die Kraft der alten Reben. Mindestens fünfundsechzig Jahre stehen die Rebstöcke im Dienst, erst dann werden sie gerodet und durch neue ersetzt. Einige Rebstöcke sind inzwischen schon achtzig Jahre alt. Was diesen Senioren im Weinberg an Menge fehlt (oder besser: durch das verantwortungsvolle Verhalten der Winzerfamilie Ponsot erspart bleibt), machen sie mit der Qualität wett. Auch im Ausbau und im Stil der Weine orientieren sich Jean-Marie und Laurent Ponsot am Prinzip der Natürlichkeit. Der Weinstock sei die Quelle der Qualität und des Geschmacks; und was die Rebe vorgebe, dürfe durch kellertechnische Aktionen und Tricks nicht verfälscht werden. Deshalb wachen die beiden Winzer auch streng darüber, daß der junge Wein durch die Lagerung im Holzfaß nicht mit Tannin überfrachtet wird, daß die angeborene Fruchtigkeit dem Wein erhalten bleibt. Die kleinen Eichenfässer werden zwar als unersätzliches Hilfsmittel für den Ausbau der Weine genutzt, doch mit neuen pièces arbeiten die Ponsots nicht – aus Furcht vor den Geschmackskillern, die im frischen Holz lauern. Die neuen Fässer werden vorher mit kochendem Salzwasser „entschärft“ und dann so oft mit heißem Wasser ausgespült, bis sich die Salzspuren verloren haben. Erst dann werden sie für die Lagerung der jungen Weine freigegeben. Das Weingut in Morey-Saint-Denis, in der nördlichen Hälfte der Côte de Nuits gelegen, ist 1872 von William Ponsot, einem Soldaten im Dienste Napoleons III., gegründet worden. Heute stehen achteinhalb Hektar Weinberge unter Ertrag, wovon gut sieben Hektar mit der Rotweinsorte Pinot noir bestockt sind. Der Rest entfällt auf eine Weißweinspezialität – auf den Premier Cru Monts-Luisants (an der ganzen Côte de Nuits gibt es nur drei Premier Cru-Lagen für Weißwein). Das Rotweinangebot der Ponsots glänzt mit außergewöhnlichen Namen, mit Grands Crus aus Morey-Saint-Denis und Gevrey-Chambertin: Clos-Saint-Denis und Clos-de-la-Roche sowie Chambertin, Latricières-Chambertin, Griotte-Chambertin und Chapelle-Chambertin. Dazu kommen noch der Premier Cru Les Charmes von Chambolle-Musigny und die Village-Weine Morey-Saint-Denis und Gevrey Chambertin. Zwischen fünfundzwanzig- und vierzigtausend Flaschen werden jährlich produziert, zwei Drittel gehen in den Export – unter anderem nach Deutschland, wo die Domaine Ponsot schon viele Freunde gewonnen hat.

Domaine Ponsot, Morey-Saint-Denis (Côte de Nuits). Besitzer: Familie Ponsot, Verwaltung: Jean-Marie Ponsot/Laurent Ponsot, Önologie: Laurent Ponsot

DIE KRAFT DER ALTEN REBEN

Vor hundertzwanzig Jahren ist die Domaine Ponsot gegründet worden: Von einem Soldaten im Dienste Napoleons III. Die Nachfahren haben den Besitz mit Fleiß erweitert. Achteinhalb Hektar stehen heute unter Ertrag

WIDER DIE NEUEN WEISHEITEN

Domaine Hubert Lignier, Morey-Saint-Denis (Côte de Nuits). Besitzer und Önologe: Hubert Lignier

Ein Rebell ist er nicht. Aber er geht seinen eigenen Weg. Hubert Lignier, Winzer in Morey-Saint-Denis, kümmert sich wenig um den önologischen Methodenstreit. Er hat die Önologie nicht studiert, er hat sein Können in vielen Praktika und in der täglichen Arbeit erworben. Sicher kommt ihm zugute, daß seine Rebstöcke auf guten Böden, in renommierten Lagen, stehen. Doch die natürlichen Vorteile allein schaffen noch keine Meisterwerke. Lignier profitiert vielmehr von einer Gabe, die nur wenigen gegeben ist: Er hat ein untrügliches Gespür dafür, was unbedingt getan und was in jedem Fall unterlassen werden muß, was dem Wein zugute kommt und was ihm schadet. Und er hat Geduld. Sein Wein entsteht nicht im Schnellverfahren, der Produktionsprozeß wird eher gebremst. Viele Önologen schwören auf die neueste Schulweisheit: kühle, schnelle Fermentation. Lignier hält sich an seine eigene Lehre: langsame Vergärung des Mostes bei verhältnismäßig hohen Temperaturen. Die Fermentation bei hohen Temperaturen sei zwar eine gefährliche Angelegenheit, der Geschmack des Weins könne Schaden nehmen. Doch wer den Prozeß beherrsche, werde gewinnen: Die Aroma-Ausbeute im Wein sei spürbar besser. Auf durchschnittlich drei Wochen kalkuliert Lignier die Fermentations- und Maischezeit (die Trauben werden entrappt, der Most wird ohne Stengel vergoren). In der ersten Woche wird die alkoholische Gärung gebremst; der Most wird kühl gehalten. Die Trauben werden in den frühen Morgenstunden gelesen, wenn die Sonne die Weinberge noch nicht erwärmt hat. Dann wird das Lesegut gekühlt – es sei denn, ein kalter Herbst übt schon für den Winter. Nach ungefähr sieben Tagen entläßt Lignier den Most in die stürmische Phase der Fermentation; die Gärtemperatur steigt auf dreiunddreißig bis vierunddreißig Grad. Reinzuchthefe verwendet Lignier nicht, er verläßt sich ganz auf die Hefen der Natur. Nach dem Ende der Gärung und der Mazeration, nach zwanzig bis vierundzwanzig Tagen, wird die Maische gepreßt; danach ruht der junge Wein ungefähr achtzehn Monate in den pièces. Für seine Grands Crus-Weine benutzt Lignier jährlich fünfzig Prozent neue Fässer, bei den Premiers Crus kommt er zuweilen schon mit dreißig Prozent aus. Zwei Jahre nach der Ernte wird der Wein mit Albuminen geschönt, leicht gefiltert und gefüllt. Obwohl Hubert Lignier auf die traditionelle Weißweinsorte Aligoté nicht verzichtet, ist die Domäne ein klassisches Rotweingut. Mit den Rotweinen ist Lignier bekannt geworden, für seine Rotweine wird er gerühmt. Sie sind komplex und gut strukturiert, sie sind elegant und aromatisch, sie besitzen eine gute Lebenserwartung. Siebeneinhalb Hektar Rebfläche – davon eineinhalb Hektar gepachtet – stehen unter Ertrag. Der größte Teil der Weinberge liegt in Morey-Saint-Denis, ein Hektar in Gevrey-Chambertin, sechzig Ar sind in Chambolle-Musigny bepflanzt. Der Stolz des Gutsherrn sind die Grands Crus Clos-de-la-Roche und Charmes-Chambertin. Sie werden eher zugeteilt denn verkauft. Aber auch mit seinen Premiers Crus (Les Façonnières zum Beispiel, oder Les Baudes) hat sich Lignier einen guten Namen gemacht, ebenso mit den einfachen Village-Weinen. Fünfzig Prozent der Produktion werden als Flaschenware direkt verkauft, der andere Teil wird im Faß an den Handel abgegeben. Trotzdem ist sicher: Es sind viele, die sich um eine kleine Menge streiten.

Hubert Lignier ist ein Mann der Praxis: Sein Können hat er in der täglichen Arbeit erworben, seine Meisterschaft verdankt er seiner kreativen Geduld. Hast und technische Tricks sind seine Sache nicht

Die Domaine
de Vogüé hat eine lange
Geschichte: Die Anfänge gehen
auf die Mitte des fünfzehnten
Jahrhunderts zurück. Die
Erbfolge und die Eheschließungen
bereichern die Chronik
zwar mehrfach durch neue Namen,
doch ist das Weingut
bis heute im Familien-
besitz geblieben

DER TRIUMPH SENSIBLER KRAFT

Viele haben ihn besungen, Freunde hat er in aller Welt. Als ein Wein von unglaublich feinem Charakter wird er gerühmt – als ein Wein wie aus Seide und Spitzen, der seine sensible Kraft zu verbergen wisse. Die Begeisterung ist verständlich. Der Musigny aus Chambolle, der kleinen Burgunder-Gemeinde im Herzen der Côte de Nuits, zwischen Dijon und Beaune, betört durch ein reiches, delikates Bukett, durch gebändigte Kraft und vornehme Eleganz. Und wenn manche Önologen und Liebhaber den Musigny, der als Grand Cru klassifiziert ist, zum duftigsten und zartesten Wein von der Côte de Nuits küren, wird man lange nach einem Argument zum Widerspruch suchen müssen. Das Besondere, das diesen roten Burgunder von anderen Rotweinen der Region unterscheidet, gründet vorwiegend auf der Beschaffenheit des Bodens. Während in fast allen Weindörfern an der Côte de Nuits die Reben auf lehmigen Böden wachsen, überwiegt in den Weinbergen von Chambolle-Musigny der Kalk, der dünnschichtig über hartem Felsgestein liegt. Der kalkhaltige Boden verleiht den Weinen jene feine, duftige Art, die häufig auch als feminin charakterisiert wird. Kraft und Fülle fehlt dem Musigny dennoch nicht. Doch ist es seine Art nicht, mit seiner Kraft zu prahlen. Ähnlich lassen sich die übrigen roten Weine aus Chambolle-Musigny kennzeichnen, wenn auch Lagenunterschiede deutlich werden. Der Bonnes Mares, der zweite Grand Cru der Gemeinde, ist eher etwas fester als der Musigny; er hat mehr Rückgrat. Und der außergewöhnlich charmante Les Amoureuses, ein Premier Cru, ist filigraner und weiniger als die beiden Grands Crus. Von der önologischen Kraft, die in den knapp zweihundert Hektar Weinbergen von Chambolle-Musigny ruht, profitiert ein Weingut in besonderer Weise: die Domaine Comte Georges de Vogüé. Dieser adlige Familienbetrieb, der in seinen Anfängen auf das Jahr 1450 zurückgeht, bringt es auf einen Produktionsanteil von siebzig Prozent. Allein von der berühmten Lage Musigny gehören der Domäne sieben Zehntel. Insgesamt bewirtschaftet das Gut zwölf Hektar, wovon sieben Hektar auf Musigny entfallen, zweieinhalb Hektar auf Bonnes Mares sowie einige gute Parzellen auf Les Amoureuses. Die Produktion je Hektar wird strikt beschränkt auf fünfundzwanzig Hektoliter für die beiden Grands Crus und auf fünfunddreißig Hektoliter für den Premier Cru Les Amoureuses (gesetzlich erlaubt sind jeweils vierzig Hektoliter). Dementsprechend klein ist das Angebot: Nur vierzigtausend Flaschen (einschließlich der Weine mit der allgemeinen Orts-Appellation Chambolle-Musigny) können im Durchschnitt jährlich angeboten werden. Vergoren werden die Trauben – es wird nur eigenes Lesegut verarbeitet – zum guten Teil mit den Stengeln (je nach Jahrgang bis zu hundert Prozent), wobei die Maischezeit auf ungefähr zwei bis drei Wochen festgesetzt wird. In den typischen kleinen Burgunderfässern mit zweihundertachtundzwanzig Litern Inhalt (pièces) reift der junge Wein dann ein bis zwei Jahre. Mehr als ein Drittel der Fässer wird jährlich erneuert. Die Weine von der Domaine de Vogüé, die zwanzig Jahre und älter werden können, sollten in den ersten zehn Jahren nicht angerührt werden. Mit einer Besonderheit rundet Baronesse Bertrand de Ladoucette, die heutige Besitzerin der Domäne, das glanzvolle Angebot von Vogüé ab: mit einem frischen, perfekt ausgebauten Musigny Blanc (Chardonnay), der den besten Kunden des Hauses flaschenweise zugeteilt wird.

Domaine Comte Georges de Vogüé, Chambolle-Musigny (Côte de Nuits). Besitzer: Baronesse Bertrand de Ladoucette, Weinbau: Gérald Goudeau Kellerwirtschaft: François Millet, Verwaltung und Marketing: Jean Luc Pépin

Seite 48
Die Kirche von Chambolle-Musigny: Ein Symbol für die Weinfreunde in aller Welt, die den „femininen“, den feinen, delikaten Wein von der Côte de Nuits suchen

Domaine George Roumier, Chambolle-Musigny (Côte de Nuits). Besitzer: Familie Roumier, Kellerchef und Verwalter: Christoph Roumier, Seniorchef: Jean-Marie Roumier

Die Kennerschaft hat Tradition. Seit die Roumiers mit dem Wein vermählt sind, seit sieben Jahrzehnten, gelingt ihnen Meisterliches. Der Großvater George hat in den zwanziger Jahren die Maßstäbe gesetzt, die Söhne Jean-Marie und Alain haben den Namen Roumier durch ihr Können geadelt. Jean-Marie hat das Weingut in Chambolle-Musigny zu einem der besten Rotwein-Betriebe an der Côte-d'Or ausgebaut, Alain hat seine Begabung dreißig Jahre lang der Domaine Comte de Vogüé als Regisseur geliehen – als Regisseur in diesem Prunkstück von Chambolle-Musigny. Und Christoph, der Sohn Jean-Maries, Diplom-Önologe aus der Schule von Dijon, hat schon bewiesen, daß er als Vertreter der dritten Generation gewillt und fähig ist den guten Ruf der Roumiers zu verteidigen. „Das Genialische in Sachen Wein", freut sich Jean-Marie, „liegt eben in unserer Familie". Daß Vater und Sohn nicht prahlen, zeigt sich schon im Keller, während der Probe der jungen, noch unfertigen Weine. Perfekt sind sie alle, einige von großer Klasse: die Grands Crus Musigny, Bonnes Mares und Clos-de-Vougeot, der Premier Cru Les Amoureuses. Die Roumiers fühlen sich als Traditionalisten. Die Erntemenge wird strikt begrenzt – bei den Grands Crus zum Beispiel auf fünfundzwanzig bis dreißig Hektoliter je Hektar (vierzig sind vom Gesetz erlaubt). Vergoren

werden die Trauben in herkömmlichen Holzbottichen, wobei nur ein Teil des Lesegutes vorher entrappt wird: etwa der Hälfte der Trauben (je nach Jahrgang mehr oder weniger) werden die Stengel gelassen. Gut zwei Wochen bleibt der junge Wein auf der Maische stehen. Die Temperatur während der Fermentation wird durch Kühlaggregate gesteuert, und sie steigt – zum Schutz der Aromen – über dreißig Grad nicht hinaus. In den typischen kleinen Burgunderfässern, den pièces, wird der junge Wein dann gelagert – ungefähr achtzehn bis zwanzig Monate lang. Der Anteil der neuen Fässer hält sich mit jährlich zehn bis zwanzig Prozent in Grenzen. Der junge Wein, meint Jean-Marie Roumier, brauche für seine erste Reife zwar das neue Holz, doch sollte die „Holzreife“ nicht übertrieben werden. Das feine, delikate Aroma, das bei den Weinen von Chambolle-Musigny besonders gut ausgeprägt sei, könnte durch zu viel neues Holz verloren gehen. Nach der Reife im Faß, kurz vor der Füllung in Flaschen, werden die Weine mit Albuminen (Eiweiß) geschönt, aber nicht gefiltert. Fünfzehn Hektar eigene Weinberge werden von der Domaine Roumier heute bewirtschaftet. Der größte Teil der Produktion entfällt auf die Orts-Appellation Chambolle-Musigny (acht Hektar), jeweils zweieinhalb Hektar liegen in den Lagen Clos Bussière (Morey-St.-Denis) und Bonnes Mares (Chambolle-Musigny). Der Rest verteilt sich unter anderem auf Clos-de-Vougeot, Musigny und Les Amoureuses sowie auf ein Stück in der berühmten Weißweinlage Corton-Charlemagne in Aloxe-Corton. Jean-Marie Roumier, der die Verantwortung für die Domaine inzwischen an seinen Sohn Christoph abgetreten hat, nennt exakte Prioritäten: Sein Kopf spreche für die Grands Crus Bonnes Mares und Musigny, sein Herz aber schlage für Les Amoureuses. Ob mit Kopf oder Herz – alles, was Sohn und Vater aus dem Keller entlassen, entspricht ihrem selbstgewählten Ideal: die Weine sind elegant und voller Finesse, sie sind gut strukturiert, sie sind jahrgangstypisch. Und sie sind ein wahres Abbild des klassischen Chambolle Musigny.

Seite 52
Hier reift, was ein bemerkenswerter Wein sein wird: Musigny, Bonnes Mares, Clos-de-Vougeot, Les Amoureuses, Corton-Charlemagne

Die Grands Crus Bonnes Mares und Musigny stehen in der Wert- und Preisskala oben, der Premier Cru Les Amoureuses aber ist der Favorit der Liebhaber

DIE LIEBE ZU „LES AMOUREUSES“

Seit sieben Jahrzehnten sind sie mit dem Wein vermählt: Sie zählen zu den Klassikern von Chambolle-Musigny. Jean-Marie und Alain, die beiden Brüder, haben den Namen Roumier geadelt, Christoph, der Junior, führt die Tradition nun fort

Die Fachleute
waren skeptisch, die
Konkurrenten reserviert:
Ein Deutscher als
Winzer in Burgund? Der
Argwohn ist verflogen.
Die Domaine Bertagna ist
inzwischen anerkannt,
die jugendlich-
fruchtigen Burgunder
finden Beifall

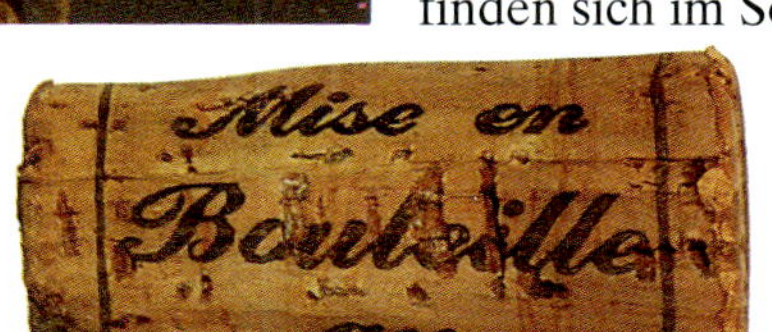

VON TRIER NACH VOUGEOT

Domaine Bertagna, Vougeot (Côte de Nuits). Besitzer: Familie Günther Reh, Verwaltung und Export: Eva Reh-Siddle, Kellermeister: Roland Masse

Die Einheimischen waren irritiert. Da kommt ein Mann aus Deutschland, ein Sektfabrikant aus Trier, kauft ein Weingut und bringt es innerhalb weniger Jahre zu einem Besitz, der weit über das hinausgeht, was in Burgund die Norm ist. Der Mann aus Deutschland heißt Günther Reh, der Schauplatz liegt in Vougeot, an der Côte de Nuits. An den Einsteiger hat sich das Dorf inzwischen gewöhnt. Doch noch immer wird jeder Schritt des Neulings beobachtet. Vor allem der Bürgermeister der Dreihundert-Seelen-Gemeinde wacht argwöhnisch darüber, daß der listig-tüchtige Deutsche nicht zu übermütig wird. Günther Reh, der seine Sekt- und Weinaktivitäten in Trier vor einiger Zeit seinen Kindern übertragen hat, hält sich nun auch in Vougeot bedeckt. Seine Tochter Eva, blutjung und frisch mit einem Engländer vermählt, führt im Auftrag der Familie das Gut und treibt die Erneuerung des Besitzes voran. Roland Masse, ihr Kellermeister, unterstützt sie nach Kräften. Und der Wein findet Beifall; mehrmals schon hat die Confrérie des Chevaliers du Tastevin, die traditionsreiche burgundische Weinbruderschaft, Weine aus dem Keller der Deutschen prämiert. 1982 hat Günther Reh die Domaine Bertagna in der Rue du Vieux Château erworben und renoviert. Achtundzwanzig Hektar Rebland werden von der Domäne bewirtschaftet. Zehn Hektar entfallen auf Grand Cru- und Premier Cru-Lagen an der Côte de Nuits, sechzehn Hektar liegen in der Appellation Bourgogne Hautes Côtes de Nuits, auf den nahegelegenen Hügeln (diese Weine werden unter dem Namen „Domaine Eva" angeboten), und zwei Hektar werden als Bourgogne Rouge vom Weinhaus Geisweiler in Nuits-Saint-Georges ausgebaut – einem persönlichen Besitz Günther Rehs. Klangvolle Namen finden sich im Sortiment – Chambertin Grand Cru zum Beispiel, Clos-Saint Denis Grand Cru (Morey-Saint-Denis), Clos-de-Vougeot Grand Cru, Clos de la Perrière Premier Cru (Alleinbesitz von Bertagna in Vougeot), Les Beaux-Monts Premier Cru (Vosne-Romanée), Chambolle-Musigny. Roland Masse, der Kellermeister, arbeitet nach einem festen Prinzip: Er favorisiert die nicht zu tanninhaltigen, fruchtigen Rotweine, die den Jahrgangstyp klar erkennen lassen. Daher wird das Lesegut vor der Gärung fast vollständig entrappt; nur wenige Stengel werden mitvergoren. Die Maischezeit beträgt ungefähr zwei Wochen. Besondere Aufmerksamkeit schenkt Roland Masse der Temperaturkontrolle während der Fermentation; denn zugunsten der Fruchtigkeit, zum Schutz der Aromen soll die Temperatur während der Fermentation nicht über dreißig Grad steigen. Ausgebaut wird der junge Wein sechzehn bis zwanzig Monate lang in kleinen Eichenfässern (pièces), die jährlich zu einem Drittel erneuert werden. Das Holz für die Fässer kommt aus den Vogesen; die Bäume werden von der Domäne an Ort und Stelle ausgewählt und dann auf dem Weingut in Vougeot gelagert. Vor der Füllung werden die Weine mit Albumin geschönt, aber nicht gefiltert. Ungefähr vierzigtausend Flaschen kann die Domaine Bertagna jährlich anbieten; die Hälfte davon wird direkt in Vougeot, im Weingut, verkauft – an Touristen, an Weinfreunde und Händler. Die andere Hälfte wird zum guten Teil exportiert, vor allem in die Schweiz, nach Japan und Deutschland. Die zarten Burgunder erfreuen sich einer wachsenden Schar von Liebhabern.

DIE JUNGE LIEBE ZUM WEIN

Winzer war er nicht, seine Weinberge ließ Monsieur Méo von Fremden bewirtschaften: Doch plötzlich erwachte die Liebe zum Wein. Der Junior Jean-Nicolas wurde zum Domänenchef bestimmt, die Winzer-Ära der Familie Méo begann. Der Erfolg ist überwältigend

Mit dem Weinbau hatte Monsieur Méo ursprünglich nichts im Sinn. Er war Wirtschaftsberater von de Gaulle und Vizepräsident des Mineralölkonzerns Elf-Erap. Die Weinberge, die er zu Beginn der sechziger Jahre geerbt hatte, ließ er von fremden Leuten bewirtschaften. Doch plötzlich wurde er neugierig, die Liebe zum Wein erwachte. Anfang der achtziger Jahre begann er, einen Teil des Weins selbst zu füllen. Der Wein fand Beachtung, die Nachfrage stieg. Nach wenigen Jahren hatte sich das Geschäft – vor allem der Export – so stark ausgeweitet, daß der Weinbau nicht mehr als Nebensache betrieben werden konnte. Méo sah nur einen Weg: ein Familienmitglied mußte im Hauptberuf die Weinberge und die Domäne betreuen. Die Wahl fiel auf Jean-Nicolas, den Sohn. Aber auch der Junior war kein Weinexperte; er hatte in Paris Ökonomie studiert. Jean-Nicolas ging nun nach Dijon und ließ sich in die Grundlagen des Weinbaus und der Kellerwirtschaft einweihen. Der Junior hatte einen guten Start: mit dem Jahrgang 1988, an dem er entscheidend beteiligt war, erregte er Aufsehen, mit dem Neunundachtziger, den er dann allein zu verantworten hatte, bestätigt er sein Talent: Seine Weine sind voll und körperreich, sie sind sanft und saftig, sie sind von tiefer Farbe und nachhaltig; aggressives Tannin ist ihnen fremd. Daß sich Méo von einem erfahrenen Winzer beraten läßt, spricht nicht für Unsicherheit, sondern für den Ehrgeiz, Spitzenweine zu erzeugen. Der Mann, den er als Berater für die Domaine Méo-Camuzet gewonnen hat, ist geradezu ein Garant für önologische Höchstleistungen: Henri Jayer aus Vosne-Romanée. Zwölf Hektar Weinberge stehen Jean-Nicolas zur Verfügung. Die Hälfte davon gehört zum Besitz der Domäne, die anderen sechs Hektar sind gepachtet. Die Parzellen verteilen sich auf die Gemeinden Vougeot, Vosne-Romanée, Nuits-Saint-Georges und Aloxe-Corton; zu den Spitzenweinen der Domäne zählen die Grands Crus Richebourg und Corton sowie die Premiers Crus Les Chaumes, Aux Brûlées (Vosne-Romanée) und Aux Boudots (Nuits-Saint-Geor-

Domaine Méo-Camuzet, Vosne-Romanée (Côte de Nuits). Besitzer: Jean-Nicolas und Familie Méo, Önologe: Jean-Nicolas Méo, Berater: Henri Jayer, Weinbau: Christian Faurois

ges). Beschränkung der Erntemengen und schonende Verarbeitung des Lesegutes sind das Erfolgsgeheimnis des jungen Domänen-Chefs. Alle unreifen Beeren werden ausgelesen, nur gesunde, vollreife Trauben werden verarbeitet. Vor der Gärung liegen drei bis fünf Tage Vormazeration, wobei die Maische unter achtzehn Grad gekühlt wird. Möglichst viele Aromen und genügend Farbe sollen in dieser Zeit aus den Beerenhäuten gelöst werden. Bei der Fermentation in den Zement-cuves (die Trauben werden stets ohne Stengel vergoren) läßt Méo den Dingen ziemlich freien Lauf; die Maische wird erst gekühlt, wenn die Gärtemperatur dreiunddreißig Grad übersteigen sollte. Nach fünfzehn Tagen Gärung und Mazeration wird die Maische gepreßt, dann kommt der junge Wein zur Reife in die kleinen Eichenfässer. Ungefähr achtzehn Monate wird er in den pièces ausgebaut, wobei die Grands Crus, die Premiers Crus und die Village-Weine in neuen Fässern reifen. Gefiltert werden die Weine nicht mehr (das hat Henri Jayer untersagt), sie werden nur mit frischem Hühnereiweiß geschönt. Auch eine Abfüllmaschine ist nicht zu sehen; die Weine werden direkt aus dem Faß in die Flasche gefüllt, damit sie nicht geschockt werden (auch das gehört zur méthode Jayer). Wie der Wein dann sein soll, sagt Méo mit einfachen Worten: Er muß Spaß machen, er muß zugänglich sein, er darf auch nicht aggressiv wirken.

Seite 58
Clos-de-Vougeot – ein Symbol für Burgund: Diese Grand Cru-Lage, die größte in der ganzen Region, ist im zwölften Jahrhundert von den Zisterziensern begründet worden. Das markante Château de Vougeot, das in seinem Kern auf das Mittelalter zurückgeht, ist heute Eigentum der Weinbruderschaft Chevaliers du Tastevin

EIN GANZ BESONDERER FALL

Domaine de la Romanée-Conti, Vosne-Romanée (Côte de Nuits). Besitzer: Familie de Villaine, Familie Leroy, Verwaltung: Aubert de Villaine und Henry-Frédéric Roch, Kellermeister: Bernard Noblet

Die Domäne ist klein, das Renommee ist groß, die Preise sind hoch: Romanée-Conti in Vosne-Romanée ist ein Sonderfall. Der unbeugsame Wille zur Perfektion gebiert Weine der großen, feinen Art

Die Lobgesänge verstummen nicht, und die zahlungskräftige Hautevolee der Weinliebhaber schwärmt: unvergeßlich, vollkommen, rätselhaft, non plus ultra. Aubert de Villaine, Mitbesitzer der Domaine de la Romanée-Conti und einer der beiden Verwalter, sieht den Fall dagegen sachlich. Rätselhaftes sei nicht im Spiel. Der Erfolg habe einen einfachen Grund: Es treffe alles in optimaler Weise zusammen, was einen Grand Cru zu einem großen Grand Cru werden lasse. Der Befund ist sicher richtig, läßt einen Teil der Wahrheit aber offen. Was die Weine der Domaine de la Romanée-Conti so großartig macht, ist letztlich der unbeugsame Wille für das Außergewöhnliche. Nichts wird dem Zufall überlassen, Perfektion ist Plan. Die Weinlese wird so weit wie möglich in den späten Herbst verschoben; jeder Kraft verheißende Sonnenstrahl wird eingefangen. Die Trauben werden mit der Hand verlesen, zuerst im Weinberg, dann auf dem Gut; jede faule Beere wird entfernt. Die Erntemenge wird stark gedrosselt – auf fünfundzwanzig bis höchstens dreißig Hektoliter je Hektar. Die Weinstöcke werden mit Sorgfalt gepflegt, ein hohes Durchschnittsalter (fünfundvierzig Jahre) ist die Norm. Die Verarbeitung der Trauben und der Ausbau der Weine folgt kompromißlos traditionellen Regeln. Die Trauben werden nicht entrappt, die Stiele bleiben in der Maische (zur besseren Tanninausbeute), die Gärung und die Mazeration dauern ungewöhnlich lang: drei bis vier Wochen. Die Fermentation setzt langsam ein (die Maische wird zunächst vier bis fünf Tage gekühlt – zugunsten der Aromen und der Frucht), die Gärtemperatur wird auf zweiunddreißig Grad begrenzt. Nach der cuvaison kommen die jungen Weine sofort in die kleinen Eichenfässer, in denen sie achtzehn Monate reifen. Alle pièces werden jährlich erneuert. Vor der Abfüllung wird der Wein mit frischem Hühnereiweiß geschönt, aber nicht gefiltert (in Spitzenjahren wie 1989 und 1990 wird auch auf die Schönung verzichtet). Der alte Keller aus klösterlichen Zeiten ist auf natürliche Weise gut temperiert. Alle Weine der Domäne haben Grand Cru-Status (es wird nur Rotwein hergestellt, bis auf eine kleine Partie Montrachet). Das Prachtstück des Gutes ist die Lage Romanée-Conti, die schon seit siebenhundertfünfzig Jahren kultiviert wird. Dieser Wein hat den Ruf der Domäne begründet, er gilt als der beste Cru der Bourgogne. Der Weinberg gehört der Domaine de la Romanée-Conti allein; nur sechstausend Flaschen werden jährlich hergestellt. Ebenfalls im Alleinbesitz ist der La Tache, der seinem berühmten Nachbarn (beide liegen nur wenige Meter voneinander entfernt, getrennt durch die Grand Cru-Lage Grande Rue) in Art und Güte kaum nachsteht. Hinzu kommen Parzellen aus den Grands Crus-Lagen Richebourg, Grands-Echézeaux, Echézeaux und Romanée-Saint-Vivant. Die bewirtschaftete Fläche beträgt fünfundzwanzig Hektar (einschließlich des dreiviertel Hektars Montrachet), die jährliche Produktion erreicht ungefähr achtzigtausend Flaschen. Aber nicht alles, was die Domäne produziert, kommt auf den Markt. Zwanzigtausend Flaschen werden im Keller zurückgehalten – als eiserne Reserve und für den eigenen Bedarf. Siebzig Prozent der heiß begehrten Ware fließen ins Ausland; die Mengen werden kontingentiert. Manchmal wird Kritik laut an den hohen Preisen, die für die Weine der Domäne bezahlt werden müssen. Monsieur de Villaine und sein Partner in der Geschäftsführung, Henry-Frédéric Roch, entschuldigen die Preise mit der Diskrepanz zwischen Angebot und Nachfrage. Die feine Weinwelt nimmt es hin; sie zahlt, sie will dabei sein. Doch die Freunde von Romanée-Conti sehen die Sache differenziert: Es sei nicht nur die Knappheit, die den Wein interessant und teuer mache, es sei vor allem seine bewundernswerte Qualität.

Seite 62
Alle Weine der Domaine de la Romanée-Conti haben Grand Cru-Status: Das Prachtstück ist der Grand Cru gleichen Namens. Nur sechstausend Flaschen werden jährlich hergestellt und der zahlungskräftigen Klientel in aller Welt zugeteilt

ROMANÉE
CONTI

MONOPOLIST IM CLOS DES REAS

Domaine Jean Gros, Vosne-Romanée (Côte de Nuits). Besitzer: Familie Jean Gros, Önologe: Michel Gros

Für den französischen Historiker Claude Courtepée war die Sache klar: „In Vosne", schrieb er 1774, „wachsen keine gewöhnlichen Weine." Sein Urteil hatte Gewicht, denn kaum einer kannte das Herzogtum Burgund so gut wie er. Zweihundert Jahre sind vergangen, das Zitat hat Bestand. Selbst berechtigte Kritik an der Güte des einen oder anderen Weins verblaßt am Ende gegen den Glanz der großen Gewächse. Sieben kostbarer Lagen kann sich Vosne-Romanée rühmen, alle diese Grands Crus zählen zu den Besten der Besten: Romanée-Conti, Richebourg, Romanée, La Tâche, Romanée-Saint-Vivan, Echézeaux, Grand-Echézeaux. Nicht nur hier, in den geheiligten Weingärten des fast vierzehnhundert Jahre alten Weindorfs, fühlt sich der Weinstock zu Meisterleistungen verpflichtet, auch in den Premiers Crus-Lagen ernten die Winzer oft Weine von erstaunlicher Qualität. Die Domaine Jean Gros, die seit 1830 in Vosne ansässig ist, steht dafür als glaubwürdiger Zeuge. Obwohl sie mit ihren Grands Crus Richebourg und Clos-de-Vougeot eine Garantie für Weine erster Klasse besitzt, ist es ein „Zweitklässler", der Premier Cru Clos des Réas, der die Freunde des Hauses verblüfft. Dieser Wein – im climat Clos des Réas ist die Domaine Jean Gros Monopolist – steht im Wettstreit mit seinen Grands Crus-Brüdern keinesfalls auf verlorenem Posten; manchmal übertrifft er sie sogar. Madame Gros, die das Weingut in den vergangenen Jahren geführt hat, und ihr Sohn Michel, der Önologe der Domäne, sind sich der Verantwortung für ihren Besitz bewußt. Mit großer Sorgfalt wird gehegt und gepflegt, was Jean Gros, das Familienoberhaupt, in den vergangenen Jahrzehnten gemehrt und zusammengetragen hat. Elf Hektar Weinberge stehen derzeit unter Ertrag (nur Rotwein); hinzu kommen noch acht Hektar an den Hautes-Côtes de Nuits, die Michel Gros in eigener Regie bewirtschaftet. Im Ausbau der Weine folgt Michel keiner speziellen Philosophie; er orientiert sich stets an der Art und Güte der Ernte. Die Trauben werden – wenn es der Jahrgang erfordert – zum Teil mit Stengeln vergoren; die Maischezeit beträgt ungefähr zehn bis zwölf Tage. In Gang gesetzt wird die Gärung mit Reinzuchthefe, die dem Most vierundzwanzig Stunden nach der Füllung der Gärbottiche zugesetzt wird. Zwei bis drei Tage nach dem Ende der Maischezeit wird der junge Wein abgepreßt und zur Reife in die pièces transvasiert. Achtzehn bis vierundzwanzig Monate ruht der Wein in den kleinen Eichenfässern, wobei Michel Gros die pièces für die Grands Crus- und Premier Crus-Weine in jedem Jahr erneuert. Was dann, nach der Eiweißschönung und der Filterung, in die Flasche kommt, ist ein Burgunder voll Raffinement und Eleganz – ein Wein, der seine Reife im neuen Holzfaß keinesfalls verleugnet, ein Wein, der ein langes Leben verspricht. Rund sechzig Prozent der Weine werden exportiert. Gleichviel Aufmerksamkeit wie den großen Weinen von der Côte de Nuits widmet die Domäne ihren Weinen aus dem Hinterland, von den Hautes-Côtes de Nuits. Madame Gros liebt diese kernigen Weine von den Hügeln; sie hat ihnen einen festen Freundeskreis erschlossen – vor allem im Ausland. Michel Gros hat die Liebe zu diesen Weinen offenbar geerbt; er kümmert sich um diese Weinberge mit großem Engagement. Und er experimentiert. Er hat im Hügelland Chardonnay-Reben gesetzt, die 1991 zum ersten Mal Ertrag gebracht haben. Michel ist von seinem Versuch überzeugt. Er wird noch mehr Chardonnay-Reben in den Hügeln pflanzen.

Die Domaine Jean Gros, seit 1830 in Vosne-Romanée ansässig, ist ein Garant für gleichbleibend hohe Qualität: Die Grands Crus Richebourg und Clos-de-Vougeot sind die großen Stars, der Premier Cru Clos des Réas ist der heimliche Favorit der Kenner

Vater und Sohn demonstrieren Eintracht. Sie fühlen sich als Komplizen. Junior Etienne hat 1990 die Verantwortung für die Domäne übernommen, Vater Jean kümmert sich nur noch um die Verwaltung. Die Arbeitsteilung funktioniert, der Generationswechsel ist ohne Streit und Ärger geglückt – was in Burgund keinesfalls die Regel ist. Die Grivots treiben seit dem vergangenen Jahrhundert in Vosne-Romanée Weinbau. Jean Grivots Urgroßvater war der erste in der Familie, der sich mit dem Weinstock angefreundet hatte; die Nachkommen eiferten ihm nach. Selbst die Ehefrauen, die in die Winzerfamilie Grivot Einlaß fanden, stammten alle aus Weinbaubetrieben. Auch Etiennes Frau ist Winzertochter. Der Junior hat das Handwerk von Grund auf gelernt. Im Weinberg hat er die ersten Erfahrungen gesammelt, im Keller ist er zum Fachmann gereift. Das Önologie-Diplom hat er nicht erworben; die Ausbildung habe zu sehr nach Chemie und Physik gerochen. So hat er sich – nach dem Abitur – mit der Weinbauschule in Beaune begnügt. Etienne Grivot ist ein selbstbewußter Winzer. Er fürchtet weder Kritik noch die Empfindlichkeiten seiner Abnehmer. Als er den Önologen Guy Accad zu Rate zog, der in Burgund wegen seiner neuen Produktionsmethoden umstritten ist, brachen einige Kunden die Geschäftsbeziehungen ab. Doch der Junior blieb gelassen; der Libanese Accad berät ihn weiter. Allerdings, schränkt Etienne energisch ein, sei die Meinung des Önologen nicht Gottes Wort. Letztlich entscheide er, wie der Wein vinifiziert werde. Vierzehn Hektar Weinberge stehen der Domäne Grivot zur Verfügung. Die Produktion (nur Rotwein) schwankt zwischen dreißig- und sechzigtausend Flaschen. Die Palette reicht von Grand Cru (Richebourg, Echézeaux, Clos-de-Vougeot) über Premier Cru (zum Beispiel Beaumonts und Suchots in Vosne-Romanée, Pruliers und Roncières in Nuits-Saint-Georges) bis zu Village (Vosne-Romanée, Chambolle-Musigny) und Bourgogne Grand Ordinaire. Mehr als fünfzig Prozent werden exportiert, nicht zuletzt nach Deutschland. Grivot verarbeitet vorzugsweise stark ausgereifte, fast überreife Trauben. Der Wein könne dann ein höheres Alter erreichen. Vor der Fermentation werden die Trauben entrappt, nur ein kleiner Teil des Leseguts, etwa ein Fünftel, wird mit Stengeln vergoren. Mit Hilfe von Schwefel wird der Beginn der Fermentation zunächst einige Tage gebremst; auf diese Weise will Grivot dem Weine wertvolle Aromen sichern, die bei zu früher und zu heftiger Gärung verlorengehen könnten. Nach der Vor-Mazeration wird der Maische Reinzuchthefe zugesetzt, die dann die Fermentation auslöst. Die Gärtemperatur wird so gesteuert, daß sie nicht über dreißig bis zweiunddreißig Grad hinausgeht. Vergoren wird der Most nicht in Holzcuves, sondern in emaillierten Stahltanks; denn die Fermentation im Holz, meint Grivot, sei keine saubere Sache. Nach der Gärung wird der junge Wein einundzwanzig bis dreiundzwanzig Monate in den traditionellen pièces gelagert. Etienne Grivot ist bestrebt, einen individuellen Wein, einen Typ Grivot, zu produzieren. Die Weine sollen weder einseitig durch viel Körper und Struktur noch durch auffallende Feinheit und Raffinement charakterisiert sein, sie sollen vielmehr beide Charaktere miteinander verbinden. Der Typ Grivot, schwärmt Etienne, sei eine Verbindung von Körperlichem und Geistigem, der Wein sei wie die eiserne Hand im Samthandschuh.

EISERNE HAND IM SAMT HANDSCHUH

Domaine Grivot, Vosne-Romanée (Côte de Nuits). Besitzer: Familie Grivot, Weinbau und Kellertechnik: Etienne Grivot, Verwaltung: Jean Grivot

Seit zehn Jahren führt Etienne, der Junior des Hauses, die Domäne: Er hat Erfolg, die Weinfreunde sprechen vom Typ „Grivot“: Die Weine sind weder einseitig durch viel Körper und Struktur noch durch auffallende Feinheit und Raffinesse charakterisiert. Beide Charaktere finden sich zur Einheit

DER WEIN DER DREI FRAUEN

Ausdrucksstarke, konzentrierte Rotweine sind das Ziel: Zwei Weingüter sind zu betreuen, die Domänen Mugneret-Gibourg und Georges Mugneret. Die Mutter und die beiden Töchter führen das Werk des Vaters, des Winzers und Augenarztes von Vosne-Romanée, mit Geschick weiter

Die Mutter verwaltet das Erbe, die Tochter kümmert sich um den Wein. Zwei Weingüter sind zu betreuen, die Domaine Mugneret-Gibourg und die Domaine Georges Mugneret. Önologin ist die Tochter von Hause aus nicht, Marie-Christine Mugneret hat Pharmazie studiert. Doch zum Thema Wein ist es nicht weit gewesen. Die Doktorarbeit, die sie geschrieben hat, trägt den Titel „Ist Wein Medizin?“ Vernarrte Weinfreunde würden diese Frage uneingeschränkt bejahen, Marie-Christine antwortet, wie es einer Pharmazeutin geziemt: „Auf die Dosis kommt es an.“ Mit dem Weinbau hat sie sich schnell angefreundet. Und seit drei Jahren, seit dem Tode ihres Vaters, des Winzers und Augenarztes Georges Mugneret, produziert sie den Wein in eigener Regie. In Zukunft wird sie von ihrer jüngeren Schwester Marie-Andrée unterstützt, die vor einigen Monaten das Önologiestudium mit dem Diplom abgeschlossen hat. Der Wein im Hause Mugneret wird damit vollends zur Frauensache. Knapp neun Hektar Weinberge (nur Pinot noir) stehen den beiden Domänen zur Verfügung. Ein Teil davon wird von einem Pächter bewirtschaftet, der für seine Dienste mit Weintrauben entlohnt wird. Die Mengen, die das Etikett „Mugneret-Gibourg“ oder „Georges Mugneret“ tragen, sind klein. Nur achtundzwanzig- bis dreißigtausend Flaschen können jährlich gefüllt werden. Jede zweite Flasche wird exportiert – vor allem nach Amerika, England und Japan; Privatkunden in Deutschland, der Schweiz und Belgien zählen zum festen Stamm. Marie-Christine und ihre Mutter Jacqueline Mugneret fühlen sich als Traditionalisten.

Die Zeit spielt eine wichtige Rolle, nichts wird übereilt. Die Gärung wird gezügelt: Gemächlich beginnt sie, und langsam klingt sie aus. Fünfzehn Tage steht der Wein auf der Maische, die Gärtemperatur wird so gesteuert, daß sie nicht über dreiunddreißig Grad steigt. Nach der Fermentation wird der junge Wein von der Maische abgepreßt und zwei Tage in großen cuves durch Absitzen geklärt. Dann reift er achtzehn Monate in den kleinen Eichenfässern. Der Anteil der neuen Fässer, die viel Gerbstoff und Aromen an den Wein abgeben können, richtet sich nach den Qualitätsstufen. Für die Village-Weine verwenden die Mugnerets dreißig bis vierzig Prozent neue pièces, für die Premiers Crus fünfzig- bis sechzig Prozent und für die Grands Crus mehr als zwei Drittel. Die neuen Fässer sind innen nur schwach ausgebrannt; Tannin ist erwünscht, aber der Holzton soll nicht dominieren. Nach der Reife in den pièces werden die Weine in großen Fässern mit Eiweiß geschönt, jedoch nicht gefiltert. Bisher, berichten Marie-Christine und Jacqueline Mugneret, habe man auf das Filtern, das den Wein strapaziere, verzichten können. Ihre Kunden wüßten, daß Depot im Wein eine natürliche Sache sei. Die Weine aus den Gütern Mugneret sind klassische Vertreter traditionellen Handwerks. Sie brillieren mit tiefem Rot, sie stützen sich auf ein kräftiges Tannin-Gerüst, sie sind konzentriert – dennoch fein. Der Stolz der Familie sind die Grands Crus Clos-de-Vougeot in der Gemeinde Vougeot, Ruchottes-Chambertin sowie in Gevrey-Chambertin und Echézeaux in Vosne-Romanée. Clos-Vougeot und Ruchotte sind nicht verpachtet; in diesen Parzellen können die Mugnerets die volle – allerdings kleine – Ernte einfahren (am Echézeaux dagegen partizipiert der Pächter). Die Premiers Crus Les Chaignots und Les Vignes Rondes in Nuits-Saint-Georges sowie Les Feusselottes in Chambolle-Musigny runden das attraktive Angebot ab.

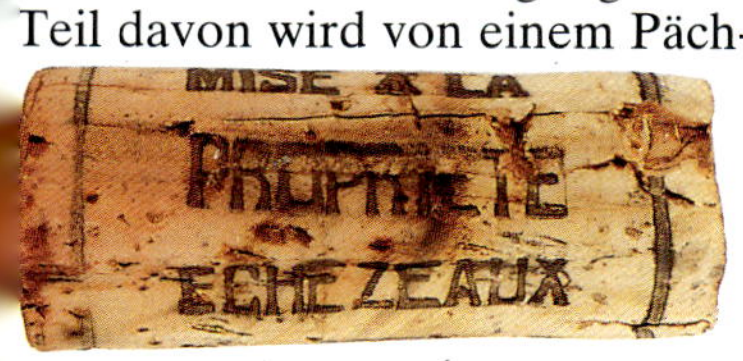

Domaine Mugneret-Gibourg/ Domaine Georges Mugneret, Vosne-Romanée (Côte de Nuits). Besitzer: Familie Mugneret-Gibourg, Leitung: Jacqueline Mugneret, Produktion: Marie-Christine Mugneret/Marie-Andrée Mugneret

MEISTER DES PREMIER CRU

Nuits-Saint-Georges,
eine Kleinstadt voller Aktivität:
Viele Handelshäuser
haben hier ihren Sitz, große
Mengen werden umgeschlagen. Die
Weine, die hier wachsen,
sind robust und kräftig, sie sind
von männlicher Statur

Zu langatmigen Diskussionen ist Robert Chevillon nicht bereit. Er geht in Abwehrstellung, er demonstriert Zeitnot. Und zu verkaufen habe er auch nichts; sein Lager sei geräumt wie immer. Die Kunden klopften schon an die Tür, wenn der Wein noch im Faß liege. Aber schließlich findet er doch die Sprache. Der Rundgang im Keller löst ihm die Zunge. Er läßt probieren, er kommentiert, er kritisiert. Chevillon ist stolz. Er weiß, daß sein Nuits-Saint-Georges ein Wein der Extraklasse ist. Dreizehn Hektar Rebland sind die Grundlage für seine Produktion. Rund sieben Hektar gehören ihm, der Rest ist gepachtet. Etwa siebzigtausend Flaschen kann Chevillon jährlich anbieten – vor allem Rotwein, aber auch eine kleine Menge Aligoté und Pinot blanc. In den besten Lagen von Nuits-Saint-Georges hat der propriétaire-viticulteur Robert Chevillon seinen Anteil, in der Hälfte der Premier Cru-Lagen von Nuits-Saint-Georges ist er vertreten (Grand Cru-Lagen gibt es in dieser Gemeinde nicht; die Winzer und Händler hatten sich gegen die Grand Cru-Klassifikation mit dem Argument gewehrt, sie wollten keine unnötige Bewertungskluft zwischen ihren guten Lagen schaffen). Seine besten Stücke sind die Parzellen in den Lagen Les Saint-Georges, Les Vaucrains und Les Cailles. Les Saint-Georges gilt als der primus inter pares, was auch die Kleinstadt Nuits vor hundert Jahren dazu bewogen hat, diese Lage als schmückendes Beiwort in den Ortsnamen aufzunehmen: Nuits-Saint-Georges. In der Weinbereitung geht Chevillon den traditionell-handwerklichen Weg. Der Most wird zum Teil mit Stengeln (grappes) vergoren – je nach der Güte und dem Charakter des Jahrgangs; die Zeit der Maische wird auf zwei bis drei Wochen ausgedehnt. Länger als viele Kollegen läßt Chevillon den jungen Wein dann im Faß, in den pièces, reifen: sechzehn bis achtzehn Monate. Ein Drittel der kleinen Eichenfässer wird jährlich erneuert. Am Ende der Lagerzeit wird der Wein mit Eiweiß geschönt. Klare Ansichten äußert Chevillon zur Zuckerung des Mostes in mageren Jahren und zum Alkoholgehalt des Weins. Die Chaptalisierung, die Anreicherung des Mostes mit Zucker vor der Gärung, sei keine Sünde wider die Weinkultur; denn ein guter Burgunder brauche Alkohol: Dreizehn bis dreizehneinhalb Volumenprozent seien ideal. Und da so mancher Winzer nach schlechten Jahren Schwierigkeiten habe, den Wein ordentlich aufzubessern (der Chaptalisierung sind gesetzlich Grenzen gesetzt), sollte das Weinbaugebiet Burgund innerhalb der Europäischen Gemeinschaft in eine nördlichere Weinbauzone – mit entsprechend niedrigeren Anforderungen an den natürlichen Zuckergehalt der Trauben – eingeordnet werden, und zwar in die Zone B mit der Champagne, dem Loiretal, dem Elsaß, mit Savoyen, Jura und der deutschen Region Baden (gegenwärtig gelten für Burgund die gleichen Bedingungen wie für die südlichere Zone C1 mit Bordeaux, der nördlichen Provence und dem nördlichen Rhône-Tal). Bisher allerdings deutet nichts darauf hin, Chevillon litte unter der Zwangsmitgliedschaft in der Zone B. Seine Weine sind perfekt; sie sind kräftig und voll, sie verströmen ein reiches Beerenfrüchte-Bukett. Im Ausland ist Chevillon ein wohlbekannter Mann; achtzig Prozent der Produktion Flaschen werden exportiert. Am hohen Renommee des Hauses haben alle ihren Anteil: Robert, der Chef, Christiane, die Ehefrau, Bertrand und Denis, die beiden Söhne.

Robert Chevillon ist ein energischer Mensch: Wer ihm die Zeit stehlen will, muß seinen Zorn fürchten. Gesprächig wird er nur, wenn er in seinem Keller demonstrieren kann, welch kräftige und farbenfrohe Weine in seinen Fässern reifen

Seite 70
Les Saint-George: Dem Namen dieses exzellenten Premier Cru hat die Stadt Nuits den Gemeindenamen als Erkennungszeichen hinzugefügt. Der Name „Nuits“ allerdings geht auf die Nußbäume zurück, die früher die Straßen gesäumt haben

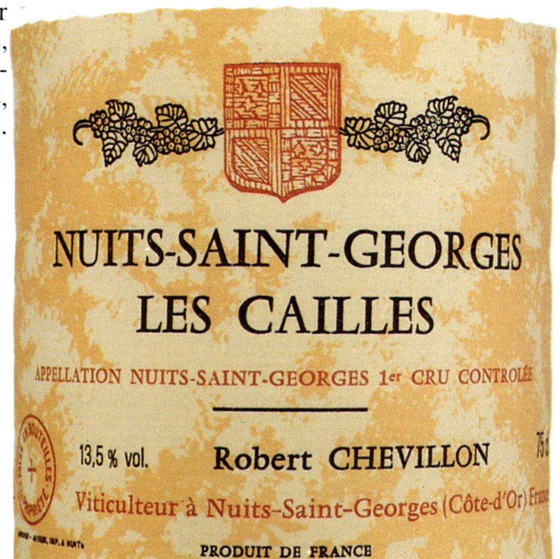

Robert Chevillon S.C., Nuits-Saint-Georges (Côte de Nuits). Besitzer: Robert, Bertrand und Denis Chevillon

HÔTELS

EIN FAIBLE FÜR SINNLICHE DÜFTE

Das Weinhaus J. Faiveley in Nuits-Saint-Georges ist eine Institution in Burgund: Eineinhalb Millionen Flaschen Wein werden jährlich verkauft, drei Viertel der Weine wachsen in eigenen Weinbergen

Wenn er sich nicht für den Wein entschieden hätte, wäre er Parfumhersteller geworden. Er liebt den betörenden Duft. Doch auch als Winzer und Weinhändler findet François Faiveley genug Möglichkeiten, seine Leidenschaft auszuleben. Er produziert Weine, die durch intensives Aroma, durch ein breites Spektrum differenzierter Düfte erfreuen. Der „Gout Faiveley" ist zum Markenzeichen geworden – zum Sinnbild für kultivierte aromatische Weine. Und noch etwas kennzeichnet das Unternehmen, eines der größten Handelshäuser in Burgund: Die kleineren Weine, die meist im Schatten der berühmten Grands Crus und Premiers Crus stehen, werden nicht wie Stiefkinder, wie Weine zweiter Klasse behandelt, sie genießen vielmehr die besondere Fürsorge des Hauses. Sie werden mit viel Geduld und Liebe gepflegt, Faiveley wird an diesen Weinen gemessen. Das Unternehmen, seit 1825 in Nuits-Saint-Georges ansässig, produziert jährlich eineinhalb Millionen Flaschen Wein. Zehn bis zwanzig Prozent davon lassen sich in die Kategorien Grand Cru und Premier Cru einordnen – Clos-de-Vougeot zum Beispiel, sowie Clos des Cortons Faiveley,

Corton-Charlemagne, Echézeaux, Musigny, Latricières-Chambertin, Mazis-Chambertin, Clos de la Maréchale und Les Cazetiers – der größte Teil entfällt auf die einfachen Bourgogne und die Bourgogne Village. Deutlich mehr als die Hälfte der Weine stammt aus eigenen Weinbergen (hundertzwanzig Hektar), der Rest wird bei Winzern der Region gekauft. Ein Schwerpunkt der Aktivitäten liegt an der Côte Chalonnaise, im Weinbauort Mercurey. Hier bewirtschaftet das Haus J. Faiveley nicht nur sechzig Hektar, hier besitzt das Unternehmen auch eine eigene Kellerei. Faiveley ist ein Rotwein-Spezialist. Nur jede fünfte Flasche trägt ein Weißweinetikett. Die großen Weißweine werden in kleinen Eichenfässern vergoren, in pièces, die einfacheren Qualitäten in Edelstahltanks. Vier bis fünf Monate werden die Weine in den kleinen Fässern dann gelagert, wobei François Faiveley streng darauf achtet, daß der Wein nicht zuviel Gerbstoff aus den Fässern zieht. Denn die feinen Aromen und der natürliche Geschmack der Trauben sollen im Wein dominieren, nicht das Holz. Ebenso vorsichtig und sorgfältig werden die Rotweine ausgebaut. Nach der Selektion der Trauben, die der Chef des Hauses oft persönlich überwacht (alle unreifen und faulen Beeren werden ausgelesen und weggeworfen) wird die Maische in offenen Gärbottichen aus emailliertem Stahl oder Inox vergoren, und zwar immer ohne die gerbstoffreichen Stiele. Zum Schutz der Aromen wird die Gärtemperatur gebremst; sie soll achtundzwanzig bis neunundzwanzig Grad nicht überschreiten. Nach der Maischezeit (zwei bis drei Wochen) werden die jungen Weine in pièces ausgebaut – die Grands Crus ungefähr eineinhalb Jahre, die einfacheren Weine etwa sieben Monate. 1985 hatte Faiveley damit begonnen, einen Teil der roten Grands Crus mit der Hand abzufüllen – direkt vom Faß, ohne den Wein zu filtern. Die Kunden des Hauses honorierten das (teure) Experiment, so daß sich Faiveley ermuntert fühlte, dieses qualitätsschonende Verfahren zur Regel werden zu lassen. Alle roten Grands Crus werden nun mit der Hand gefüllt. Fünfzig Prozent der Weine, die das Unternehmen anbietet, werden exportiert. François Faiveley liebt die andere Rechnung: fünfzig Prozent der Weine bleiben im Lande. Und darauf ist er stolz.

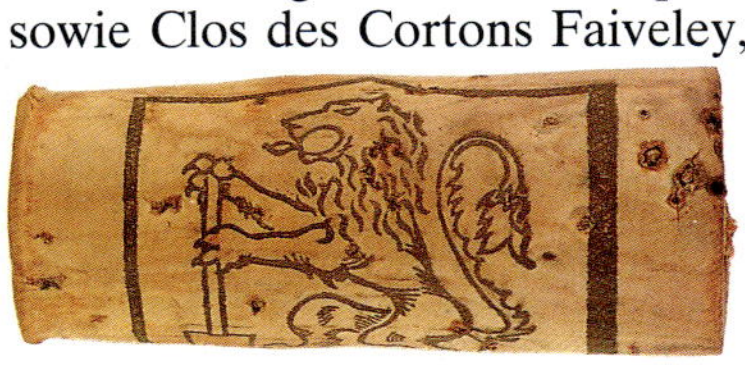

Domaine & Maison J. Faiveley, Nuits-Saint Georges (Côte de Nuits). Besitzer: François Faiveley, Önologe: Regis Surrel, Export-Direktor: Christophe Voisin

Ein Grüner ist er nicht. Aber alles, was er tut, verrät Sympathie für die ökologische Sache. Christian Gouges weiß, daß der Winzer seinen Weinberg von der Natur letztlich nur gepachtet hat, daß er zum Schutz des natürlichen Kapitals moralisch verpflichtet ist. Zugleich denkt er eigennützig: Je besser er den Grund und Boden pflegt, desto größer ist der Gewinn. Denn was den Wein in seiner Art und Güte auszeichnet, gründe überwiegend in der Qualität des Bodens. Mit raffinierten Techniken und viel frischem Holz könne der Winzer im Keller zwar nachhelfen. Doch letztlich sei das alles nur Make-up. Es werde vertuscht, was der Boden nicht hergegeben habe. Christian, der Önologe aus der Schule von Beaune, der den Familienbesitz in Nuits-Saint-Georges seit 1985 zusammen mit seinem Cousin Pierre Gouges betreut, rückt die Bodenpflege, die Arbeit im Weinberg, in den Mittelpunkt seiner Aufgabe. Die Weinberge werden begrünt – zum Schutz vor Erosion, zur Anreicherung mit Nährstoffen; die Chemie wird zurückgedrängt. Der Anteil der chemischen Abwehr- und Hilfsstoffe sei auf dreißig Prozent der früheren Werte abgebaut worden, denn die Begrünung der

Weinberge mit Gräsern und Kräutern habe den Boden und den Weinstock gegen Krankheiten widerstandsfähiger gemacht. Auch in der Kellerwirtschaft bemühen sich die beiden Cousins um Zurückhaltung und Vorsicht. Technische Eingriffe werden auf ein Minimum beschränkt, der Most soll auf möglichst natürliche Weise zu Wein werden. „Natürlich" heißt auch das Motto in der Frage des Geschmacks und des Stils. Der Wein soll stets daran erinnern, daß er von Früchten stammt, daß die Trauben auf unterschiedlichen Böden, in unterschiedlichen Lagen gewachsen sind. Die Frucht und das Typische der Herkunft sollen die Art prägen, keinesfalls das Tannin oder der Geschmack nach frischem Eichenholz. Daher werden die Trauben vor der Verarbeitung entrappt (also ohne die tanninreichen Stengel vergoren) und die Verwendung neuer Eichenfässer für die erste Reife des jungen Weins auf fünfzehn Prozent begrenzt. Die Weine von Nuits-Saint-Georges, argumentiert Christian Gouges, hätten ohnehin viel Tannin; der Gerbstoff, der während der Maischezeit aus den Schalen der Beeren gelöst werde, reiche für den Wein deshalb völlig aus.

Die Domaine Henri Gouges – benannt nach dem Namen des Gründers, des Großvaters von Christian und Pierre – ist ein typisches Rotwein-Gut (nur zweieinhalbtausend Flaschen Weißwein aus der Lage La Perrière werden als Spezialität produziert). Elf Hektar Weinberge werden bewirtschaftet, alle Parzellen liegen in der Gemarkung Nuits-Saint-Georges. Der Stolz der Familie sind die Premier Cru-Weine, die mit drei Vierteln der Produktion den Charakter der Domaine bestimmen. Jede zweite Flasche, die das Weingut verläßt, findet ihren Weg in das Ausland – vor allem in die Vereinigten Staaten, nach Japan und in die bedeutenden Weinkonsum-Länder Europas. Seit 1986 wird ein Viertel der Ernte im Keller in Nuits-Saint-Georges zurückgehalten. Die Weine sollen erst dann verkauft werden, wenn sie sich entwickelt haben, wenn sie ausgereift sind, wenn sie das richtige Alter erreicht haben. Und das richtige Alter seiner Weine taxiert Christian auf zehn bis fünfzehn Jahre – je nach Jahrgang. Vorher könnten sie ihre Stärken nur andeuten: die tiefe Farbe, den blumigen Duft und die saftige Fülle.

ALLES FÜR DEN WEINBERG

Der Schutz der Natur und der sorgsame Umgang mit den Ressourcen sind in der Domaine Henri Gouges Pflichtprogramm: Christian und Pierre, die beiden verantwortlichen Cousins, achten sorgsam darauf, daß der natürliche Kapitalstock nicht überfordert wird

Domaine Henri Gouges, Nuits-Saint-Georges (Côte de Nuits). Besitzer: Michel und Marcel Gouges, Weinbau und Kellerwirtschaft: Christian und Pierre Gouges

Seite 74
Alte Flaschen – ein Symbol: Die Weine aus der Domaine Gouges brauchen genügend Zeit zur Reife. Sie werden erst „erwachsen", wenn sie mindestens zehn bis fünfzehn Jahre alt sind

Im Süden der Côte de Nuits, an der Grenze zur Côte de Beaune, hat die Domaine Jean-Jacques Confuron ihren Sitz: Die Rotweine sind kraftvoll und pikant, die Grands Crus Romanée-Saint-Vivant und Clos de Vougeot krönen das breite Angebot

EIN TALENT ZUM WEIN VERFÜHRT

Domaine Jean-Jacques Confuron, Premeaux-Prissey (Côte de Nuit). Besitzer: Familiengesellschaft Weinbau, Kellerwirtschaft und Verwaltung: Sophie und Alain Meunier

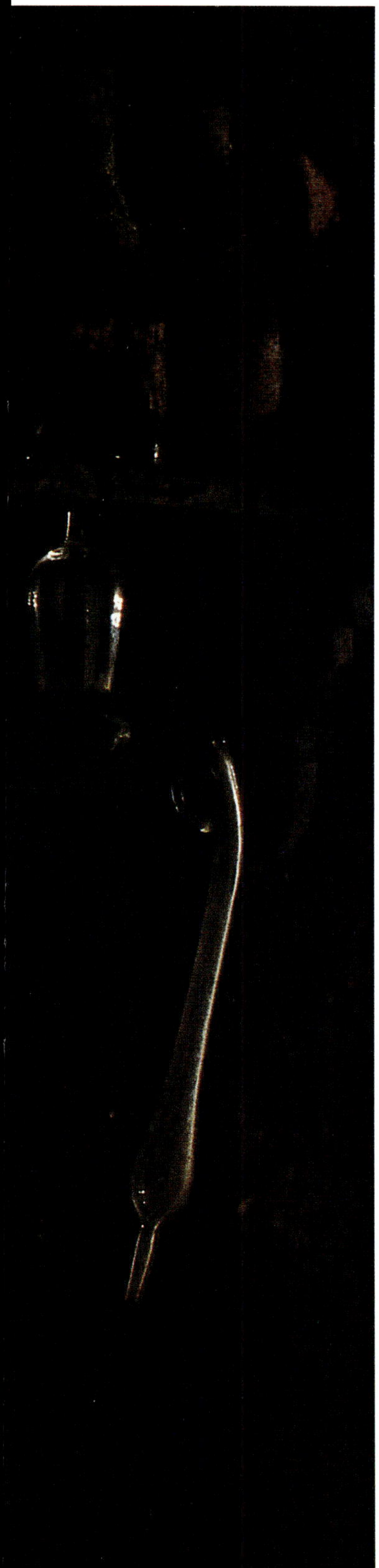

Aus dem Weinfach ist er von Haus aus nicht; seine Frau, eine Winzerstochter, hat ihn zum Metier verführt. Doch was ihm an Ausbildung und akademischer Schulung fehlt, hat er durch Begabung und harte Arbeit wettgemacht. Alain Meunier ist längst ein geachteter Mann. Er gilt als verläßlicher Winzer, seine fruchtigen, gut strukturierten Weine haben viele Freunde gefunden. Meunier und seine Frau Sophie führen die Domaine Confuron in Prémeaux-Prissey gemeinsam. Seit 1985 arbeiten sie im elterlichen Betrieb (Sophie Meunier ist eine geborene Confuron), 1988 haben sie die Domäne übernommen. Sieben Hektar Weinberge stehen dem Weingut zur Verfügung, es wird – bis auf einen halben Hektar Aligoté – nur die Rebsorte Pinot noir kultiviert. Das Angebot ist breit. Es reicht vom einfachen Bourgogne und Village bis zu Premiers und Grands Crus. Der Stolz der Winzerfamilie sind die Grands Crus Romanée Saint-Vivant und Clos-de-Vougeot sowie die Premiers Crus Les Chaboefs, Aux Boudots (Nuits-Saint-Georges), Les Beaux-Monts (Vosne-Romanée) und Chambolle-Musigny. Die Meuniers arbeiten nach einem bewährten Rezept: Weder wird die Tradition strapaziert, noch wird die Moderne geächtet. Traditionelle Methoden und neue Techniken werden kombiniert. Was der Qualität des Weins zugute kommt, wird genutzt. Bei der Auswahl der Trauben werden strenge Maßstäbe angelegt. Nicht alles, was in den Weinbergen geerntet wird, findet den Weg in die Fässer. Die Qualität hat Vorrang. Auch die Zeit wird großzügig kalkuliert, der Wein wird nicht im Schnellverfahren produziert. Die erste Phase (Mazeration und Fermentation) dauert ungefähr zwei bis drei Wochen. Zunächst wird die Maische in offenen Holzcuves und Zementbottichen vier bis fünf Tage still gehalten – bei niedrigen Temperaturen. Die Trauben werden nicht vollständig entrappt; ein Teil der Stengel kommt in die Maische – ungefähr zehn bis dreißig Prozent. Dann wird durch vorsichtiges Heizen der cuverie die Fermentation eingeleitet. Die Gärtemperatur wird gezügelt, sie soll zweiunddreißig Grad nicht überschreiten. Nach dem Ende der Fermentation – nach ungefähr acht Tagen – folgt eine dreitägige Ruhephase auf der Maische; danach wird der Wein von der Maische gepreßt und zusammen mit dem vorher ablaufenden Tropfwein „vermählt". Vierundzwanzig Stunden später, wenn sich der grobe Trub abgesetzt hat, beginnt die zweite Phase der Produktion; der Wein wird in die kleinen Eichenfässer transvasiert. Der Anteil der neuen Fässer (pièces) ist abhängig von der Güte des Weins. Für die Grands Crus verwendet Meunier sechzig Prozent frische pièces, für die Premiers Crus vierzig und für die Village-Weine dreißig Prozent. Die Zeit der Reife richtet sich nach dem Charakter des Jahrgangs und nach der Qualität; sie schwankt im allgemeinen zwischen zwölf und achtzehn Monaten. Geschönt werden die Weine nach dem Ausbau in den Fässern nicht, sie werden – sofern es der Jahrgang erfordert – nur leicht gefiltert. Der hohe Prozentsatz der neuen Fässer und die lange Lagerzeit, berichtet Alain Meunier, machten die Collage und das kräftige Filtern überflüssig; der Trub setze sich im Faß gut ab. Die Weine aus der Domäne Confuron sind in Frankreich wohl bekannt. Auch in den Vereinigten Staaten, in Großbritannien, der Schweiz und in den Beneluxstaaten haben sie einen treuen Kundenstamm. In Deutschland sind sie bisher nur Kennern vertraut. Das soll sich jetzt ändern. Meunier will auch den deutschen Markt erobern.

Die Domaine Bonneau du Martray ist das Kleinod von Pernand-Vergelesses: Alle Rebstöcke stehen auf Grand Cru-Parzellen. Der Corton-Charlemagne (Weißwein) bringt es auf neun Hektar, der Corton (Rotwein) auf zwei

Als des Kaisers Bart grau wurde, war die Zeit reif für die Legende. Karl der Große, ein Freund üppiger Schlemmereien, ein Liebhaber kräftiger Weine, schwärmte für den Corton. Er trank ihn zu allen Gelegenheiten, er verordnete ihn seinen Gästen, er nahm ihn mit auf Reisen. Wann immer er nach seinem Lieblingswein befragt wurde, nannte er den Wein aus seinem Weinberg in Aloxe. Luitgard, seine Ehefrau, ließ ihn gewähren, achtete aber auf die kaiserliche Würde. Und die schien gefährdet, als der rote Corton in Karls grauem Bart allmählich Spuren hinterließ. Die Schlürflust, die im jugendlich-dunklen Bart unbemerkt geblieben war, äußerte sich nun in rötlichen Flecken. Charlemagne wurde getadelt, Luitgard sparte nicht mit anzüglichen Bemerkungen. Der Kaiser, der nicht daran dachte, sich vom Wein loszusagen, fand einen königlichen Ausweg: Er ließ in seinem Weinberg im burgundischen Aloxe kurzerhand weiße Reben setzen. Ob Charlemagne an diesem Wein jemals Gefallen gefunden hat, ist nicht überliefert. Ebensowenig ist geklärt, ob sich die Geschichte überhaupt so zugetragen hat. Historiker schließen allerdings nicht aus, daß Karl der Große die Weißwein-Tradition in Aloxe begründet hat, die sich dann elf Jahrhunderte später zu einem Superlativ steigerte: zum Corton-Charlemagne – jenem edlen Grand Cru-Wein aus der Chardonnay-Traube, der als weißer Burgunder nur vom Montrachet übertroffen werden dürfte. Knapp zweiundsiebzig Hektar sind heute als gesetzlich festgelegte Anbaufläche für den Corton-Charlemagne ausgewiesen. Einer der bedeutendsten Teilhaber an dieser kleinen Fläche auf dem Corton-Hügel ist die Domaine Bonneau du Martray in Pernand-Vergelesses, der Nachbargemeinde von Aloxe. Sie bewirtschaftet neun Hektar, die –

wie der burgundische Weinhistoriker Selon Camille Rodier festgestellt haben will – mit jenem Weinbergsstück identisch seien, das einst Karl der Große mit weißen Reben habe bepflanzen lassen. Inwieweit auch hier die Legende hineinspielt, kümmert den Kellerchef und Verwalter des Gutes nicht. Henri Bruchon, der seit

Domaine Bonneau du Martray, Pernand-Vergelesses (Côte de Beaune). Besitzer: Comte Jean Le Bault de la Morinière, Kellerchef und Verwalter: Henri Bruchon

DER WEIN KARLS DES GROSSEN

1963 die Domäne leitet, gibt sich damit zufrieden, daß sein Corton-Charlemagne dem Ideal dieses großen Weißweins entspricht: Der Wein ist reich an Geschmack, er ist goldfarben, er ist durch Alkohol kräftig gepuffert. Der Wein wird – bei maximal zehn Grad Celsius – in Edelstahltanks vergoren, also nicht in kleinen Eichenfässern (pièces), wie es an der Côte de Beaune sonst noch häufig zu beobachten ist. In den pièces verbringt der Wein dann allerdings die Reifezeit; er lagert zwölf Monate. Ein Drittel der kleinen Burgunder-Eichenfässer wird jährlich erneuert. Aber nicht nur für den Corton-Charlemagne hat Bruchon eine glückliche Hand. Er versteht sich ebenso gut auf den roten Corton (zwei Hektar). Diesen Wein baut Bruchon, der sich sein Weinwissen durch Selbststudium und aufmerksame Beobachtung angeeignet hat, streng traditionell aus: Der Most wird mit Stengeln vergoren, die Maischezeit beträgt mindestens acht Tage. Ein Jahr wird der Wein dann in den pièces gelagert. Ein Drittel der Fässer ist neu, die restlichen zwei Drittel sind ein- und zweimal gebraucht. Vor der Füllung werden die Weine aus den verschiedenen pièces miteinander vermählt. Sechzigtausend Flaschen kann die Domaine Bonneau du Martray jährlich anbieten. Jede Flasche zählt zur höchsten Kategorie, zur Klasse Grand Cru. Der Besitzer der Domaine, Comte Jean Le Bault de la Morinière, vertraut auf das Können seines erfahrenen Verwalters. Er beobachtet alles aus der Ferne – von Paris aus.

Die Kapelle Notre-Dame-de-Bonne-Espérance – das Wahrzeichen von Pernand-Vergelesses, des kleinen Winzerdorfes am Rande des eindrucksvollen Corton-Hügels

Seite 80
Die Kapelle auf dem Hügel, weithin sichtbar, ist nicht unbedingt eine Zierde der Landschaft: Doch ihr Standort verheißt Gutes. Denn berühmte Grands Crus liegen in unmittelbarer Nachbarschaft – Corton und Corton-Charlemagne

Savigny-lès Beaune.
Hier ist Simon Bize zu Hause – ein Winzer aus Leidenschaft, der auf die Inschrift am Portal des alten Château schwört: „Die Weine von Savigny sind nahrhaft, sie öffnen den Himmel, sie wehren den Krankheiten."

DER HANDWERKER VON SAVIGNY-LES-BEAUNE

Die Winzer von Savigny-lès-Beaune sind selbstbewußt. Sie preisen ihren Wein mit großen Worten, sie ehren ihn durch kräftigen Genuß. An Mauern und Türen steht geschrieben, wie sie ihn lieben, Inschriften bezeugen, daß sie ihm besondere Kräfte zutrauen. Und über dem Portal des alten Château ist in Stein gehauen, was die Bewohner dieses malerisch gelegenen Dorfes, einige Kilometer nordwestlich von Beaune, an ihren Weinen vor allem schätzen: Sie sind nahrhaft, sie öffnen den Himmel, sie wehren den Krankheiten („les vins de Savigny sont vins nourissants, théologiques et morbifuges“). Simon Bize, Winzer aus Leidenschaft, stimmt in die Lobeshymnen ein. Aber er warnt. Gute Weine finde der Weinfreund nur dort, wo in kleinen – allenfalls mittleren – Mengen gedacht werde, wo die handwerkliche Arbeit die Produktion bestimme. Simon Bize, der zusammen mit seinem Sohn Patrick den Weinbaubetrieb in Savigny-lès-Beaune führt, beherrscht das Handwerk. Seit seinem vierzehnten Lebensjahr steht er im Weinberg, arbeitet er im Keller. Sein Kapital sind die Erfahrung, die Beobachtungsgabe und der Wille, bedingungslos der Qualität zu dienen. Vor knapp zweihundert Jahren hat sich die Familie mit dem Weinbau angefreundet. Simons Urgroßvater hat die ersten Reben kultiviert – in Chassagne-Montrachet. Später, im letzten Drittel des neunzehnten Jahrhunderts, hat die Familie den Standort gewechselt; sie ist in Savigny seßhaft geworden. Alle Weinberge (siebzehn Hektar), die Vater und Sohn heute bewirtschaften, liegen in der Gemeinde Savigny-lès-Beaune. Der Rotwein dominiert, dreizehn Hektar sind mit der Rebsorte Pinot noir bestockt. Der Rest entfällt auf Chardonnay. In der Herstellung der Weine geht Bize konsequent den traditionellen Weg. Der Most wird in eichenen Holzfässern vergoren, der Pinot noir in den

(größeren) cuves, der Chardonnay in den pièces (zweihundertachtundzwanzig Liter Inhalt). Die Rotweintrauben werden nur zum Teil entrappt; fünfzig Prozent der Stengel bleiben in der Maische. Die Fermentation auf der Maische dauert – je nach Jahrgang – zehn bis fünfzehn Tage, die anschließende Reife des jungen Weins im Faß (in den pièces) ungefähr achtzehn Monate. Ein Drittel der pièces wird jährlich erneuert. Vor der Füllung wird der Wein mit frischem Eiweiß oder Albumin geschönt und leicht gefiltert. Der Weißwein reift ungefähr ein Jahr in den pièces; im Durchschnitt wird jedes vierte Faß im Jahr durch ein neues ersetzt. Einen höheren Anteil neuer Fässer lehnt Bize ab. Der Wein werde sonst zu „holzig“, er verliere seinen reizvoll-fruchtigen Geschmack. Das Eichenholz für die Holzfässer, das aus Nièvre im Morvangebiet stammt, lagert und trocknet Bize selbst. Nur die Herstellung der Fässer vertraut er den Küfern an. Die Weine aus dem Weingut Simon Bize sind außergewöhnlich fein und duftig, sie sind eher zart und zurückhaltend als kraftstrotzend und vorlaut. Dem Ungeduldigen, der die Lagerzeit nicht erwarten kann, verschließen sie sich nicht – obwohl die Weine erst nach einigen Jahren ihren dezenten Charme zeigen. In vier Premier Cru-Lagen von Savigny hat Simon Bize Pinot noir-Reben stehen: in Les Vergelesses, in Les Marconnets, in Aux Guettes und in Aux Fournaux. Les Vergelesses – auch der Wein von Simon Bize beweist es – ist der König von Savigny-lès-Beaune.

Domaine Simon Bize et Fils, Savigny-lès-Beaune (Côte de Beaune). Besitzer: Simon Bize, Kellermeister: Simon und Patrick Bize

DER WEINGRAF VON SAVIGNY

Domaine Chandon de Briailles, Savigny-lès-Beaune (Côte de Beaune). Besitzer: Familie Comte Aymard-Claude de Nicolay, Weinbau, Kellerwirtschaft und Verwaltung: Comtesse Nadine de Nicolay, Marketing: Comte Aymard-Claude de Nicolay

Am Anfang stand die Lust. Der Besitz, eine Laune des achtzehnten Jahrhunderts, war dem Amüsement gewidmet; an Arbeit und Geschäfte sollte nichts erinnern. Doch bald kamen härtere Zeiten. Für Zerstreuungen war nur noch am Rande Platz, das Lustschloß in Savigny-lès-Beaune wurde in eine landwirtschaftliche Domäne umgewidmet. Seit mehr als hundertfünfzig Jahren hat der Eigentümer nicht mehr gewechselt. 1834 haben die Grafen Chandon de Briailles das Gut erworben; die Nachkommen der Familie bewirtschaften es noch heute. Allerdings hat sich der Charakter der Domäne inzwischen entscheidend verändert. Über viele Jahrzehnte hinweg war der Weinbau eine Randerscheinung. Die Pflege des Rebstocks hatten die Besitzer einem Regisseur übertragen, das große Potential der Weinberge wurde nicht konsequent genutzt. Es fehlte an Material und Arbeitskräften. Das änderte sich, als nach dem Zweiten Weltkrieg die Gräfin Chandon de Briailles, eine Verwandte der Champagnerproduzenten Moët & Chandon, das Gut in Savigny ihrem Enkel Comte Aymard-Claude de Nicolay übertrug. Der neue Besitzer erkannte den Wert seines Besitzes sofort und begann, den Wein zur Hauptsache der Domäne zu machen. Chandon de Briailles wurde ein erfolgreiches, weithin bekanntes Weingut. Allerdings ist es nicht des Grafen alleiniges Verdienst, daß der Wein „Chandon de Briailles" heute einen makellosen Ruf genießt. Großen Anteil am Erfolg hat Comtesse Nadine de Nicolay, seine Frau. Sie kümmert sich um die Weinberge, die Vinifikation, den Ausbau der Weine und die Verwaltung. Zwar hört die Comtesse auf den Rat eines freiberuflichen Önologen, doch am Ende ist sie es, die den Weg bestimmt. Dreizehn Hektar Weinberge stehen unter Ertrag in den Gemeinden Savigny-lès-Beaune, Pernand-Vergelesses, Aloxe-Corton. Alles, was diese Weindörfer ziert, findet sich in den Kellern der Domäne wieder: die roten Grands Crus-Weine Corton, Corton-Bressandes und Corton-Clos-du-Roi sowie der weiße Grand Cru Corton Blanc. Dazu kommen, neben den Villages-Weinen, die Premiers Crus Savigny-lès-Beaune les Lavières und Pernand Ile des Vergelesses. Zur Stärkung der Leistungskraft und zum Schutz der Reben wird im Weinberg mehr und mehr nach ökologischen Methoden gearbeitet, wobei die Tochter des Hauses, Claude de Nicolay, ganz offensichtlich die treibende Kraft ist (Claude wird in Zukunft, nach dem Önologiestudium in Beaune, in die Verantwortung für die Domäne hineinwachsen). In der Produktion übt die Weinbaufamilie streng Disziplin, die Ernte wird auf durchschnittlich fünfunddreißig Hektoliter je Hektar begrenzt. Knapp sechzigtausend Flaschen werden im Jahr auf den Markt gebracht. Die Weine der Domäne haben in vielen großen Restaurants einen festen Platz gefunden – in Paris ebenso wie in der Provinz. Vor allem der rote Corton mit seinen Spielarten Bressandes und Clos-du-Roi – diese kraftvollen, gut strukturierten Weine sind die einzigen Rotweine an der Côte de Beaune, die als Grand Cru klassifiziert sind – sowie der charmante, elegante Ile des Vergelesses finden viel Lob und Anerkennung. Und für die besten Kunden ihres Hauses reserviert Comtesse Nadine de Nicolay die vielgefragte Rarität der Domaine Chandon de Briailles: den Corton Blanc, der nur in der winzigen Menge von fünfzehnhundert bis zweitausend Flaschen jährlich zur Verfügung steht

Comtesse Nadine de Nicolay ist die Seele der Domaine Chandon de Briailles. Sie sorgt sich um die Weinberge, sie wacht über die Vinifikation, sie kümmert sich um den Ausbau der Weine und den Verkauf

Seite 86

Das Château, als Lustschloß 1704 gebaut, dann zum landwirtschaftlichen Gutshaus umgewidmet, wirkt wie das Motto für den Wein der Domäne: Charme, Rafinesse und Eleganz

AUF DER FALSCHEN SEITE

Die Domaine Tollot-Beaut ist ein größeres Weingut – zumindest im Hinblick auf das normale burgundische Maß. Für die Größe gibt es Gründe: Die Familie wollte zusammenbleiben und vom Wein leben. Aber da sie immer größer wurde, mußte der Besitz erweitert werden – auf nunmehr zweiundzwanzig Hektar. Der Qualität hat die Größe keinesfalls geschadet; sie ist perfekt

Die Hinweisschilder sind kaum zu sehen. Wer zu schnell fährt, wird die Abfahrt verpassen. Chorey-lès-Beaune liegt auf der „falschen“ Seite – in der Ebene östlich der Côte, durch die Route Nationale von den berühmten Weindörfern getrennt. Auch die Weingesetzgeber haben von der alten Gemeinde nur wenig Notiz genommen. Die Weine genießen zwar Herkunftsschutz (Chorey-lès-Beaune ist eine Appellation Contrôlée), doch ist kein Weinberg für würdig befunden worden, die Auszeichnung Premier Cru oder gar Grand Cru zu tragen. Die vierzig Winzer des Dorfes hoffen nun auf eine Revision der alten Klassifikationen. Sie haben hart gearbeitet, die Qualität ihrer Weine hat eine Aufwertung verdient. Die Kenner wissen es. In Liebhaberkreisen wird über Chorey-lès-Beaune gesprochen, viele Restaurants in Frankreich haben die Weine schon fest im Programm. Allen voran geht die Domaine Tollot-Beaut. Dieses Gut hat die Maßstäbe gesetzt. Tollot-Beaut ist ein vergleichsweise großes Weingut – zumindest im Hinblick auf das normale burgundische Maß. Und für die Größe gibt es Gründe. Die Familie wollte zusammenbleiben und vom Wein leben. Da der Clan aber immer größer wurde, mußte der Besitz erweitert werden. Vor zwanzig Jahren waren nur zehn Hektar mit Rebstöcken bepflanzt, inzwischen ist die Fläche auf zweiundzwanzig Hektar gewachsen. Sechs Mitglieder der Familie sind im Betrieb beschäftigt: Alain, François und Jacques, die drei Brüder, sowie die Neffen Olivier und Jean-Paul kümmern sich um die harte Arbeit, um die Weinberge und die Kellerwirtschaft, Natali, die Tochter, Nichte und Cousine, führt das Büro und verkauft, was die anderen produziert haben. In Chorey-lès-Beaune liegt die eine Hälfte der Weinberge (acht Hektar haben Anspruch auf die Appellation Village), die andere Hälfte verteilt sich auf die Gemeinden Beaune (zwei Hektar), Savigny-lès-Beaune (drei Hektar) und Aloxe-Corton (knapp sechs Hektar). Hunderttausend Flaschen werden im Jahr verkauft – neunzigtausend Flaschen Rot- und zehntausend Flaschen Weißwein. Wenn die Tollots auch voll Überzeugung zu ihrem soliden, kraftvollen und aromatischen Chorey-lès-Beaune stehen, zum Wein aus ihrer Heimatgemeinde, verhehlen sie doch nicht ihren Stolz auf ihre Grands Crus: den Corton, den Corton-Bressandes und den Corton-Charlemagne. Die Grand Cru-Ausbeute ist zwar klein – vom Corton-Charlemagne liegen derzeit nur fünf Fässer im Keller; doch die Qualität dieser Weine verleiht dem hohen Ansehen der Domäne zusätzlichen Glanz. Die Tollots arbeiten nach der klassischen Methode. Die Handarbeit dominiert, Sorgfalt und Geduld sind die Garanten für den Erfolg. Besondere Aufmerksamkeit schenken die Tollots den Hefen, die den Traubenmost in Wein verwandeln: Die Hefen für die Fermentation selektionieren sie selbst – kurz vor der Ernte, aus den ersten reifen Trauben. Mit kommerziellen Labor-Reinzuchthefen jedenfalls wird nur in besonderen Fällen, bei schwierigen Jahrgängen, gearbeitet. Mit Ausnahme des (weißen) Aligoté werden alle Weine nach der Gärung in den kleinen Eichenfässern gelagert – die Rotweine und der Corton-Charlemagne ungefähr achtzehn Monate lang. Die charaktervollen Weine der Domäne erfreuen sich großer Beliebtheit. Die Kunden sind treu, die Schar der Liebhaber wächst im Kreis der Privatkunden wie in der Gastronomie. Und die Namen klingen: Paul Bocuse, George Blanc, Alain Chapel, Fredy Girardet...

Domaine Tollot-Beaut & Fils, Chorey-lès-Beaune (Côte de Beaune). Besitzer: Familie Tollot, Weinbau und Kellerwirtschaft: Alain, François, Jacques, Jean-Paul und Olivier Tollot, Verkauf und Verwaltung: Natali Tollot

IN DEN KELLERN DER KÖNIGE

Maison Joseph Drouhin, Beaune.
Besitzer: Robert Drouhin,
Önologin:
Laurence Jobard

Die Fischgrätentechnik verrät die Erbauer: Die Römer sind es gewesen, die hier, im Herzen der späteren Stadt Beaune, die ersten Steine gesetzt haben. Mauerreste sind gut erhalten, sie dienen als Fundament für die tiefen Keller, die zwischen dem dreizehnten und sechzehnten Jahrhundert errichtet worden sind. Das Kellerlabyrinth, das sich unter der Stadt verzweigt, war stets derselben Sache gewidmet: dem burgundischen Wein. Die Stiftsherren von Beaune haben die Keller in diesem Sinn genutzt, die Herzöge von Burgund, die Könige von Frankreich, die Domherren der Stadt. Jetzt sind es die Weinhäuser, die voller Respekt vor der Geschichte die steinernen Dokumente pflegen und nutzen. Das Weinhaus Joseph Drouhin steht beispielhaft in dieser Verantwortung. Vor mehr als hundert Jahren im ältesten Teil von Beaune gegründet, wirkt das Unternehmen wie ein Denkmal großer Weinkultur. Hier, im historischen Bezirk, liegt jedoch nur die Keimzelle des Familienunternehmens. Erfolg und Wachstum haben die Drouhins gezwungen, die wesentlichen Aktivitäten nach draußen, vor die Tore der Stadt, zu verlagern. Im Stammhaus in Beaune werden Pläne geschmiedet und Beschlüsse gefaßt – unter der Oberhoheit Robert Drouhins, des heutigen Besitzers, der in Geisenheim Weinbau studiert hat; in der neuen Kellerei, im Ortsteil Chavet, wird der Wein produziert – unter der Regie der Önologin Laurence Jobard. Ursprünglich hatten sich die Weinbau-Interessen des Hauses auf das engere Gebiet um Beaune beschränkt. Doch die Aktivitäten dreier Generationen (die vierte wird auf die künftigen Aufgaben schon vorbereitet) haben zu einer Ausdehnung des Weinbaus geführt: In den zwanziger Jahren ist im Clos-des-Mouches Besitz genommen worden (einer Premier Cru-Lage von Beaune), später im Clos-des-Chênes (Volnay), in der Lage Amoureuses (Chambolle-Musigny), in Chablis (mit der Domaine de Vaudon) und in anderen angesehenen Weinbaugemeinden. Doch trotz der schrittweisen Erweiterung des Weinbergbesitzes reichen die Weinberge bei weitem nicht aus, die Produktion (vier bis fünf Millionen Flaschen jährlich) zu befriedigen. Große Mengen Trauben müssen jährlich hinzugekauft werden. In der Weinbereitung bedienen sich Monsieur Drouhin und Madame Jobard weitgehend traditioneller Methoden; moderne Technik findet nur Einlaß, wenn sie tatsächlich der Qualität des Weines dient. Die Trauben werden schonend verarbeitet, der Most wird weder gefiltert noch zentrifugiert, Reinzuchthefen werden nicht verwendet. Ausgebaut werden die jungen Weine in den klassischen Burgunderfässern (pièces) – der Weißwein rund neun Monate lang, die Rotweine ungefähr achtzehn Monate. Ein Drittel der Fässer wird jährlich erneuert. Vor der Füllung werden die Weine geschönt (die weißen mit Bentonit, die roten mit Gelatine und Eiweiß) und leicht gefiltert. Obwohl das Haus Joseph Drouhin nie danach getrachtet hat, bewußt einen Drouhin-Stil zu entwickeln, haben Robert Drouhin und seine Önologin Laurence Jobard durch die gemeinsame Erfahrung eine einheitliche Richtung gefunden: Ihre Weine sind elegant und fein, sie liegen im Alkoholgehalt bei maximal zwölfeinhalb bis dreizehn Volumenprozent, die Rotweine sind durch einen hellen Pinot noir-Ton charakterisiert. Das Angebot ist breit gefächert; ungefähr hundertdreißig verschiedene Weine werden angeboten: vom Aligoté über den einfachen Bourgogne A.C. bis hin zu den Premiers Crus und Grands Crus. Siebzig Prozent der Weine Drouhins finden den Weg ins Ausland.

Im historischen Bezirk von Beaune liegt heute nur noch die Keimzelle des Unternehmens: Wesentliche Aktivitäten sind vor einigen Jahren nach außen, an die Stadtgrenze verlegt worden. Madame Laurence Jobard ist die Chef-önologin des Hauses

Das Weinhaus Joseph Drouhin, vor mehr als hundert Jahren in Beaune gegründet, wirkt wie ein Denkmal großer Weinkultur: Die alte Kelter von 1570 wird noch heute genutzt – allerdings nur zu Versuchszwecken

659
1990

Anmut und Stille prägen die zahllosen kleinen Plätze der Bourgogne – selbst in Beaune: In dieser Idylle sind im vergangenen Jahrhundert viele Weinhäuser, wie das Haus Louis Jadot, gegründet worden

FÜR DIE EHRE BURGUNDS

Maison Louis Jadot, Beaune. Besitzer: Société S.A., Generaldirektor: André Gagey, Önologen: André Gagey, Jacques Lardière

Zweifel plagen André Gagey nicht: Fehlerhafte Weine störten das prachtvolle Burgunder Weinbild heute kaum noch, die moderne Kellertechnik sorge dafür, daß die Weinfreunde selbst nach schlechten Jahrgängen mit Weinen passabler Qualität versorgt werden könnten. Gagey wird es wissen, seit vierzig Jahren steht er im Dienst des burgundischen Weins. Önologie hat er nicht studiert; alles, was er weiß und kann, sind die Früchte praktischer Arbeit. Im Elternhaus hat er die ersten Erfahrungen gesammelt, im Beruf hat er es zum Meister gebracht. Und er hatte Glück. Zum richtigen Zeitpunkt hat er den richtigen Mann getroffen: Louis Jadot, den Besitzer des gleichnamigen Weinhauses in Beaune, der Gageys Talent erkannt und konsequent gefördert hat. 1954 ist André Gagey von Jadot engagiert worden, 1962 hat er die Generaldirektion des Unternehmens übernommen – unmittelbar nach dem Tode des Besitzers. Louis Jadot, erinnert sich Gagey voller Ehrfurcht, sei ein großer Weinmacher gewesen. Er habe dem Unternehmen gedient, er habe sich für die Region stark gemacht. Burgund sei sein Lebensinhalt, seine große Liebe gewesen. André Gagey wacht darüber, daß Jadots Erbe fortlebt, auch nach dem einschneidenden Besitzwechsel. Die heutigen Eigentümer, drei investitionshungrige amerikanische Unternehmerinnen, lassen dem erfahrenen Generaldirektor genügend Spielraum, der Ruf des Hauses ist makellos. Das Angebot der Maison Jadot wird aus drei Quellen gespeist: aus eigenen Weinbergen (rund vierzig Hektar), aus Domänen, die dem Haus freundschaftlich verbunden sind (Domaine Louis Jadot, Domaines des Héritiers Louis Jadot und Domaine du Duc de Magenta), und aus den Käufen „außer Haus". Sechs Millionen Flaschen (nur Appellation Contrôllée) werden

durchschnittlich im Jahr abgesetzt, fast neunzig Prozent werden exportiert. Der Generaldirektor wählt kritisch aus. Was dem Standard des Hauses nicht entspricht, wird zurückgewiesen (1975 zum Beispiel hat Gagey nicht ein einziges Faß an der ganzen Côte d'Or akzeptiert). Die Trauben werden fast vollständig entrappt, die Maische wird in offenen cuves – bei maximal fünfunddreißig Grad – vergoren (wobei die Mazeration fünfundzwanzig Tage dauern kann), der junge Wein wird bis zu zwanzig Monate in den kleinen Eichenfässern, in den pièces, gelagert. Die Weißweine der gehobenen Qualität werden in pièces vergoren, die einfachen in kleinen Gebinden. Die besten crus werden nur in pièces ausgebaut, wobei ein Drittel der Fässer jährlich erneuert wird. Das Angebot des Hauses spiegelt die Vielfalt der Region: Es reicht von Chablis über die Côte de Nuits, die Côte de Beaune bis hinunter zur Côte Chalonnaise, zum Mâconnais und Beaujolais. Große crus zieren die Liste: Clos-de-Vougeot zum Beispiel, Musigny, Chambertin Clos-de-Bèze, Chapelle-Chambertin, Bonnes Mares, Echézeaux, Corton, Corton-Charlemagne, Chevalier-Montrachet. Die Weine aus dem Haus Jadot werden als kräftig, fest und haltbar gelobt. André Gagey ist damit zufrieden, fügt aber doch hinzu: Der Stil Jadot erlaube auch die Prädikate fett und rund. Daß alles so bleibt, dafür hat Gagey gesorgt: Sein Sohn Pierre-Henry, sechsunddreißig Jahre alt, soll den Stil bewahren.

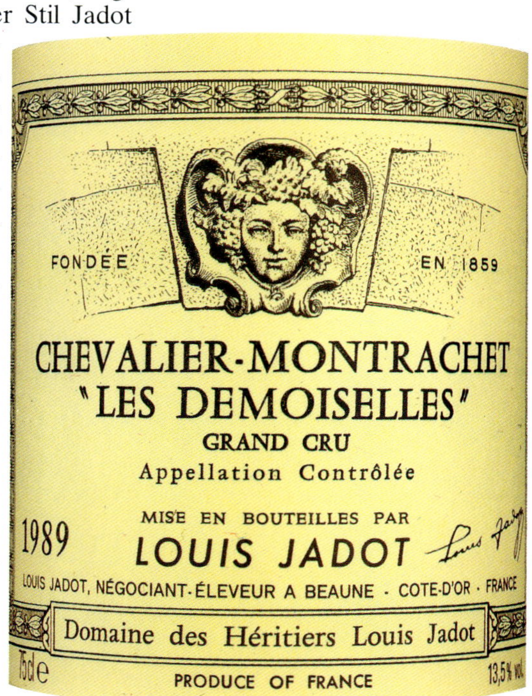

Seite 96

Das Hôtel-Dieu, der große Innenhof: Dieser, auch als Hospices de Beaune bekannte Komplex aus dem fünfzehnten Jahrhundert diente über viele Jahrhunderte als Krankenhaus. Heute beherrschen die Touristen die Szene

Seite 98

Eine enge Gasse in Beaune, in der Nähe des Doms

Das Winzergeschlecht ist alt. Schon Anfang des siebzehnten Jahrhunderts werden in der Nähe von Beaune Weinbauern erwähnt, die den Namen Latour tragen. Die Latours bleiben dem Metier treu, sie mehren den Besitz nach alter Väter Sitte – redlich und beständig. 1867 trifft sie das Glück: Henri Lamarosse, Nachfahre einer alten burgundischen Küferfamilie, Gründer eines Weinhauses in Beaune, bestimmt Louis Latour, seinen jungen talentierten Mitarbeiter, zu seinem Erben. Latour, 1835 in Aloxe-Corton, dem Sitz der Familie, geboren, nutzt die Gunst der Stunde. Er vereint den Weinbau mit dem Weinhandel in so glücklicher Weise, daß in wenigen Jahren der Name Latour zur burgundischen Institution wird. Das väterliche Weingut in Aloxe wird beträchtlich erweitert, das Handelshaus in der Rue des Tonneliers, im Herzen der Altstadt von Beaune, entwickelt sich zu einem angesehenen Unternehmen. Und als es Latour 1891 gelingt, in Aloxe die Weinberge, das Schloß und die Kellerei der Grafen Grancey zu erwerben, sind die Grundmauern für die Maison Latour fest gefügt. Das Weinhaus Latour zählt zu den Großen in Burgund. Fünfzig Hektar Weinberge sind als Eigenbesitz der Domänen in den Grundbüchern eingetragen, große Mengen von Trauben und Wein werden von fremden Winzern und Gütern zugekauft. Rund drei Millionen Flaschen beträgt die jährliche Produktion, wovon ungefähr fünfundachtzig Prozent exportiert werden. Wenn die Latours auch stets versucht haben, dem (sinnvollen) technischen Fortschritt im Weinbau und in der Kellerwirtschaft auf der Spur zu bleiben, halten sie an überlieferten Grundregeln fest: Zum Schutz der Qualität wird die Erntemenge beschränkt (unter anderem durch einen kurzen Anschnitt der Reben im Frühjahr), die Setzlinge werden sorgfältig ausgewählt, der Boden wird nur mäßig gedüngt, die Trauben werden – zugunsten der perfekten Reife – so spät wie möglich gelesen. Neue Techniken garantieren eine exakte Kontrolle der Fermentation – vor allem die Steuerung der Gärtemperatur im Edelstahltank. In den kleinen Eichenfässern reifen die Rotweine zwölf bis achtzehn Monate, die Weißweine der gehobenen Qualitäten ungefähr ein Jahr. Die Fässer, die pièces, stammen aus der eigenen Küferei, die jährlich ungefähr tausend Fässer herstell (die Hälfte wird nach Amerika exportiert). Die Hausherren sinc stets bemüht gewesen, ihren Ver ehrern und Kunden Weine eine unverwechselbaren Stils zu prä sentieren: Die Weine sind runc und harmonisch, sie sind im Gerb stoffgehalt zurückhaltend. Sie er innern an Samt und Seide. Die Palette des Hauses Latour ist brei gefächert. Alles, was im bur gundischen Weinbau möglich ist findet sich im Programm (von Passe-Tout-Grains bis zu der Grands Crus, wie Corton-Charlemagne, Montrachet und Bâtard Montrachet), alle Regionen sinc vertreten (von Chablis im Nor den, über Côte d'Or, Côte Chalonnaise und Mâconnais bis hin unter zum Beaujolais-Gebiet) Aber nicht nur in der Heimat Bur gund ist Latour aktiv. Vor gu zehn Jahren ist der gegenwärtige Chef des Hauses – wie alle Latours seit fünf Generationen Louis getauft – zu Weißwein-Experimenten in die Ardèche-Region aufgebrochen. Die feine Bur gunderwelt an der Côte d'O rümpft zwar die Nase, aber ande re freuen sich inzwischen über der geglückten Versuch – über der gelungenen (und preiswerten Chardonnay von der Ardèche

DIE HERREN VON CORTON-GRANCEY

Maison Louis Latour Beaune. Besitzer: Louis Latour Familiengesellschaft Regisseur: Denis Fetzman Önologe: Jean Pierre Jobarc

Das Weinhaus Louis Latour – ein Universalist im Weinland Burgund: Das Unternehmen, das 1797 in der Altstadt von Beaune gegründet worden ist, zählt zu den Großen in Burgund. Rund drei Millionen Flaschen beträgt die jährliche Produktion. In Aloxe-Corton befindet sich eine moderne Kellerei

Es war sein großer Traum. Das älteste Weinhandelshaus Burgunds zu besitzen, schien ihm alles Streben wert. Doch die Chancen standen schlecht. Maison Champy Père & Cie., 1720 in Beaune gegründet, war in festen Händen, es hatte vor kurzem erst einen neuen Besitzer gefunden – das renommierte Weinhaus Jadot. Henri Meurgey, Mitinhaber der Weinagentur Diva, ging zur Tagesordnung über und schrieb seinen Wunschtraum ab. Ein Jahr später war er dann doch am Ziel. Champy Pére & Cie. wurde wieder verkauft, der Eigentümer des Maison Jadot, eine Gruppe amerikanischer Investorinnen, hatte zu dem neuen Familienmitglied keinen rechten Zugang gefunden. Meurgey zögerte nicht. Diva freite um Champy und bekam den Zuschlag – allerdings ohne die acht Hektar Weinberge, die das Haus Jadot behalten wollte. Aber auch ohne die Weinberge fühlt sich der neue Eigentümer am Ziel seiner Wünsche. Champy soll wieder wie ein klassischer Négociant geführt werden – als ein Unternehmen, das keine Trauben verarbeitet, das vielmehr junge Weine bei Winzern und Gütern kauft und diese dann im eigenen Keller ausbaut und unter eigenem Namen abfüllt. Meurgey und seine beiden Kompagnons, sein Sohn Pierre und der Teilhaber Pierre Beuchet, wissen natürlich, daß sich mit der Neuerwerbung trefflich wuchern läßt. Denn Champy hat einen soliden Klang, das alte Handelshaus wird als Spezialist für Spitzenweine von der Côte d'Or gerühmt. Und Henri Meurgey gilt in Beaune nicht nur als erfahrener Weinexperte und Kaufmann (er ist Önologe und Kommissionär), Meurgey kennt auch nahezu jeden Weinkeller in der Region. Er weiß, wo Weine erster Klasse zu finden sind. Champy soll ein kleines Unternehmen bleiben. Vom Mengenwahn wollen sich die neuen Eigentümer nicht anstecken lassen, höchstens dreihundertfünfzigtausend Flaschen sollen jährlich ausgebaut und verkauft werden. Nur die besten Weine Burgunds sollen Eingang in die Keller finden, wobei – wie bisher schon – die Regionen Côte de Nuits, Côte de Beaune und Côte Chalonnaise den Schwerpunkt im Angebot bilden werden. Henri Meurgey ist von der neuen Aufgabe begeistert. Stolz präsentiert er dem Besucher die alten, gediegen wirkenden Büros, die weitläufigen Keller, die sich unter den Straßen im historischen Kern von Beaune hinziehen, die museumsreifen Maschinen, die bis vor einigen Jahren noch benutzt worden sind. Auf Schritt und Tritt wird Weingeschichte lebendig, läßt sich nachvollziehen, wie sich die Kellerwirtschaft in den vergangenen hundert Jahren entwickelt hat. Denn die früheren Besitzer des Unternehmens haben trotz ihrer Ehrfurcht vor dem Bewährten und den Traditionen der modernen Technik keinesfalls die Tür gewiesen. Claude Champys Freund Louis Pasteur zum Beispiel hat für die Kellerei ein Konservierungsverfahren ersonnen, das den Weinen längere Gesundheit und größere Haltbarkeit garantieren sollte. All das ist noch erhalten, die Apparate sind zum guten Teil noch funktionstüchtig. Meurgey will die Geschichte lebendig erhalten, er will die Gebäude und Keller wie ein Denkmal pflegen. Vorerst aber gilt die ganze Aufmerksamkeit der Zukunft. Dreihundertfünfzigtausend Flaschen liegen noch auf Lager; sie reichen zurück bis zum Jahrgang 1964. Mit dem Jahrgang 1990, der jetzt eingekellert worden ist, fängt für Champy die Neuzeit an.

DAS ÄLTESTE HAUS AM PLATZ

Maison Champy Père & Cie., Beaune. Besitzer: Diva S.A.R.L., Leitung: Henri Meurgey, Pierre Meurgey, Pierre Beuchet

Champy Père & Cie., 1720 in Beaune gegründet, ist das älteste, noch existierende Weinhaus von Burgund. Vor drei Jahren hat es den Besitzer gewechselt. Henri Meurgey, der namhafte Kommissionär und Önologe, hat es zusammen mit zwei Partnern gekauft

Seite 102
Der alte Dachboden von Champy Père & Cie.: Mit einer kleinen Bahn wurden früher die Trauben befördert und von oben in die Cuves geschüttet

Domaine du Clos des Epeneaux, Pommard (Côte de Beaune). Besitzer : Comte Armand, Regisseur : Pascal Marchand

Es war still geworden um die Domäne in Pommard. Der Krieg hatte seine Spuren hinterlassen, Clos des Epeneaux war nur noch den Kennern ein Begriff. Die Rebstöcke waren überaltert, die Kellertechnik auch. In seinem Bemühen, das alte Weingut zu neuem Leben zu erwecken, kam dem Comte Armand, dem Besitzer der Domäne, der Zufall zu Hilfe. Ein junger Kanadier, den die Liebe zum Wein nach Burgund gelockt hatte, Weinbauschüler in Beaune, bot dem Grafen seine Dienste an. Comte Armand zögerte nicht. Er gab dem Fremdling eine Chance und machte ihn zum Regisseur seiner Domaine du Clos des Epeneaux. Pascal Marchand, gerade fünfundzwanzig Jahre alt geworden, nutzte die Gunst der Stunde, wucherte mit seinen Talenten. Er pflanzte neue Rebstöcke, modernisierte die technischen Anlagen und renovierte die Gebäude. Sieben Jahre sind inzwischen vergangen. Die Domäne ist in den Kreis der Spitzenweingüter zurückgekehrt, Pascal Marchand gilt als einer der besten seiner Zunft. Die Domaine du Clos des Epeneaux ist ein reines Rotweingut. Fünf Hektar Rebfläche werden bewirtschaftet, die Reben stehen – wie in einem Refugium, von Mauern eingefriedet – inmitten der renommierten Lage Grands Epenots (Clos des Epeneaux, der Name der Domäne, und Epenots, die Bezeichnung für den

EIN KANADIER IN BURGUND

Die Domaine du Clos des Epeneaux in Pommard ist ein reines Rotweingut: Fünf Hektar Rebfläche werden bewirtschaftet, die Reben stehen – wie in einem Refugium, von Mauern eingefriedet – inmitten der renommierten Lage Grands Epenots

Premier Cru, sind also enge Verwandte). Die Leistungsgrenze der Domäne ist noch nicht erreicht; das Angebot von fünfzehn- bis achtzehntausend Flaschen soll auf ungefähr zweiundzwanzigtausend Flaschen gesteigert werden. Marchand arbeitet nach traditioneller Methode. Behutsamkeit und Geduld hat er sich zur Pflicht gemacht, der Wein soll nicht strapaziert werden. Bevor die Gärung beginnt, ruht die Maische (die Trauben werden vollständig entrappt) drei Tage in den offenen Gärbottichen – bei niedrigen Temperaturen. Die Fermentation setzt langsam ein, Marchand verläßt sich allein auf die natürlichen Hefen. Steigt die Temperatur während der Gärung auf mehr als dreiunddreißig Grad, wird die Maische – zum Schutz der Aromen – gekühlt. Dreimal am Tag wird der Maische-Hut (chapeau), der durch die Kohlensäure an die Oberfläche getrieben wird, mit einfachen Holzgeräten getaucht oder mit Füßen getreten. Nach fünfzehn bis zwanzig Tagen ist die Gär- und Mazerationszeit beendet, der junge Wein wird auf die Reife in den kleinen Eichenfässern vorbereitet: Tropf- und Preßwein werden miteinander vermischt und in einem Tank drei Tage zum Absitzen gelagert. Achtzehn bis vierundzwanzig Monate – je nach Charakter und Güte des Jahrgangs – entwickelt sich der Wein dann in den pièces. In frischen Fässern – ein Drittel der pièces wird jährlich erneuert – bleibt der Wein höchstens zehn Monate; die Frucht des Weins soll nicht durch „Holz" überdeckt werden. Bisher ist es Marchand gelungen, einem selbstgesetzten Grundsatz treu zu bleiben: Er hat den Wein vor der Abfüllung noch nie filtern müssen. Selbst auf die Schönung mit Eiweiß kann er zuweilen verzichten, wie nach den außergewöhnlich guten Jahrgängen 1989 und 1990. Die Weine, die der Erfolgswinzer Marchand in die Flasche bringt, entsprechen dem Pommard-Typ der alten Klasse: Sie besitzen eine gute, kräftige Struktur, sie erreichen ein respektables Alter.

DER HERR ÜBER CLOS DES DUCS

Domaine Marquis d'Angerville, Volnay (Côte de Beaune). Besitzer: Marquis Jacques d'Angerville, Kellermeister und Önologe: Marquis Jacques d'Angerville

Der Marquis hat alles unter seiner Kontrolle. Er braucht keinen Önologen, er hat keinen Kellermeister. Er verläßt sich auf sich selbst – auf sein Können, seine Erfahrung. Weinbau habe er zwar studiert, aber letztlich sei er den herkömmlichen Weg gegangen: Er sei in den Weinbau hineingewachsen – wie viele andere in der Region auch. Marquis Jacques d'Angerville, ein bemerkenswert höflicher und ruhiger Mann, genießt hohes Ansehen in Burgund. Seine Weinkenntnisse werden ebenso gerühmt wie seine Aktivitäten zum Wohle des burgundischen Weinbaus. Er übernimmt öffentliche Aufgaben, verwaltet zahlreiche Ämter. Das Weingut in Volnay, seit 1804 im Familienbesitz, umfaßt heute dreizehn Hektar Rebland. Marquis d'Angerville baut vor allem Rotwein an – bis auf eine kleine Partie, den Weißwein Volnay Santenots, der im benachbarten Meursault wächst. Alle Rebstöcke stehen auf Parzellen, die zu den Premiers Crus-Lagen zählen: Champans zum Beispiel, Caillerets, Fremiets und Taillepieds. Die Weine, die hier wachsen, sind die Prestigeweine der Gemeinde. Sie sind nicht körperreich und schwer, doch bukettreich, elegant und fein – zuweilen feminin. Nach den Musigny-Weinen von der Côte de Nuits gelten sie als die zartesten von ganz Burgund. Eine Sonderstellung gebührt dem Clos des Ducs. Diese kleine Lage (knapp zweieinhalb Hektar), direkt an die Domaine d'Angerville grenzend, steht im Alleinbesitz des Markgrafen. Der Weinberg ist abschüssig nach Süd-Osten geneigt, der Boden enthält, im Vergleich zu den übrigen Lagen von Volnay, besonders viel Kalk (rund fünfzig Prozent). Die Art der Weine spiegelt diese Besonderheit wider: der Clos des Ducs ist elegant, außergewöhnlich delikat, eher hell als kräftig rot, doch mit genügend Alkohol. Marquis d'Angerville ist dem traditionellen Handwerk treu geblieben. Er nimmt sich mit allem viel Zeit; denn Hast und Eile liebe der Wein nicht. Die Maische wird noch in hölzernen Cuves vergoren; Fermentation und Mazeration dauern zwölf bis fünfzehn Tage, je nach der Art und Güte des Jahrgangs. Nach der Gärung wird die Maische vorsichtig gepreßt, wobei sich der Marquis pneumatischer Pressen bedient. Anschließend reift der junge Wein fünfzehn bis zwanzig Monate in den pièces, den kleinen Eichenfässern mit zweihundertachtunzwanzig Litern Inhalt, die aus Vogesen-Eiche hergestellt werden. Rund dreißig Prozent der Fässer werden jährlich erneuert. Nach dem Ende der Reifephase im Faß werden die Weine mit Eiweiß geschönt und behutsam gefiltert. Für die herausragende Qualität seiner Weine findet der Marquis einfache Erklärungen. Zum einen stünden seine Reben auf guten Böden, wobei er den Boden seiner Lage Clos des Ducs als den besten von Volnay einstuft. Zum anderen begrenze er strikt die Produktion je Weinstock zugunsten der Qualität. Nicht mehr als dreißig Hektoliter je Hektar mute er den Rebstöcken zu (vierzig Hektoliter sind für diese Region gesetzlich zugelassen). Und in seiner Spitzenlage Clos des Ducs erntet er je Hektar sogar nur achtundzwanzig Hektoliter – das ergibt ungefähr neuntausend Flaschen im Jahr. Alles in allem kann der Marquis d'Angerville fünfzigtausend Flaschen jährlich abgeben, von denen zwei Drittel exportiert werden. In den berühmten Restaurants haben seine Weine ein Zuhause gefunden, auch der feine weiße Santenots aus Meursault.

Seite 108

Hinter der Rotwein-Gemeinde Pommard, wenige Kilometer weiter, auf der Anhöhe, liegt Volnay: Auch hier ist der Rotwein der König. Die kleine Kirche weist den Weg zu den Weingütern links und rechts der Dorfmitte

Marquis Jacques d'Angerville verläßt sich nur auf sich: Er braucht keinen Önologen, er hat keinen Kellermeister. Seine Weine, allen voran der Clos de Ducs, seine „Monopol-Lage", sind delikat und elegant

Vignerons de VOLNAY

Seit dem sechzehnten Jahrhundert treibt die Familie Weinbau immer in Burgund, seit zweihundert Jahren in Volnay, an der Côte de Beaune. Doch erst vor gut vierzig Jahren hat die Sache ernsthafte, kommerzielle Konturen angenommen. Hubert de Montille übernimmt 1947 den alten, malerischen Besitz in Volnay und baut das Gut zu einer richtigen Domäne aus. Zwar hatte sich Montilles Großvater schon einen guten Namen mit herausragenden önologischen Leistungen und mit Büchern über den Weinbau gemacht, doch erst dem Enkel gelingt der Vorstoß in den Weinadel von Burgund. Die Bodenständigkeit und die lange Erfahrung der Familie mit dem Rebstock haben Hubert de Montilles Selbstbewußtsein gestärkt. Der Domänen-Chef, der auch als Rechtsanwalt in Dijon zu Ehren gekommen ist, läßt sich durch Modernismen nicht beeindrucken. Er weiß, was die Burgunderrebe verträgt, was getan oder besser: unterlassen werden muß, damit aus dem besonderen Saft auch ein guter Wein wird. Experimente lehnt er nicht ab, aber Veränderungen läßt er nur zu, wenn sie dem Wein und nicht der Publicity dienen. So hält er sich in der Frage des Alkoholgehalts strikt an seine Erfahrungen: Der Wein, auch der Burgunder, sollte nicht zu alkoholreich sein, er sollte zumindest nicht mit Alkohol überfrachtet werden. Anderenfalls bleibe nach einigen Jahren der Reife im Geschmack nur der Alkohol zurück; die feine Burgunder-Frucht habe dann keine Chancen mehr. Der Most solle daher nicht zu stark chaptalisiert (mit Zucker angereichert) werden – jedenfalls nicht über zwölf bis zwölfeinhalb Volumenprozent hinaus. Manche guten Jahrgänge, der Achtundachtziger und der Neunundachtziger zum Beispiel, brauchten ohnehin nicht gezuckert zu werden. Auch im Hinblick auf die Lagerung der jungen Weine im Holzfaß pflegt Hubert de Montille seine Prinzipien. Die natürliche Art des Burgunders müsse erhalten bleiben, sie dürfe nicht durch Holzgeschmack überdeckt werden. Meist werde durch die intensive Lagerung im Holzfaß vor allem in zuviel frischem Holz nichts anderes erreicht als eine künstliche Erhöhung der Tannine, die keinesfalls im Einklang mit der diffizilen Art des Burgunders stehe. Der Gutsherr denkt hier besonders an die sensiblen Rotweine von der Côte de Beaune, die weniger kräftig strukturiert sind als ihre Brüder von der Côte de Nuits. Entsprechend vorsichtig baut er seine Weine aus; nur ein Fünftel der kleinen pièces, das sind die Burgunder-barriques mit zweihundertachtundzwanzig Litern Inhalt, wird jährlich erneuert. Die sieben Weinberge, die bewirtschaftet werden, liegen in Volnay und in der angrenzenden Gemeinde Pommard. In den guten Lagen – der Boden ist stark kalkhaltig – hat de Montille seinen Anteil: unter anderem in den Premiers Crus-Lagen Rugiens und Grands-Epenots in Pommard und Champans und Taille-Pieds in Volnay. Die besten, meint der Domänen-Herr, seien Rugiens und Champans; diese Weine verkörperten in besonderer Weise die Vorzüge der Region: Die Weine seien charaktervoll, gebietstypisch, elegant und gut haltbar. Der Ertrag je Hektar schwankt zwischen zweiunddreißig und vierzig Hektolitern (vierzig Hektoliter sind gesetzlich erlaubt), die Menge, die jährlich verkauft werden kann,

liegt bei ungefähr fünfundzwanzigtausend Flaschen (nur Rotwein). Ein Drittel der Produktion wird ins Ausland geliefert. Für die Zukunft hat der Hausherr inzwischen gut vorgesorgt. Sein Sohn Etienne, Diplomönologe aus der Schule von Dijon, hat wesentliche Aufgaben übernommen. Er will verantwortungsvoll weiterführen, was seine Vorfahren aufgebaut haben.

EIN PLÄDOYER FÜR DIE FEINE FRUCHT

Domaine Hubert de Montille, Volnay (Côte de Beaune). Besitzer: Hubert de Montille, Önologie und Weinbau: Hubert und Etienne de Montille

Etienne de Montille, der Sohn, und Hubert, der Vater, suchen das Originäre im Wein: Die Herkunft soll spürbar werden, der ursprüngliche Charakter. Die Weine der Montilles (nur Rotweine) werden vorsichtig ausgebaut: nicht zu viel Alkohol, nicht zu viel neues Holz

DER GOLDENE WEINBERG VON VOLNAY

Domaine de la Pousse d'Or, Volnay (Côte de Beaune). Besitzer: Familiengesellschaft/Freundeskreis, Regisseur: Gérard Potel, Önologe und Kellermeister: Gérard Potel

König Ludwig XI. von Frankreich war überzeugt: Ohne Volnay zu trinken, kann man nicht fröhlich sein. Der Kapetinger blieb nicht der einzige, der sich für diesen roten Burgunder begeisterte; Herrscher späterer Jahre suchten den Frohsinn auf die gleiche Weise. Ludwig der XIV. erwählte den Volnay zu seinem Lieblingswein, Ludwig XV. nannte ihn in einem Atemzug mit dem Pommard und dem Beaune. Aber auch in bürgerlichen Kreisen fand der Volnay viel Zuspruch. Der Wein wurde wegen seiner Eleganz und seines feinen Geschmacks gerühmt, vor allem aber wegen seines delikaten Buketts. Die Krönung aller guten Eigenschaften wurde bald einem kleinen Weinberg gutgeschrieben, dem ein fabulierender Lokalpatriot im vergangenen Jahrhundert wahre Wunder zutraute. Die Weine von Bousse d'Or, schwärmte der Mann voller Begeisterung, seien wie wahre Diamanten in einem goldenen Schrein; der Weinberg treibe keine Schößlinge, sondern pures Gold. Der goldene Weinberg ist das Herzstück eines Weinguts, das den Namen dieses Weinbergs trägt: Domaine de la Pousse d'Or (die Abweichung in der Schreibweise ist rechtlich bedingt). Der Besitz ist alt, er ist einer der ältesten von Burgund; schon 1100 wird Pousse d'Or in den Kirchenbüchern erwähnt. Heute gehört das Gut einer Gesellschaft – jeweils zur Hälfte den Familien Ferté und Potel sowie einer Gruppe australischer Weinliebhaber, die mit den beiden burgundischen Familien befreundet ist. Geleitet wird das Gut von Gérard Potel, dessen Onkel Jean Ferté, ein kenntnisreicher Wein-Amateur und Gourmet, die Domäne 1964 erworben hatte. Potel ist Agraringenieur und Önologe. Aber, fügt er sofort hinzu, sein Können und seine Wein-Weisheiten habe er keinesfalls während des Studiums erworben. Seine Kenntnisse seien vielmehr das Produkt harter praktischer Arbeit im Weinberg und im Keller, das Ergebnis aufmerksamer Beobachtung. Das Studium könne junge Önologen allenfalls lehren, grobe Fehler zu vermeiden. Daß man aber gute Weine mache, werde durch das Önologiestudium eher verhindert. Potel hat sich durch die Schulweisheiten nicht verderben lassen. Das zeigt der Erfolg. Denn seit er die Domäne führt, häufen sich Lob und Anerkennung; das Weingut zählt zu den Renommierbetrieben an der Côte de Beaune. Vierzehn Hektar Rebfläche stehen der Domäne zur Verfügung – in den Gemeinden Volnay, Pommard und Santenay. Alle Weinberge sind als Premiers Crus klassifiziert. Zu den Glanzstücken des Gutes zählen die Weinberge in Volnay – vor allem die Parzellen in der Lage En Caillerets sowie der Monopolbesitz Clos de la Bousse d'Or – aber auch Caillerets Clos des soixante Ouvrées und Clos d'Audignac (diese beiden Lagen gehören der Domäne ebenfalls allein). Die jährliche Produktion erreicht knapp sechzigtausend Flaschen, woraus ersichtlich wird, daß Potel die Ernten im Weinberg strikt begrenzt: auf durchschnittlich dreißig, häufig aber auch nur fünfundzwanzig Hektoliter je Hektar. Ein Teil der Maische wird mit Stengeln vergoren – mit vielen oder wenigen, je nach der Art des Jahrgangs; die Maischezeit beträgt im allgemeinen zwei bis drei Wochen. Der Charakter des Jahrgangs entscheidet auch darüber, wieviele neue Fässer für die Reife des jungen Weins verwendet werden. Manchmal verzichtet Potel ganz auf neue Fässer, dann wieder wird mindestens ein Viertel der gebrauchten pièces ersetzt – wie für den Jahrgang 1990. Jedenfalls arbeitet Potel nach keinem starren Schema. Jeder Jahrgang sei anders, jede neue Ernte erfordere spezielle Maßnahmen. Das Ergebnis sind Weine voll feiner Nuancen, die in ihrer Individualität dennoch den Grundtyp der jeweiligen Lage deutlich werden lassen: die Kraft und Rasse des Caillerets zum Beispiel oder die Feinheit und Finesse des Clos de la Bousse d'Or.

Der Name des Weingutes gründet auf einer berühmten Lage: auf dem Premier Cru Clos de la Bousse d'Or. Diese Lage, im „Monopolbesitz" der Domäne, garantiert für Rotweine voll Feinheit und Finesse

Seite 112
Am südlichen Ende von Volnay liegt die Domaine de la Pousse d'Or mit ihrem markanten Herrenhaus

DIE LIEBE ZU VOLNAY

Joseph Voillot, Winzer in Volnay, arbeitet am liebsten im Weinberg: Wer den Weinstock nicht mit Hingabe pflege, könne nie und nimmer einen guten Wein machen. Zehn Hektar gehören zum Familienbesitz

Domaine Joseph Voillot, Volnay (Côte de Beaune). Besitzer: Familiengesellschaft, Weinbau, Kellerwirtschaft, Verwaltung: Joseph Voillot

Seite 116
Wer die enge Straße verläßt, die durch die Weinberge nach Meursault führt, wer stattdessen die Route Nationale Nummer Vierundsiebzig wählt, wird für einen kurzen Moment verwöhnt – durch ein prächtiges Alleen-Stück

Zum ersten Mal drohte die Kontinuität zu brechen. Joseph Voillot hatte zwar alle Kraft aufgeboten, den Fortbestand des alten Familienbetriebs zu sichern. Doch seine drei Töchter wollten vom Weinbau nichts wissen. Nun hofft er auf die Enkel. Sieben sind es inzwischen. Die Chance, daß der Weinbau in der Familie bleibt, wird größer. Vorerst allerdings muß Voillot seine Rolle als Einzelkämpfer im Familienbetrieb weiterspielen. Er kümmert sich um alles. Er betreut die Weinberge, er keltert den Wein, er füllt ab und verkauft. Im Weinberg arbeitet er am liebsten. Wer den Rebstock nicht mit Hingabe pflege, könnne nie und nimmer guten Wein machen. Die junge Generation habe diese Grundregel leider verlernt, sie interessiere sich vor allem für die Önologie und die Vermarktung. Die Voillots sind seit dem vierzehnten Jahrhundert in Volnay ansässig. Wann die Liebe zum Weinbau in der Familie erwacht ist, geben die Annalen nicht preis. Fest steht aber, daß der heutige Besitz in Volnay nach der Französischen Revolution zusammengetragen worden ist – aus dem Bestand der Klöster und Lehnsherren. Zehn Hektar Weinberge (nahezu ausschließlich Rotwein) kann Joseph Voillot gegenwärtig bewirtschaften. Jeweils vier Hektar liegen in der Premier Cru-Zone von Volnay und dem benachbarten Pommard, der Rest entfällt auf einfache Burgunderlagen am Rande der Gemeinden und auf eine kleine Parzelle in Meursault (Weißwein). In Volnay zählen Caillerets, Champans und Fremiets zu Voillots Premier Cru-Bestand, im Pommard Rugiens, Pézerolles und Clos-Micot. Voillot, der das Handwerk vom Vater gelernt hat, arbeitet auf traditionelle Weise. Die Trauben werden nur zum Teil entrappt, vierzig bis fünfzig Prozent

der Stengel kommen in die Maische. Die Gärung, die mit selbst selektionierten Hefen aus den ersten reifen Trauben (pied de cuve) in Gang gesetzt wird, beginnt langsam, sie dauert zehn bis zwölf Tage. Auf seine eigenen Hefen legt Voillot großen Wert, denn die Hefe beeinflusse den Charakter des Weins entscheidend. Während der Gärung wird die Maische zweimal am Tag gewendet – zur Belüftung des Mostes. Kurz vor dem Ende der Fermentation, wenn noch zwei Gramm Restzucker vorhanden sind, wird die Maische gepreßt. Bevor der junge Wein zum Ausbau und zur Reife in die kleinen Eichenfässer (pièces) gefüllt wird, bleibt er für kurze Zeit in den großen cuves, wo sich die groben Trubstoffe absetzen. Zwölf bis fünfzehn Monate lagert der Wein in den Eichenfässern, ein Viertel bis ein Drittel der pièces wird jährlich erneuert. Vor der Füllung werden die Weine mit Eiweiß geschönt und mit Kieselgur gefiltert. In guten Jahren allerdings – wie 1988, 1989 und 1990 – verzichtet Voillot auf die Schönung; die Weine seien auch ohne collage wunderbar klar und rein. Den Zeitpunkt der Abfüllung wählt Voillot nicht willkürlich. Er richtet sich vielmehr nach der Jahreszeit, dem Mond, dem Luftdruck und den Windverhältnissen. Optimal seien die Bedingungen zu Ostern, bei abnehmendem Mond, bei hohem Luftdruck und Windstille. Sei es dagegen windig und feucht, herrsche Tiefdruck und nehme der Mond gerade zu, sei der Wein zu unruhig; er werde unklar. Was Joseph Voillot, der sympathische Winzer aus Volnay, dann in die Flasche bringt, entspricht dem klassischen Premier Cru-Typ des Pommard und des Volnay.

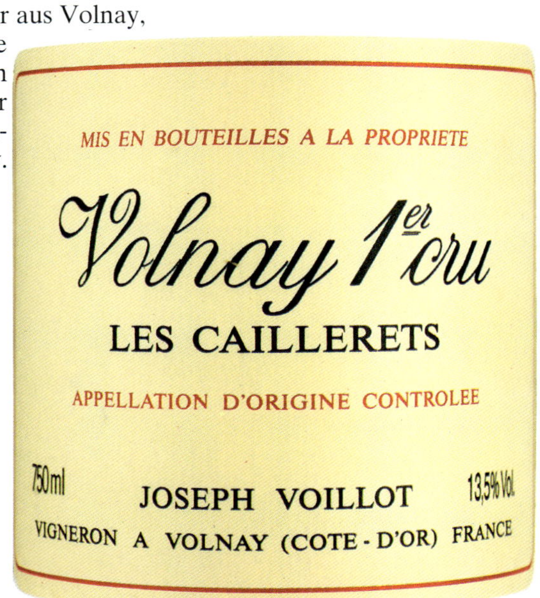

Ein Ortsschild, das die Herzen der Weißweinfreunde erfreut: Meursault ist ein Refugium für den weißen Burgunder, wenn der Gemeinde auch der Ruhm eines Grand Cru versagt geblieben ist

François Jobard ist ein scheuer, stiller Mann. Er ist zurückhaltend, er belästigt nicht durch lange Reden. Was er sagt, informiert; laute, werbeträchtige Sprechblasen sind seine Sache nicht. Und fast scheint es so, als wolle er sich vor der Welt verstecken. Er wohnt auf einem bescheidenen Hof – am Rande des Dorfes, in einer stillen Straße, vom Weintourismus unberührt. Doch für eine Flucht in die Unauffälligkeit bestünde kein Grund. Der Winzer Jobard hätte allen Anlaß aufzutrumpfen, der Öffentlichkeit zu demonstrieren, was er kann, was er leistet. Was er kann, hat ihn der Vater gelehrt; eine Fachschule hat er nicht besucht. Was er leistet, erzwingt sein Ehrgeiz. Jobard begnügt sich nicht mit dem guten Handwerk. Er sucht mehr; er strebt nach Perfektion. Auf die moderne Technik läßt er sich kaum ein. Er fühlt sich als Traditionalist, er bleibt der Überlieferung treu. Die Handarbeit dominiert, Maschinen werden nur geduldet, wo die Technik wahren Fortschritt verheißt. Alles soll seinen natürlichen Weg gehen. Jobard greift nur ein, wenn es der Ablauf unbedingt erfordert. So verwendet er für die Gärung – im Gegensatz zu vielen seiner Kollegen – keine kommerzielle Reinzuchthefe; er schwört auf die Hefen der Natur. Und wenn es kalt wird im Herbst, die Hefen langsamer arbeiten, der Most schwächer gärt, hilft Jobard keinesfalls nach. Der Keller bleibt kalt, er wird nicht erwärmt. Das kostet Zeit. Die Gärung zieht sich hin, der biologische Säureabbau setzt spät ein – manchmal erst im späten Frühjahr. Doch den Zeitfaktor kalkuliert Jobard bewußt ein. Denn die Zeit sei ein Garant für das Werden guter Weine. Folgerichtig ruhen seine Weine lang im Faß – achtzehn bis vierundzwanzig Monate, wobei die meisten auch in den kleinen Eichenfässern, den pièces, vergoren werden – mit Ausnahme einiger Village-Weine. Nach der Reife im Holz – zwanzig Prozent der pièces werden jährlich erneuert – wird der Weine mit Kasein geschönt und vor der Füllung leicht gefiltert.

Domaine François Jobard, Meursault (Côte de Beaune). Besitzer: François Jobard

Auf der Domäne François Jobard in Meursault dominiert das traditionelle Handwerk: Neue Techniken und Maschinen werden nur geduldet, wo sie Fortschritte verheißen. Charaktervoll sind die Weine

Ungefähr fünfundzwanzigtausend Flaschen kann Jobard im Jahr anbieten; das entspricht einem durchschnittlichen Ertrag je Hektar von fünfzig Hektolitern (1991 hat Jobard allerdings nur vierzig Hektoliter ernten können). Die kleine Domäne ist ein typisches Weißweingut, der Rotwein – aus dem benachbarten Weiler Blagny – erreicht nur einen Anteil von fünf bis zehn Prozent. Der größte Teil der Weine fällt in die Klasse der Premiers Crus (als Grand Cru ist in Meursault kein Weinberg klassifiziert worden), die Kategorien Village-Wein und Bourgogne fallen kaum ins Gewicht. Auf seine Lagen in Meursault und Blagny – gut vier Hektar werden bewirtschaftet – ist Jobard besonders stolz. Sie tragen in der Tat klangvolle Namen: Meursault-Charmes, Meursault-Genevrières, Meursault-Poruzot und Blagny La Pièce-sous-le-Bois (dieser Wein wächst auf armen Böden unterhalb des Waldes von Blagny). Jobards Weine, die in vielen renommierten Restaurants zu finden sind, haben Charakter; sie sind voll, sie sind kräftig, sie sind aromatisch und elegant. Auf sie trifft zu, was Camille Rodier, einer der Gründer der Weinbruderschaft Les Chevaliers du Tastevin, über die Weine von Meursault geschrieben hat: „Sie sind gleichzeitig trocken und mild (was ziemlich selten ist), stark alkoholhaltig, mit einer schönen grün-gelben Farbe, glanzhell, von guter Haltbarkeit, sehr ehrlich im Geschmack. Mit dem Aroma reifer Trauben und einem Haselnußgeschmack nehmen sie ihren Platz unter den berühmtesten Weißweinen Frankreichs ein."

GEDULD IST DAS GEHEIMNIS DES ERFOLGS

Comte de Lafon war ein Ästhet. Was im Glanz des Schönen erstrahlte, was von dauerhaftem Wert schien, fand seine Zuneigung. Er liebte das Schöne um der Schönheit willen, er schätzte das Wertvolle des Wertes wegen – das Spekulationsmotiv war ihm fremd. Und da er vermögend war, konnte er sich das Gute und Schöne auch leisten. Comte de Lafon hat Spuren hinterlassen – private wie öffentliche. Er hat den Familienbesitz – das Weingut in Meursault, in das er eingeheiratet hatte – durch wertvollen Grund und Boden bereichert, er hat die schlechten durch gute Weinberge ersetzt, er hat die Gastronomie in der Region gefördert, und er hat der Gemeinde zu einem großen Fest verholfen: zur Paulée de Meursault. Jährlich, am dritten Montag im November, zum Abschluß der Festtage Trois Glorieuses an der Côte d'Or, versammeln sich Winzer und Händler, Honoratioren und Gäste zu einem opulenten Mahl – wie es der Graf vor siebzig Jahren nach der

Weinernte mit Freunden und Bekannten zum ersten Mal gefeiert hatte. Heute liegen die Geschicke des Hauses in den Händen des Urenkels, des Grafen Dominique Lafon. Der junge Önologe, der 1984 von der Familie mit der Führung des Weingutes beauftragt worden ist, geht seinen eigenen Weg, schwimmt gegen den Strom: nicht frühreife Weine wolle er machen (was offenbar zur Mode werde), sondern Weine, die erst nach acht bis zehn Jahren ihren ganzen Charme verströmten, die haltbar seien und altern könnten. Entsprechend viel Zeit gönnt er seinen Weinen für den Ausbau und die Reife: Die weißen und die roten liegen zwei Jahre im Faß. Auch die Weinberge erfreuen sich seiner besonderen Fürsorge. Denn was für die Qualität nicht im Weinberg geleistet werde, könne im Keller später nicht nachgeholt werden. Deshalb nimmt er das Rebland, das bis zu seinem Amtsantritt an Winzer verpachtet gewesen ist (Halbpacht), wieder unter seine Obhut. Die Pachtverträge werden nicht mehr verlängert; in drei Jahren kann Lafon die ganze Fläche von dreizehn Hektar wieder in eigener Regie bewirtschaften. Fünfzig- bis sechzigtausend Flaschen im Jahr bietet die Domäne gegenwärtig an, zwei Drittel davon sind weiße Weine. Die Trauben für den Weißwein werden nicht entrappt. Die Premiers Crus werden in neuen Eichenfässern (pièces) vergoren und anschließend sechs Monate gelagert. Dann wird der Wein in ein Jahr alte Fässer umgefüllt – für eine weitere Reifezeit von achtzehn Monaten. Im Gegensatz zu den Weißweintrauben läßt Lafon die Trauben für den

Rotwein vor der Gärung zum größten Teil entrappen. Da er den Ertrag auf rund dreißig Hektoliter je Hektar beschränke und da die Maischezeit mehr als zwei Wochen dauere, leide der Rotwein keinesfalls unter Tanninmangel. Auf die Mazeration mit Stengeln könne er daher verzichten. Auch der Rotwein wird bis zu zwei Jahren in Eichenfässern gelagert, wobei jährlich ein Drittel der pièces erneuert wird. An den besten Weißweinlagen von Meursault hat die Domäne ihren Anteil: in Les Perrières, in Les Genevrières und in Les Charmes. Der Rotwein kommt zum guten Teil aus der Nachbargemeinde von den Premier Cru-Lagen Volnay Champans und Volnay Clos-des-Chênes sowie von der Lage Santenots (Premier Cru), die zwar in Meursault liegt, aber unter dem Namen Volnay verkauft wird. Gekrönt wird das Lafon-Sortiment durch einen Weißwein-Superlativ: durch einen Montrachet Grand Cru.

DER GRAF, DER DAS LEBEN LIEBTE

Domaine des Comtes Lafon, Meursault (Côte de Beaune). Besitzer: Familie Lafon (Société s.c.i.), Regisseur und Kellerchef: Comte Dominique Lafon

In den besten Weißweinlagen von Meursault hat die Domaine des Comtes Lafon ihren Anteil. Doch die Krönung des Sortiments ist der Weißwein-Superlativ: der Montrachet

Seite 122

Der heutige Domänenchef geht seinen geraden Weg: Weine, die schnell reifen, sind seine Sache nicht. Die Weine müssen lang im Keller ruhen, bis sie ihr gutes Alter erreicht haben

Comte Dominique Lafon hat 1984 die Führung des traditionsreichen Weingutes übernommen: Unter seiner Leitung, durch seine kompromißlose Qualitätspolitik, ist die Domäne inzwischen in die Spitzengruppe aufgerückt

Nur einer hatte für kurze Zeit die Nerven verloren. Als in den dreißiger Jahren mit dem Wein kaum Geld zu verdienen war, scherte Auguste Morey aus der festgefügten Phalanx der Morey-Winzer aus. Er wollte sein Glück in einem anderen Beruf suchen. Doch der Vater drohte. Er werde alle Weinberge an Fremde verkaufen, wenn es der Junior tatsächlich wagen sollte, dem Wein untreu zu werden. Zwei Jahre blieb Auguste standhaft, 1937 kehrte er in den elterlichen Betrieb zurück – eher unwillig als mit Überzeugung. Was Auguste zunächst als persönliches Opfer und Triumph der väterlichen Autorität empfand, kehrte sich später in Begeisterung um: Der Weinbau wurde Moreys große Liebe. Die Winzerehre der Familie war wiederhergestellt, die Erbfolge gerettet. Seit dem sechzehnten Jahrhundert sind die Moreys in Burgund seßhaft. Die ersten siedelten in Chassagne-Montrachet, sie begründeten den Stamm. Nach der französischen Revolution wanderten einige aus: Sie gingen sechs Kilometer weiter nach Norden – nach Meursault. Und alle wurden Winzer. Pierre Morey, Augustes Sohn, führt heute in Meursault das Erbe weiter. Er zählt zu jener Gruppe junger talentierter Winzer an der Côte d'Or, die als die Garanten für das Fortbestehen der großen burgundischen Weintradition gelten. Pierre Morey ist vor allem Praktiker. Er hat zwar eine Schule besucht, die auch den Weinbau lehrt, doch seine Kenntnisse verdankt er vorwiegend der Arbeit vor Ort, seinen vielen Praktika und dem Studium der Fachliteratur. Seine Leistungen werden geschätzt, sein Geschick im Umgang mit der sensiblen Sache Wein wird hoch bewertet. Und so ist es sicherlich auch kein Zufall gewesen, daß ihn Olivier Leflaive vor vier Jahren zum Regisseur für die Domaine Leflaive, für das renommierte Weißweingut von Puligny-Montrachet, berufen hat. Morey arbeitet also für zwei: außer Haus für die Domaine Leflaive und in den eigenen Wänden für das Familienweingut Morey. Acht Hektar Rebfläche stehen dem kleinen Betrieb in Meursault zur Verfügung. Zwei Drittel davon dienen der Weißweinproduktion, der Rest ist mit Pinot noir-Reben bepflanzt. Moreys Angebot reicht von der einfachen Appellation Bourgogne über Village-Weine bis zu Premiers un Grands Crus, wobei der Gran Cru Bâtard-Montrachet die Sta rolle spielt. Die weißen Traube werden seit dem Jahrgang 199 mit einer sanft arbeitenden pneumatischen Presse gekeltert, de Most wird in den kleinen Eichenfässern vergoren. Für den Ausbau des Weins läßt sich More Zeit; der junge Wein reift achtzehn Monate in den pièces. Be der Rotweinproduktion geht Morey einen Weg, den inzwische viele Winzer in Burgund verlassen haben: Er entrappt di Trauben nicht vollständig, ei guter Teil der Stengel (bis fünfzig Prozent) bleibt während de Gärung in der Maische. Dan erst, meint Morey, könne mit einer zufriedenstellenden Tanninausbeute gerechnet werden. Vergoren wird die Maische in große cuves, die allerdings nicht – was sonst allgemein üblich ist – oben offen sind. Die cuves werden vielmehr mit Plastikplane während der Gärung abgedeckt damit die Maische nicht zu stark oxydiert. Auch der Rotwein reift ungefähr achtzehn Monate in den pièces. Die Winzer, sag Morey, seien prätentiös. Sie fühlten sich als die Künstler de Landwirtschaft. Wer die Weine Pierre Moreys probiert, wird kaum widersprechen können

AUS EINER ALTEN WINZERFAMILIE

Seit dem sechzehnten Jahrhundert sind die Moreys in Burgund seßhaft: Alle sind Winzer geworden. Pierre Morey vertritt die jüngste Generation. Er zählt zu jenen talentierten Winzern, die als Garanten für das Fortbestehen der großen burgundischen Weintradition gelten

Domaine Pierre Morey, Meursault (Côte de Beaune). Besitzer: Familienweingut, Verwaltung, Weinbau, Kellerwirtschaft: Pierre Morey

Die Geschäftsfreunde finden lobende Worte. Einen ehrbaren Winzer nennen sie ihn, einen König des Chardonnay. Auch die Konkurrenten, die mit Elogen sonst geizen, äußern sich wohlwollend über den Kollegen. Jean-François Coche-Dury ist ein angesehener Mann. Der gute Ruf ist kein Zufall. Coche-Dury ist ein solider Handwerker, ein Weinproduzent, der sich bedingungslos der Forderung nach hoher Qualität unterwirft. Sein Stil ist unverkennbar. Die Weine sind aromatisch und kräftig, sie wirken lebendig und frisch, sie sind elegant und sauber. Wer den rassigen Chardonnay-Charakter sucht, wird hier ebenso fündig wie der Liebhaber fruchtiger Pinot Noir-Weine. Jean-François vertritt die dritte Winzergeneration der Familie. Vor den Toren der Gemeinde hat er sich vor fünfzehn Jahren niedergelassen – in einem bescheidenen Neubau, der wenig von der Werkstatt eines Weinprofis verrät, der eher an das Heim eines Hobby-Winzers erinnert. Knapp neun Hektar Rebfläche gehören zur Domäne. Die Weinberge liegen zum guten Teil im nahen Einzugsbereich, in Meursault, Monthélie und Auxey-Duresses, aber auch in Aloxe, auf dem berühmten Corton-

Hügel – dort, wo sich die Côte de Nuits mit der Côte de Beaune trifft. Coche-Dury pflegt ein differenziertes Angebot, die Palette reicht vom Aligoté, von einfachen Bourgogne- und Village-Weinen bis hin zu Premiers und Grands Crus. Die Hälfte der Produktion wird exportiert – vorwiegend nach Großbritannien und Belgien, nach Deutschland, Italien und in die Schweiz. Der andere Teil nimmt den Weg zu renommierten französischen Restaurants und Weinhäusern. Rund vierzigtausend Flaschen verkauft Coche-Dury unter eigenem Etikett, zwanzig Fässer werden an ein renommiertes Weinhandelshaus in Beaune abgegeben. Coche-Durys Erfolgsrezept läßt sich mit wenigen Worten umschreiben: handwerklich und sauber arbeiten – ohne übertriebenen technischen Aufwand und ohne Hast. Der Wein brauche für seine Reife viel

Zeit, die natürlichen Entwicklungsphasen dürften nicht abgekürzt oder gar unterbrochen werden. So überrascht es auch nicht, daß Coche-Dury seinen Weißwein überdurchschnittlich lang im Faß, auf der Hefe, ruhen läßt – bis zu zwanzig Monaten. Vergoren wird der Weißwein in den typischen kleinen Burgunderfässern, wobei Coche-Dury im Durchschnitt zwanzig Prozent neue pièces im Jahr verwendet. Der Most wird nicht gefiltert (er setzt sich vor der Gärung in großen cuves zwölf Stunden lang ab), er wird auch nicht mit Reinzuchthefe aktiviert. Der Wein, meint der Winzer, müsse mit seinen eigenen Gaben auskommen, die natürlichen Hefen reichten aus. Auch vor der Abfüllung in die Flaschen wird der Wein nicht gefiltert; er wird nach zweimaligem Abstich mit Kasein und Bentonit geschönt. Seine Rotweine baut Coche-Dury etwas weniger lang in den pièces aus; doch auch diese Weine reifen noch immer achtzehn bis neunzehn Monate im Holz. Grundsätzlich wird der Rotwein ohne Stengel vergoren – bis auf jene Partien, die in Auxey-Duresses wachsen – einige Meter westlich von Meursault. Auch die Rotweine werden nicht gefiltert; sie werden nur mit frischem Hühnereiweiß geschönt. Trotz aller technischen Fortschritte und neuer, angeblich besserer Methoden will Coche-Dury an der handwerklichen Tradition festhalten. Der Wein sei ein sensibles Wesen, er dürfe durch technische Apparate nicht gequält werden.

DER KÖNIG DES CHARDONNAY

Elegante Burgunder aus handwerklicher Fertigung: Jean-François Coche-Dury ist einer der Meister des Chardonnay. In vielen französischen Spitzenrestaurants stehen seine Weine auf der Karte

Seiten 126

Impressionen von Meursault: die Bürgermeisterei, der Marktplatz und die Kirche. Obwohl die meisten Touristen, die sich vom Weinland Burgund locken lassen, die Weinbaugemeinde besuchen, hat Meursault seinen provinziellen Charme bewahren können

Domaine Coche-Dury, Meursault (Côte de Beaune). Besitzer: Jean-François Coche-Dury

Les Arts

CAISSE
D'EPARGNE
dépêches
CHANGE
CAISSE D'EPARGNE
Librairie · Papeterie · Cadeaux
Casino

HOTEL DU CHEVREUIL
LA MAISON DE LA
HOTEL
OUVERT
TEL NEUF

Die Töchter wollten bleiben. Im elterlichen Betrieb sahen sie ihr Zuhause, die große Welt eizte sie nicht. Winzer wollten ie werden – wie der Vater. Der enior dachte nach. Würden sich ung und Alt unter einem Dach ertragen? Bernard Michelot, das amilienoberhaupt, löste den Fall uf elegante Weise. Noch ehe die Zeit für die Kraftprobe zwischen len Generationen gekommen var, hatte er das Konfliktpotenial schon entschärft. Er verfügte ine interne Besitzteilung und erpflichtete seine drei Töchter uf die Rolle des selbständigen Jnternehmers. Sie sollten im elerlichen Betrieb in Meursault uf eigene Verantwortung und eigenes finanzielles Risiko arbeien. Die Weinberge wurden auf len Senior und die Töchter aufeteilt, der Familienbetrieb wanlelte sich zu einer Art Familiengenossenschaft. Jeder wurde sein eigener Herr, jeder genoß ein Höchstmaß an Entscheidungsfreiheit. Nur die Maschinen und Geräte, die Gebäude und Keller blieben „Gemeineigentum"; sie sollten gemeinsam genutzt werden. Und es funktioniert. Jeder arbeitet für sich und dennoch für den Familienbesitz Michelot-Buisson. Der Fortbestand der Domäne ist gesichert, das Erbe kann zusammengehalten werden. Auf dem Weinetikett wird die individualisierte Gemeinsamkeit sichtbar. Der Name Domaine Michelot bleibt als Klammer erhalten, doch wird kenntlich gemacht, wer den Wein aus der Michelot-Vierergruppe produziert hat. Die Art und die Güte der Weine ist von der Besitz- und Arbeitsteilung bisher nicht berührt worden. Denn alle Weine der Domäne werden nach derselben Methode ausgebaut; die Leistung des Seniors wird als Maßstab anerkannt. Die Unterschiede, die zu bemerken sind, beruhen auf natürlichen Gegebenheiten – vor allem auf der Verschiedenartigkeit der Weinbergslagen. Zweiundzwanzig Hektar werden bewirtschaftet. Knapp zwanzig Hektar sind mit Weißweinreben bestockt, fast ausschließlich mit Chardonnay. Die meisten Weinberge liegen in Meursault. Der Weißweinmost wird in kleinen Eichenfässern (pièces) vergoren, die Trauben werden zusammen mit den Stengeln in einer pneumatischen Presse gekeltert. Während der Fermentation wird der Most mit einem Holzstock mehrmals gerührt; die Hefe soll auf diese Weise im Faß aufgewirbelt werden – zugunsten eines intensiveren Kontakts mit dem gärenden Most. Ungefähr ein Jahr lang bleibt der junge Wein im Faß. Dann wird er mit Bentonit und Kasein geschönt und – nach einer kurzen Ruhepause – leicht gefiltert und gefüllt. Der Ausbau des Weins im Holzfaß ist für Bernard Michelot Verpflichtung. Allerdings achtet er darauf, daß der Holzgeschmack den Wein nicht erdrückt. Frucht- und Lagencharakter müßten unbedingt erhalten werden. Deshalb werden die Weine auch nur zum Teil in neuen Fässern ausgebaut; höchstens

ein Viertel der pièces wird jährlich erneuert. Die hohe Qualität, die alle Michelot-Weine auszeichnet, hat einfache Gründe: Die Erntemenge wird begrenzt, das traditionelle Handwerk dominiert. Bernard Michelot, der das Metier von seinem Vater erlernt hat, ist kein Gegner des kellertechnischen Fortschritts, aber er akzeptiert nur, was der Qualität des Weins wirklich nützt. Das Angebot der Domäne schwankt beträchtlich – zwischen achtzig- und hundertachtzigtausend Flaschen im Jahr. Die kraftvollen und eleganten Weine, die sich durch Feinheit, Frische und eine bemerkenswerte Lebensdauer auszeichnen, genießen internationales Renommee. Rund zwei Drittel der Produktion werden exportiert.

VIER UNTER EINEM DACH

Domaine Michelot-Buisson, Meursault (Côte de Beaune). Besitzer: Bernard Michelot, Produktion: Bernard Michelot, Chantal Michelot, Geneviève Michelot, Odile Mestre-Michelot

Der Senior ließ es zum Generationenkonflikt erst gar nicht kommen: Als zu erkennen war, daß die drei Töchter im Elternhaus bleiben und – wie der Vater – Winzer werden wollten, verfügte Bernard Michelot eine interne Besitzverteilung und verpflichtete seine drei Töchter auf die Rolle des selbständigen Unternehmers im Familienverbund

Die Domaine Jean Monnier in Meursault zählt zu den alten Gütern der Region: Seit 1721 ist das Anwesen im Besitz der Familie, von Anbeginn wird der Rebstock kultiviert. Jean-Claude, der heutige Chef der Domäne, bewirtschaftet siebzehn Hektar Weinberge

Wann die ersten Reben gesetzt worden sind, ist nicht geklärt. Nachweisen läßt sich aber, daß der Weinberg schon Anfang des dreizehnten Jahrhunderts Früchte getragen hat. 1207 schenkt Herzog Eudes von Burgund, der Besitzer des Rebgartens, das Land den Mönchen von Cîteaux. Und jetzt beginnt die eigentliche Geschichte. Die Mönche nehmen sich mit Liebe des Weinberges an und kultivieren das kleine Stück Land zum Mustergarten. Clos de Cîteaux heißt von nun an der Rebgarten in der Gemeinde Pommard. Vierhundert Jahre später veräußert das Kloster seine Ländereien in dieser Region Pommard wird der neue Eigentümer des Weinbergs. Schließlich wechseln die Besitzer mehrere Male, der gute Ruf beginnt zu verblassen. Doch inzwischen hat sich alles wieder zum Guten gewendet. Seit die Domäne Jean Monnier in Meursault – als neuer Eigentümer – den Weinberg pflegt, seit nun vierzig Jahren, ist der Wein aus dem Clos de Cîteaux wieder eine Garantie für Qualität. Clos de Cîteaux, in die Premier Cru-Lage Epenots eingebettet, ist ein kräftiger, farbiger, haltbarer Wein – ein typischer Vertreter seiner Heimatgemeinde Pommard. Jean-Claude Monnier, der Regisseur und Önologe der Domäne, freut sich über den Alleinbesitz aus doppeltem Grund. Zum einen ist auf die Güte des Weins Verlaß,

Domaine Jean Monnier & Fils, Meursault (Côte de Beaune). Besitzer: Familie Monnier, Regisseur und Kellermeister: Jean-Claude Monnier

zum anderen paßt das historische Stück gut zur Tradition seines Hauses: Seit 1721 ist die Familie Monnier in Meursault bekannt, und seit dieser Zeit wird der Rebstock kultiviert. Immer hat der Besitz vom Vater auf den Sohn vererbt werden können. Aber nicht nur auf Clos de Cîteaux kann sich Monnier verlassen, auch seine fruchtigen, eher leichten statt wuchtigen Weißweine aus Meursault zeigen Charakter und Charme – vor allem die Premiers Crus Les Genevrières und Les Charmes. Die Beschreibung trifft auch den roten Premier Cru Les Argillères aus Pommard und den Meursault Rouge – die würzige Spezialität in Rot aus der Weißweingemeinde Meursault, die nur in kleinen Mengen angeboten wird. In der Produktion geht Monnier den traditionellen Weg, wenn er auch sinnvollen Neuerungen gegenüber aufgeschlossen ist. Die weißen Trauben werden mit den Stengeln gepreßt, mit einer pneumatischen Presse, der Most wird in kleinen Eichenfässern (pièces) vergoren. Zwölf bis achtzehn Monate reift dann der junge Wein in den Fässern, wovon ein Fünftel bis ein Drittel – je nach Art und Güte des Jahrgangs – jährlich erneuert wird. Die Rotwein-Trauben verarbeitet Monnier grundsätzlich ohne Stengel, denn sie nähmen den kostbaren Weinen Feinheit und Eleganz. Die Maischegärung in den offenen Edelstahltanks dauert ungefähr zehn Tage, die Reifezeit erstreckt sich über mindestens achtzehn Monate. In jedem Jahr wird ein Viertel der Eichenfässer durch neue pièces ersetzt. Zur Vermeidung zu hoher Gärtemperaturen werden der Weißwein-Most und die Rotwein-Maische vor Beginn der Fermentation gekühlt. Obwohl sich die Weine aus der Domäne Monnier eher in die leicht zugängliche, weniger in die fordernde Kategorie einordnen lassen, beanspruchen sie Ausdauer und Geduld. Es wäre ein Frevel, sich an ihnen zu vergreifen, bevor sie nicht mindestens drei oder fünf Jahre alt sind, die weißen wie die roten. Selbst der Village-Wein Meursault Rouge öffnet sich erst nach drei bis vier Jahren. Die Weine von Jean Monnier haben viele Liebhaber gefunden – auch im Ausland. Jede zweite Flasche wird exportiert.

Das Prunkstück der Domäne ist der Weinberg Clos de Cîteaux: Schon im frühen dreizehnten Jahrhundert sind hier Reben gewachsen. Mit besonderer Hingabe pflegt Jean-Claude Monnier diesen beachtlichen Rotwein, seine „Monopol-Lage“

EIN GUTES HISTORISCHES STÜCK

AUF DEM WEG IN DIE MEISTERKLASSE

Domaine Etienne Sauzet, Puligny-Montrachet (Côte de Beaune). Besitzer: Madame Sauzet, Verwalter: Gérard Boudot, Önologe und Weinbautechniker: Gérard Boudot

Wer sich in Puligny-Montrachet auf den Weinbau einläßt, wird mit strengen Maßstäben gemessen. Denn hier wie im Nachbarort Chassagne-Montrachet wird ein weißer Wein geboren, der in aller Welt als Maßstab für olympische Weinehren gilt – der Montrachet. Die Liebhaber schwärmen: Der Montrachet sei der beste trockene Weißwein der Welt, kein anderer komme ihm gleich. Und was Alexandre Dumas vor hundert Jahren gefordert hat, gilt noch immer als heilige Pflicht: den Montrachet muß man kniend trinken. Aber nicht nur der Montrachet, der „kahle Berg", trägt zum Ruhm des kleinen Dorfes an der Côte de Beaune bei, auch die anderen Lagen fördern das Ansehen der berühmten Gemeinde: die Premiers Crus ebenso wie die namhaften Grands Crus-Nachbarn des Montrachet (Chevalier-Montrachet, Bâtard-Montrachet, Bienvenues-Bâtard-Montrachet). Die Winzer von Puligny-Montrachet sind sich ihrer Verantwortung für den Weinbau bewußt. Sie wetteifern um die Krone, sie streben nach Perfektion. Nicht immer entspricht das Ergebnis den Möglichkeiten, aber im allgemeinen erfüllen die Produzenten die hohen Erwartungen. Einer von ihnen, der es auf dem Weg in die Meisterklasse schon weit gebracht hat, ist Gérard Boudot. Der Önologe und Weinbautechniker, der im Auftrag der Familie Sauzet das Weingut führt, demonstriert in jedem Jahr, warum der Name Puligny-Montrachet weit oben auf der Skala des Weinruhms notiert wird. Die Weine, die er anbietet, zeugen von großem Können; sie sind fein und elegant, sie sind aromatisch und kräftig. Boudot arbeitet nach einem einfachen Rezept: den Most und den Wein nicht strapazieren, die Vorteile der modernen Weinbereitung sinnvoll nutzen. Der Most, der mit einer pneumatischen Presse sanft aus den Beeren gepreßt wird, läuft weder durch eine Filtermaschine noch durch eine Zentrifuge. Er muß sich selbst klä-

ren – durch zweitägiges Absitzen in Edelstahltanks. Anschließend wird er in den traditionellen kleinen Eichenholzfässern (pièces) vergoren. Boudot setzt die Gärung mit Reinzuchthefen in Gang (er verläßt sich also nicht auf die natürliche Hefe), denn nur mit Reinzuchthefen sei eine saubere und vollständige Gärung zu garantieren. Ungefähr zehn bis zwölf Monate bleibt der junge Wein in den Fässern, dann wird er mit colle de poisson (Hausenblase) geschönt und vor der Füllung über Kieselgur leicht gefiltert. Für seine Grand Cru-Weine verwendet Boudot jährlich rund fünfzig Prozent neue Fässer, für die Premiers Crus etwa dreißig Prozent und für die Village-Weine rund ein Fünftel. Siebzig- bis achtzigtausend Flaschen werden jährlich ausgeliefert, sechzig Prozent davon kaufen die Ausländer – vor allem die Engländer, die Amerikaner, die Japaner und die Deutschen. Der Schwerpunkt des Angebots liegt bei den Premiers Crus. Die Crus Combettes, La Truffière, Champ-Canet, Perrières und Referts stellen mehr als die Hälfte der Produktion. Dazu kommen die Grands Crus Bâtard-Montrachet und Bienvenues-Bâtard-Montrachet sowie eine gute Portion Village-Weine. Gérard Boudot ist ein vielbeschäftigter Mann, ihn ärgert jede verlorene Minute. In seinem Keller aber laufen die Uhren langsamer. Die Freude und der Stolz auf das Erreichte verführen ihn jedenfalls dazu, den Gast mit ausgiebigen Kostproben zu verwöhnen.

Madame Sauzet, die Besitzerin der Domäne in Puligny-Montrachet, kann sich glücklich schätzen: Gérard Boudot, ihr Schwiegersohn, mit der Leitung des Familiengutes beauftragt, ist ein großes Talent

Seite 136

Der Schwerpunkt der Domäne liegt auf den Premiers Crus, auf Les Combettes zum Beispiel und Champ-Canet: Doch letztlich weist alles zu den Spitzenweinen von Puligny; zum Montrachet mit seinen Spielarten Bâtard und Bienvenues-Bâtard

RESERVE
DE
CHASSE
D 11
PULIGNY-MONTR
Circuit Touris
HAUTES CÔ
et CÔTE DE B

0.9

Der Gründer der Domäne hatte sich nicht beirren lassen: Trotz der verheerenden Reblauskatastrophe Ende des vergangenen Jahrhunderts blieb er bei der Sache und kaufte Weinberge. Die Erben mehrten mit Fleiß, was er hinterlassen hatte. Und so entwickelte sich die Domaine Leflaive zu einem der bedeutenden Weingüter von Burgund

Der Gründer der Domäne hatte sich nicht irritieren lassen. Nach der Invasion der Reblaus war zwar nicht viel übriggeblieben, die Weinberge waren öd und leer. Doch Joseph Leflaive hatte den Glauben an die Kraft der heimatlichen Erde nicht verloren. Er übernahm die Weinberge, die entmutigte Winzer abgeben wollten, und mehrte den Besitz, den er von den Vorfahren 1905 ererbt hatte. Seit dem frühen achtzehnten Jahrhundert war die Familie dem Weinbau verbunden, Joseph trieb die Sache nun professionell voran. Eigenlich war er Ingenieur – er hat an der Konstruktion des ersten französischen Unterseebootes mitgewirkt; doch stets nahm er sich die Zeit für seine neue Aufgabe. Er kaufte Parzellen in den besten Lagen von Puligny-Montrachet, kämpfte für den Schutz der Herkunftsbezeichnungen und forcierte den Qualitätsweinbau. Und er nahm einen Mann in seine Dienste, der zu den führenden Wein-Autoritäten von Burgund aufstieg: François Virot. Die Zusammenarbeit zwischen Leflaive und Virot trug Früchte, das Ansehen der Domäne wuchs, Jahrgänge wie 1929, 1934, 1947 und 1949 wurden zum Inbegriff für große weiße Burgunder. Als Joseph 1953 starb, war die Domaine Leflaive zu einer Institution geworden. Der gute Ruf des Weingutes ist ungetrübt. Die Nachfahren verwalten das Erbe mit Geschick, die Domäne ist noch immer im Besitz der Familie Leflaive. Auf zweiundzwanzig Hektar ist der Weinbergbestand inzwischen ge-

IM GLANZ DES CHEVALIER

Zweiundzwanzig Hektar bewirtschaftet die Domaine Leflaive, fünf Hektar davon sind Grand Cru-Lagen: Sorgsam werden die Weinstöcke gepflegt. Nach dem Rebschnitt im Winter wird das alte Holz an Ort und Stelle verbrannt

wachsen, hundert- bis hundertzwanzigtausend Flaschen werden jährlich produziert. Zwei Drittel davon werden ausgeführt, jede zweite exportierte Flasche findet ihren Weg in die Vereinigten Staaten. Verantwortlich für den Weinbau und die Kellerwirtschaft ist seit drei Jahren Pierre Morey – ein begabter Önologe und Winzer aus Meursault, der sich schon mit seinem eigenen kleinen Weingut einen Namen gemacht hat. Die Domaine Leflaive ist ein klassischer Weißweinbetrieb, die Rebsorte Chardonnay dominiert. Nur eineinhalb Hektar sind für Rotwein reserviert – in der Nachbargemeinde Blagny, die für ihren ansprechenden Pinot noir bekannt ist. Fünf Hektar der Rebfläche tragen den Adelstitel Grand Cru (die Parzellen liegen in den Lagen Chevalier-Montrachet, Bâtard-Montrachet und Bienvenues-Bâtard-Montrachet): der Rest entfällt auf Villages-Weine und einfache Bourgogne. Neun Hektar zählen zu den Premier Cru-Lagen: Les Pucelles zum Beispiel, Les Combettes und Clavoillons. In der Vinifizierung geht Morey einen geraden Weg – er verbindet die burgundische Tradition mit sinnvollen technischen Fortschritten. Die Trauben werden schonend und schnell verarbeitet (der Most wird nicht gefiltert oder zentrifugiert), die Gärtemperatur wird zum Schutz der Aromen gebremst, der junge Wein wird in pièces ausgebaut – in neuen und in gebrauchten. Etwa vier Jahre werden die pièces verwendet. Vergoren wird der Most in Edelstahltanks oder – im Fall der Grands Crus – in den kleinen Fässern. Nach der Reife in den pièces ruht der Wein bis zur Abfüllung wieder in den Edelstahltanks. Morey füllt den Wein erst nach dem zweiten Winter, der auf die Ernte folgt. Nur dann, meint der Önologe, könne der weiße Burgunder sein feines Aroma entwickeln. Die Weine aus dem Haus Leflaive sind in der Tat außergewöhnlich fein und elegant. Sie sind geschmeidig, sie sind rund, sie überrumpeln nicht durch vorwitzige Säure. Das Glanzstück des Hauses ist sicherlich der Chevalier-Montrachet, der durch honigfeine Geschmeidigkeit betört. Er besitzt zwar nicht die Kraft und Struktur des Montrachet, des vermutlich besten weißen Burgunders, aber er verführt durch Eleganz und Raffinement.

Domaine Leflaive, Puligny-Montrachet (Côte de Beaune). Besitzer: Familie Leflaive (Société Civile), Weinbau und Kellerwirtschaft: Pierre Morey, Verwaltung: Anne-Claude Leflaive, Olivier Leflaive

EIN ANARCHISCHER AKTIVIST

Noël Ramonet ist kein Fall für verträumte Weinfreunde: Er ist stürmisch wie der gärende Most; er agiert nicht, er wirbelt. Sein Talent ist unbestritten, seine Weine werden als Burgunder der Spitzenklasse gelobt. Zusammen mit seinem Bruder Jean-Claude führt er den elterlichen Familienbetrieb

Die Antwort ist Entrüstung. Niemals, nicht für einen Moment, habe er den Fuß in eine Hochschule gesetzt. Er sei den traditionellen burgundischen Weg gegangen, er habe alles Wissen vom Vater und Großvater übernommen. Der Besucher schämt sich seiner Frage. Er hätte ahnen müssen, daß ein so ungestümes Temperament keine Minute lang die frisch gebohnerten Hörsäle und die trockene Theorie ertragen hätte. Noël Ramonet ist ein Aktivist, etwas Anarchisches würzt seinen Auftritt. Er geht nicht, er wirbelt. Und wenn er endlich den Anschein erweckt, jetzt werde er sich ganz der Sache widmen, verraten seine unruhigen Augen, daß seine Gedanken längst schon wieder geflüchtet sind. Noël Ramonet, der mit seinem Bruder Jean-Claude das elterliche Weingut in Chassagne-Montrachet führt, ist erfolgreich. Die Weine der Domaine Ramonet sind bekannt. Fünfundachtzig Prozent der Produktion werden exportiert, zum guten Teil nach Amerika. Die Zeitschrift „Gault & Millau" hat Noël 1990 zum Winzer des Jahres gewählt, in vielen großen Restaurants hat Ramonet einen festen Platz. Das Weingut, das Noëls Urgroßvater im vergangenen Jahrhundert gegründet hat, ist siebzehn Hektar groß. Sieben Hektar sind Premier Cru-Lagen, ein Hektar entfällt auf Grands Crus (Bâtard-Montrachet und Bienvenues-Bâtard-Montrachet). Der Rest wird für die Produktion der Village-Weine, der Rotweine und für den Anbau der Sorte Aligoté genutzt. Einige Hektar liegen immer brach; der Boden, sagt Noël Ramonet, müsse Zeit finden, sich auszuruhen und zu erholen. Sechzig- bis maximal fünfundsechzigtausend Flaschen werden jährlich gefüllt.

Drei Gründe sind es, die den hohen Standard der Ramonet-Weine garantieren: gute Lagen (vorwiegend in Chassagne-Montrachet), ein hoher Anteil alter Rebstöcke und die kompromißlose Qualitätspolitik im Weinberg und im Keller. Schonende und schnelle Verarbeitung der Trauben haben sich Noël und Jean-Claude zur Pflicht gemacht, technische Hilfsmittel werden nur sparsam eingesetzt. Die Trauben für die weißen Weine werden vor der Gärung vollständig entrappt, der Wein soll durch das Tannin aus den Stengeln nicht belastet werden. Die ersten beiden Tage der Fermentation verbringt der Most in Zementcuves, danach wird er in die kleinen Eichenfässer umgefüllt. In diesen pièces läuft die alkoholische Gärung nach einigen Tagen aus, der biologische Säureabbau, die malolaktische Gärung, schließt sich an. Kommerzielle Reinzuchthefe verwenden die Ramonets nicht. Zwölf bis fünfzehn Monate reift der junge Wein in den kleinen Fässern, dann wird er mit Bentonit und Kasein geschönt und leicht gefiltert. Die Rotweine werden – im Gegensatz zum Weißwein – vollständig in den Zementbottichen vergoren, wobei nur ein Teil der Trauben entrappt wird. Während der Fermentation wird die Temperatur der Maische ständig kontrolliert, sie soll – zum Schutz der Aromen – nicht über achtundzwanzig Grad steigen. Auch die Rotweine werden nach der Gärung zwölf bis fünfzehn Monate in den kleinen Eichenfässer ausgebaut, wobei für die roten wie für die weißen Weine die pièces jährlich zu einem Drittel erneuert werden. Die Weine aus der Domaine Ramonet sind fein und elegant, sie protzen nicht mit vorlauter Frucht, sie sind Burgunder der besten Art und Güte.

Domaine Ramonet, Chassagne-Montrachet (Côte de Beaune). Besitzer: Familie Ramonet (Domaine Ramonet S.E.C.), Weinbau und Kellerwirtschaft: Noël Ramonet/ Jean-Claude Ramonet, Marketing: Noël Ramonet

DER BAROCKE STIL ALS PRINZIP

Domaine Jean-Marc Morey, Chassagne-Montrachet (Côte de Beaune). Besitzer: Jean-Marc Morey

Jean-Marc Morey, Winzer und Weingutbesitzer in Chassagne-Montrachet, ist unübersehbar. Er ist kräftig und füllig, er hat Mühe, sein Temperament zu zügeln, er ist sympathisch und offen. Und die Weine? Sie sind sein Ebenbild – vor allem die weißen: Sie sind körperreich und rund, sie sind mollig und saftig, sie sind leicht zugänglich. Für die Person wie für die Sache gilt: Der barocke Stil wird als Prinzip gepflegt. Für Moreys Weinphilosophie hat der Vater Pate gestanden. Der Senior war mit den Amerikanern ins Geschäft gekommen. Die Weinfreunde in Übersee wollten Weine, die früh getrunken werden können. Vater Morey ging auf die Sache ein. Das Geschäft begann zu blühen, die Amerikaner waren begeistert. Der Stil Morey war geboren. Der Junior hat dieses Erbe übernommen – nicht aus Pietät, sondern aus Überzeugung. Er liebt diese Weine. Und vor allem sieht er keinen Sinn darin, die Jugend der Weine verstreichen zu lassen, ohne sich mit ihnen einzulassen. Allerdings, als Minderjährige sollte man sie nicht mißbrauchen. Auch Jean-Marc Moreys Weine erreichen ihr liebenswertes Alter erst nach vier oder fünf Jahren. Ihre barocke Fülle und frühe Reife gewinnen Moreys Weißweine auf einfache Weise: durch schnelle Verarbeitung. Der Most wird im Herbst zügig vergoren, der biologische Säureabbau (malolaktische Gärung) schließt sich unmittelbar an. Sollten zu niedrige Temperaturen im Keller die Fermentation und den Säureabbau bremsen, hilft Morey nach: Die Keller werden erwärmt – auf mindestens fünfzehn Grad. Bis zum September werden die jungen Weine in den pièces ausgebaut; dann werden sie leicht gefiltert (mit einem alten, schonend arbeitenden Gerät) und abgefüllt. Bei den Rotweinen orientiert sich Morey eher an der gebräuchlichen Methode. Der junge Wein bleibt ungefähr zwölf bis fünfzehn Tage auf der Maische stehen, die Trauben werden zuvor völlig entrappt. Achtzehn Monate lang werden die Rotweine in den kleinen Eichenfässern gelagert, wobei Morey – je nach Art und Güte des Jahrgangs – fünfzehn bis fünfundzwanzig Prozent der pièces jährlich erneuert. Die Rotweine sind kräftig und gut strukturiert, sie lassen den für den Rotwein aus Chassagne-Montrachet und Santenay typischen Tannin-Ton spüren. Ungefähr neun Hektar Rebfläche hat Morey unter Ertrag. Fünfundfünzig Prozent der Produktion entfallen auf Rotweine, der Rest auf die weißen. Die Rotweine stammen aus Weinbergen von Chassagne-Montrachet, den benachbarten Gemeinden Santenay und Saint-Aubin sowie aus Beaune. Der Weißwein wächst vor allem in derHeimatgemeinde. Überall hält Morey Anteile in guten Lagen, etwa in den Premiers Crus Les Grèves (Beaune) Grand Clos Rousseau (Santenay), Les Charmois (Saint-Aubin) sowie Les Caillerets, Champs-Gains und Clos Saint-Jean (Chassagne-Montrachet). Zwei Drittel der Produktion werden exportiert, wobei die Briten und Dänen an der Spitze der Exportskala stehen. Die Amerikaner, einst die großen Kunden, halten sich gegenwärtig stark zurück; den ehemals amerikanischen Anteil haben die Europäer übernommen. Morey stützt sich auf einen harten Kern treuer Kunden. Der Jahrgang 1990 war innerhalb von vier Woche verkauft, und für den Jahrgang 1991 liegen schon so viele Optionen vor, daß Morey wieder mit einem Blitzgeschäft rechnen kann.

Seine Weißweine sind mächtig, seine Rotweine sind kräftig: Jean-Marc Morey ist kein Freund der schlanken Linie. Er liebt es füllig, rund und saftig. Die Weine können verhältnismäßig früh getrunken werden, sie sind leicht zugänglich. Sein Vater hat den „Stil Morey“ geprägt, er entwickelt ihn liebevoll weiter

Bis vor wenigen Jahren noch waren sie kompromißlose Traditionalisten. Methode und Handwerk folgten der Überlieferung, der Wein war von klassischer Art. Dann erwachte die Neugier. René und Louis Lequin, die Brüder aus Santenay, begannen zu experimentieren. Sie wollten einen Rotwein produzieren, der unzweifelhaft burgundisch war, im Stil dennoch an neue Ideen erinnerte: Der Wein sollte früher trinkbar sein, er sollte weniger rustikal wirken. Tannin hieß das Reizwort. Nicht durch rüde, rauhe Gerbsäure sollte der junge Wein geprägt sein, sondern durch Harmonie, durch Reife in der Jugend. Wozu sich die beiden Lequins in der Methode entschlossen haben, gleicht im Prinzip einer Doppelschicht-Fermentation. Die Gärbottiche werden im unteren Teil mit Weintrauben gefüllt, deren Beeren nicht gequetscht, die unversehrt sind (raisins entiers). Der Most bleibt in der Beere gefangen, er vergärt innerhalb der Frucht. Auf diese Weise werden der Schale während der Gärung mehr Farbe und Aromen, aber weniger Gerbsäure entzogen. Die zweite, darüber liegende Schicht ist die eigentliche Maische: Die (entrappten) Trauben werden vor der Fermentation gedrückt, der Most rinnt aus, er vergärt außerhalb der Beeren. Während der acht- bis zehntägigen Fermentations- und Mazerationszeit wird die Maische einmal am Tag getreten und umgewälzt, wobei die Lequins streng darauf achten, daß sich die obere und untere Schicht in den Gärbottichen nicht miteinander vermischen. Erst nach dem Ende der Fermentation, wenn der Zucker vollständig in Alkohol und Kohlendioxyd umgewandelt worden ist, werden die beiden Schichten miteinander vermählt. Dann wird die Maische gepreßt und der junge Wein achtzehn Monate in den pièces gelagert. Das Ergebnis sind rote Burgunder, die weniger Tannin spüren lassen, die durch lebendige Fruchtigkeit auffallen. Allerdings, und darauf legen René und Louis Lequin großen Wert, sei „lebendige Fruchtigkeit" keinesfalls gleichbedeutend mit Beaujolais-Stil. Die Weine hätten trotz ihrer Frucht und ihrer jugendlichen Reife durchaus Charakter. Die beiden Winzer, die das Weingut in Santenay im Auftrag der Familie führen, sind mit ihrem Experiment zufrieden. Dennoch wird bisher nur ein Teil der Ernte

zu Weinen im neuen Stil verarbeitet. Bevor die Produktion forciert wird, soll geprüft werden, wie sich die Sache entwickelt, wie die Kunden des Hauses auf die neuen Weine reagieren. Die Domaine Lequin-Roussot besitzt fünfzehn Hektar Weinberge. Zwei Drittel davon liegen in der Gemeinde Santenay, der Rest verteilt sich auf Chassagne-Montrachet, Pommard, Aloxe-Corton und Nuits-Saint-Georges. Drei Rebsorten werden kultiviert: Pinot noir (rund neunzig Prozent), Chardonnay und Pinot blanc. In allen Qualitätsklassen ist die Domäne Lequin-Roussot präsent – von den einfachen Bourgogne AC b zu den Grands Crus. Wenn auc die Grands Crus Bâtard-Montra chet (weiß) und Corton (rot) da Angebot adeln, liegt der Schwe punkt des Hauses doch au den Premiers Crus in Santena (Les Passe-Temps, La Comme Clos Rousseau) und in Chassa gne-Montrachet (Morgeot). Hie demonstrieren die Lequins, wi sie das Ansehen der mehr a dreihundert Jahre alten Winzer familie bewahren, zu welche Leistungen sie fähig sind. Fü neunzigtausend Flaschen jähr lich reicht die Produktion, sechzi Prozent davon werden exportiert

DER FLIRT MIT DER REIFEN JUGEND

Domaine Lequin-Roussot, Santenay (Côte de Beaune). Besitzer: Familiengesellschaft, Weinbau: Louis Lequin, Vinifikation: René Lequin

Lange hatten sie an der Tradition streng festgehalten: Doch vor wenigen Jahren erwachte ihre Neugier. Seither experimentieren die beiden Brüder Louis und René mit einem neuen Stil: in der Art zwar burgundisch, doch früher reif und weniger tanninreich

WEINBAU ALS FAMILIENSTÜCK

Domaine Mestre Père et Fils, Santenay (Côte de Beaune). Besitzer: Familie Mestre, Senior-Chef: Philippe Mestre, Weinbau und Kellerwirtschaft: Gérard und Michel Mestre, Verwaltung und Finanzen: Gilbert Mestre

Zweimal in der Woche versammeln sie sich zu Beratungen. Jeder hat zwar seine Aufgabe, seinen Verantwortungsbereich, doch am Ende entscheiden sie gemeinsam. Sie arbeiten eng zusammen, selbst die Ehefrauen werden nach ihrer Meinung befragt. Philippe Mestre, der Vater, ist die Leitfigur der Domäne, der Primus inter pares. Seine Erfahrung wiegt schwer, die Familie respektiert sein Votum. Die Söhne versehen die tägliche Arbeit: Gérard und Michel kümmern sich um die Weinberge und um die Technik, Gilbert verwaltet und rechnet. Die Mestres in Santenay entstammen einer alten Winzerfamilie. Die Urahnen haben als Lohnarbeiter bei Weinbauern gearbeitet, die Ahnen haben den Grundbesitz begründet. Mit jeder Generation sind Weinberge hizugekommen, alle haben dazu beigetragen, den Besitz zu vergrößern. Heute gehören zum Weingut Mestre neunzehn Hektar, wovon sechzehn Hektar unter Ertrag stehen. Der größte Teil der Weinberge, rund dreizehn Hektar, liegt in der Weinbaugemeinde Santenay, am südlichen Zipfel der Côte d'Or. Der Rest verteilt sich auf den Nachbarort Chassagne-Montrachet sowie auf Aloxe-Corton und Ladoix, einige Kilometer nördlich von Beaune. Neunzig Prozent der Produktion sind Rotweine (Pinot noir), zehn Prozent entfallen auf den Chardonnay. In ihrer Heimatgemeinde Santenay bewirtschaften die Mestres vor allem Premiers Crus-Weinberge, wie Passe-Temps, Gravières und La Comme, in Aloxe-Corton erfreuen sie sich einer kleinen Parzelle Corton Grand Cru. Der Vater und die Söhne arbeiten nach einem strengen Konzept: Der Wein wird als Naturprodukt geachtet, in den Charakter wird nicht korrigierend eingegriffen. Das Besondere jedes Jahrgangs soll spürbar werden, ebenso die Unterschiede zwischen den einzelnen Lagen. Der Wein, fordert der Senior, müsse etwas Originäres, eine Persönlichkeit bleiben, sein Wesen dürfe nicht durch die Kellertechnik verfälscht werden. Aus diesem Grund werden die jungen Weine auch nur in Maßen den frischen Holzfässern ausgeliefert. Der fruchtige Geschmack des Weins wird geschützt, der Holzgeschmack soll die Aromen nicht überdecken. Das Tannin des Holzes müsse zwar präsent sein aber nicht überfallartig, sondern dezent. Für die Villages-Weine werden daher auch nur fünf bis zehn Prozent neue Fässer im Jahr verwendet, für die Premiers Crus allenfalls zwanzig bis dreißig Prozent. Achtzehn bis zwanzig Monate – je nach der Art des Jahrgangs und der Güte des Weins – reift der Rotwein im Faß, der weiße höchstens neun Monate. Nach dem Ausbau in den Fässern (pièces) wird der Wein geschönt und leicht gefiltert. Auch hier gehen die Mestres mit großer Vorsicht zu Werke. Nicht alle Weine der Domäne werden in eigener Regie gefüllt und als Flaschenware angeboten. Ein gutes Drittel der Produktion wird – nach altem burgundischen Brauch – in pièces an Handelshäuser veräußert. Ausgenommen davon sind die Weißweine und der Grand Cru Corton; diese Weine verlassen nur in der Flasche die Domäne in Santenay. Die Achtung vor der Natürlichkeit des Weins – im Hinblick auf die Herkunft und den Jahrgang – hat den Mestres viel Lob und Respekt eingetragen. Die Kunden halten der Domäne die Treue – einige Handelshäuser zählen schon seit vierzig Jahren zum festen Kundenstamm. Sie honorieren die kompromißlose Mestre-Kultur: die Pflege des originären Weingeschmacks.

Auf der Domaine Mestre in Santenay gilt ein strenger Grundsatz: Der Wein ist als Naturprodukt zu achten, in den Charakter darf nicht korrigierend eingegriffen werden. Die Unterschiede im Jahrgang und den Lagen müssen spürbar werden

Mestr
PR
santenay·chassagne·montra
12

re et Fils
VIGNERONS

EIN CHATEAU FÜR DREI

Sie fühlen sich als Individualisten. Jeder arbeitet für sich, jeder macht seinen eigenen Wein. Jean Girardin, der Vater, hat seine Weinberge an die Kinder verteilt – an die Söhne Jacques, Yves und Vincent sowie an die Tochter Anne-Marie. Die drei Söhne sind in Santenay-le-Haut geblieben, im elterlichen Betrieb; die Tochter geht ihre eigenen Wege, in Auxey-Duresses, einige Kilometer nördlich von Santenay. Jacques, Yves und Vincent Girardin haben das Handwerk vom Vater erlernt, Anne-Marie hat das Weinfach studiert, sie ist Önologin. Obwohl jeder beteuert, er arbeite nach eigenen Methoden, er höre auf die eigene Stimme, wird doch stets die Handschrift des Vaters deutlich. 1963 hatte Jean Girardin den Besitz in Santenay-le-Haut erworben. Der Hof war verwaist, die früheren Besitzer hatten die Weinberge nach der Reblauskatastrophe verkauft. Girardin brachte eigene Weinberge ein und baute Château de la Charrière wieder zu einem funktionstüchtigen Weingut aus. Die Wiederbelebung glückte rasch, die Weine der Girardins wurden unter einer eigenen Ursprungsbezeichnung angeboten, unter der Appellation Château de la Charrière. Der Weinbergbesitz der Familie ist inzwischen auf zwanzig Hektar gewachsen. Der größte Teil der Fläche ist mit Rotweinreben, mit Pinot noir, bestockt, nur fünfzehn Prozent sind für den Weißwein reserviert. Der Besitz konzentriert sich auf die Gemeinde Santenay; hinzu kommen einige Parzellen in Chassagne-Montrachet, in Savigny-les-Beaune und an den Hautes-Côtes de Beaune. Der Stolz der jungen Generation sind die Premiers Crus in Santenay, vor allem die Lagen Les Gravières, Le Passe-Temps und Beaurepaire. Stellvertretend für seine beiden Brüder skizziert Jacques Girardin die Grundzüge der Vinifikation: Die Rotweintrauben werden – schwächere Jahrgänge ausgenommen – grundsätzlich ohne Stengel vergoren, das Tannin soll die Frucht nicht überdecken, der Wein soll an Feinheit gewinnen. Die Gärtemperatur wird – aus denselben Gründen – auf fünfundzwanzig bis achtundzwanzig Grad begrenzt, der chapeau, der während der Gärung nach oben treibende Fruchtfleisch-Hut, wird regelmäßig mit dem Most übergossen und abends getaucht (mit den Füßen getreten). Ist die Fermentations- und Maischezeit beendet (nach zwölf bis fünfzehn Tagen), wird der junge Wein vorsichtig von der Maische gepreßt (mit horizontal arbeitenden Pressen) und zur ersten Reife in die kleinen Eichenfässer gefüllt. Ein Drittel der pièces wird in jedem Jahr erneuert. Fünfzehn bis sechzehn Monate reift der Wein in den Fässern, dann wird er mit Eiweiß geschönt, gefiltert und in die Flaschen gefüllt. Fünfzig Prozent der Produktion werden exportiert, vor allem nach England, in die Schweiz, in die Vereinigten Staaten, nach Japan und Deutschland. Die Weine der Girardins entsprechen – trotz kleiner Variationen – dem typischen Santenay-Stil. Sie sind solide, sie wirken zunächst verschlossen, sie sind – wie die burgundischen Winzer sagen – von leicht animalischer Art. Im Bukett erinnern sie an Früchte, an schwarze Johannisbeeren zum Beispiel, oder an Erdbeeren. Die Freunde des Hauses halten den Girardins seit Jahren die Treue. Und sie teilen mit ihnen die Freude, wenn Jahr für Jahr der Medaillensegen über Château de la Charrière niedergeht.

Domaine Girardin, Santenay-le-Haut (Côte de Beaune). Besitzer: Familie Jean Girardin

Jeder arbeitet für sich, jeder macht seinen eigenen Wein – Jacques, Yves und Vincent Girardin. Doch im Ergebnis finden sie zusammen: Ihre Weine sind eine Hommage an den soliden Santenay-Stil

Nicht jeder Weinfreund mag sich mit ihm einlassen. Er gilt als Leichtgewicht – als ein Wein, der die Winzer vor allem mit ergiebigen Erträgen erfreut. Seine Frucht und Frische, sein jugendliches Temperament werden zwar gelobt, doch so richtig ernst nehmen wollen ihn nur wenige. Der Aligoté ist eine alte französische Weißweinsorte. Wahrscheinlich stammt er von der Loire, wo er aber nicht mehr angepflanzt wird. In Burgund fühlt er sich seit langem heimisch – vor allem in den kleinen Gemeinden Pernand-Vergelesses, wenige Kilometer nördlich von Beaune, und in Bouzeron, im Norden der Côte Chalonnaise. Hier bringt er es auf Qualitäten, die durchaus zufriedenstellen können. Aubert de Villaine, Weingutsbesitzer in Bouzeron, hat für den Aligoté gekämpft. Er war davon überzeugt, daß dieser Wein unter Wert gehandelt wird, daß sein Qualitätspotential besser ist als sein Ruf. 1973 hatte er in Bouzeron als Winzer begonnen. Die Domäne, die er 1973 gekauft hatte, war völlig abgewirtschaftet; die Weinstöcke, die übriggeblieben waren, reichten für einen ordentlichen Weinbaubetrieb nicht aus. De Villaine baute wieder auf, erweiterte die Rebfläche und versuchte von der ersten Stunde an, eine neue Aligoté-Qualität zu finden. Die Einheimischen beobachteten die Aktivitäten des Neulings mit distanzierter Neugier; sie wollten an eine Aufwertung ihres rustikalen Aligotés nicht so recht glauben. Dennoch fand de Villaine, der zuvor politische Wissenschaften studiert hatte, Gesinnungsgenossen. Und nach fünf harten Jahren war der Kampf gewonnen: Bouzeron wurde 1979 durch Gesetz als einziger Gemeinde von Burgund das Recht der kommunalen Aligoté-Appellation zugestanden. Während alle übrigen auf das Etikett nur Bourgogne Aligoté A. C. schreiben dürfen (unabhängig davon, aus welcher Burgunder-Gemeinde der Wein stammt), können die Winzer von Bouzeron den Ortsnamen ausdrücklich nennen. Das Geheimnis der guten Qualität ist so geheim nicht: Es liegt in der Beschränkung der

Menge. Während generell für den Aligoté maximal sechzig Hektoliter je Hektar zugelassen sind, dürfen inBouzeron nur noch fünfundfünfzig Hektoliter geerntet werden. Außerdem muß der Bouzeron-Aligoté ausschließlich aus Aligoté-Trauben gekeltert werden, er darf nicht – wie der Bourgogne Aligoté A. C. mit Chardonnay vermischt werden. Obwohl der Name Villaine häufig mit Aligoté gleichgesetzt wird, erschöpft sich Aubert de Villaines Angebot nicht in dieser Spezialität. Nur gut die Hälfte seiner Rebfläche von zwanzig Hektar ist mit Aligoté-Rebstöcken bestockt. Auf den übrigen Parzelle wachsen Chardonnay und Pin noir, die seit 1990 als Bourgogr Côte Chalonnaise bezeichn werden dürfen – wenn sie eine be sondere Qualitätsprüfung beste hen. Anderenfalls müssen sie wi früher schlicht als Bourgogne A C. deklariert werden. Aubert d Villaine arbeitet nach streng tr ditionellen Methoden. Die Hanc arbeit überwiegt, die Techni wird nur bemüht, wenn sicher is daß die technischen Hilfsmitte der Sache dienen. Die Liebe zu Tradition ist vermutlich auch de Grund dafür, daß sich de Villain nicht auf die Weisheit der moder nen Berufsönologen verläßt. E konsultiert einen Önologen zwa macht am Ende aber doch alle selbst – mit großem Erfolg. Di Weine, die Villaine anbietet, sin ein Abbild seiner Persönlichkeit Sie sind fein, sie sind kulti viert. Und wenn es auch ererb ist: Aubert de Villaine gehört di Hälfte des berühmten Weingut Domaine de la Romanée-Cont

EIN HERZ FÜR DEN ALIGOTE

Domaine A. & P. de Villaine Bouzeron (Côte Chalonnaise). Besitzer: Aubert und Pamela de Villaine. Direktor und Kellerchef: Aubert de Villaine

Harmonie und Feinheit – Pamela und Aubert de Villaine sind ein Ebenbild ihres Lebenswerks: Der Aligoté, die oft geschmähte Rebsorte, hat es ihnen angetan; sie haben den Wein hoffähig gemacht. Doch auch der Chardonnay und der Pinot noir fühlen sich in ihrer Obhut wohl

Seite 152

In Bouzeron findet der Aligoté ideale Wachstumsbedingungen: Nur hier darf der Wein als kommunale Appellation, mit der Angabe des Ortsnamens, deklariert werden

Viele hatten das Land- und Winzerleben aufgegeben. Sie sahen keine Zukunft in den Dörfern, sie arbeiteten in der Stadt. Jean-François Delorme war geblieben. Zusammen mit einer handvoll Gleichgesinnter kämpfte er für die Renaissance der Côte Chalonnaise, die vom Handel und den offiziellen Weinbürokraten nahezu ignoriert wurde. Die Tradition des Weinbaugebietes war erschüttet, die Region zwischen dem Beaujolais und Mâconnais im Süden und der Côte d'Or im Norden stand im Schatten der bekannten burgundischen Nachbarn. Das Desinteresse der Weinbauern an der Produktion hochwertiger Weine verschärfte die Lage noch; die meisten Winzer gaben sich mit einfachen Qualitäten zufrieden, die sie in großen Mengen ernteten. All das hat sich inzwischen geändert. Die Côte Chalonnaise ist in die Oberliga der französischen Weine zurückgekehrt, die Region wird als eigenständige Qualitäts-Weinbauzone anerkannt. Die Kämpfer sind zufrieden, ihre Prognosen haben sich bestätigt: Eine Region, die von der Natur so verwöhnt ist wie die Côte Chalonnaise, wird früher oder später wiedererstehen. Jean-François Delorme ist das Inbild dieser Renaissance. Als er sich vor fast vierzig Jahren am elterlichen Betrieb beteiligte, war der Name Delorme von allenfalls regionaler Bedeutung. Sein Vater André, der das Unternehmen 1942 gegründet hatte, produzierte schäumende Weine – in kleinen Mengen, nur dreißigtausend Flaschen jährlich. Jetzt, da der Aufstieg geglückt ist, verlassen jährlich neunhunderttausend Flaschen das Haus – Crémant und Wein. Der Name Delorme ist weithin bekannt, Jahr für Jahr wird das Unternehmen mit Medaillen und Preisen geehrt. Jean-François, Diplom-Önologe der Schule von Dijon, hatte früh erkannt, daß mit der Produktion des schäumenden Weins nicht alle Möglichkeiten ausgeschöpft waren. Er war in eine Weinbauregion hineingeboren worden, also wollte er sein Glück nicht nur als Schaumweinproduzent, sondern auch als Winzer versuchen. Er kaufte Weinberge. Daß der Markt dem Wein von der Côte Chalonnaise damals nicht wohlgesonnen war, erschwerte die Sache, erschütterte aber nicht seinen Glauben an das Qualitäts-Potential der Region. Er forcierte den Weinbau in gleicher Weise wie die Produktion des Crémants (nach der klassischen Flaschengär-Methode). Die Domaine de la Renarde, das Weinrefugium Delormes, bewirtschaftet heute fast siebzig Hektar. Die Weinberge liegen in allen bekannten Gemeinden des Gebietes – in Rully und Mercurey vor allem, aber auch in Givry, Bouzeron und Montagny. Die Rot- und Weißweine halten sich mit jeweils fünfzig Prozent die Waage. Im Stil seiner Weine orientiert sich Delorme an den Erfordernissen der Neuzeit, ohne sich von Modernismen abhängig zu machen. Die Weißweine erfreuen mit frischen Akzenten, sie sind aromatisch, reintönig und lebendig, sie erinnern nur in Spuren – in angenehmer Art – daran, daß sie zum Teil in den kleinen Eichenfässern, in pièces, ausgebaut werden. Die Rotweine sind rund und harmonisch, sie demonstrieren die gelungene Synthese zwischen Tradition und neuer Önologie. Sie können gut altern, obwohl sie schon verhältnismäßig früh trinkreif sind. Jean-François Delorme, seit vielen Jahren der Bürgermeister seiner Heimatgemeinde Rully, kann sich auf einen treuen Kundenstamm stützen.

IM DIENSTE DER GEMEINSAMEN SACHE

Domaine de la Renarde, Rully (Côte Chalonnaise). Besitzer: Jean-François Delorme, Weinbau, Önologie und Direktion: Jean-François Delorme

Jean-François Delorme, Bürgermeister von Rully, hat nicht nur Marktanteile, nicht nur das Wohl seines Unternehmens im Sinn: Er kämpft vor allem für die Renaissance der Côte Chalonnaise – mit wachsendem Erfolg

Das Weinhaus
Rodet zählt zu den Großen
in Burgund: Von
Mercurey aus, dem Sitz des
Unternehmens, werden
die Domänen Château de
Chamirey, Château
de Rully, Domaine Jacques
Prieur und Domaine
Rodet betreut

Die Palette ist beachtlich. Mit allem, was in Burgund möglich ist, hat sich das Weinhaus Antonin Rodet angefreundet: mit der Côte de Nuits und der Côte de Beaune, mit der Côte Chalonnaise und dem Mâconnais, mit Chablis und dem Beaujolais. Jedem Weinfreund reicht das Unternehmen die Hand – den Liebhabern der Grand Cru-Luxusklasse ebenso wie den Konsumenten, die von den Marketingexperten in die Kategorie „Intensivverwender“ eingereiht werden. Sechs bis acht Millionen Flaschen werden jährlich verkauft, ein gut Teil davon nimmt den Weg über die Grenze: nach Großbritannien und Kanada vor allem, nach Deutschland und Japan, zu internationalen Luftfahrtgesellschaften. Knapp ein Zehntel des Angebotes stammt aus eigener Produktion. Vier Domänen tragen dazu bei, hundertfünfzig Hektar Weinberge stehen unter Ertrag. Das Prestigeobjekt ist die Domaine Jacques Prieur in Meursault, an der sich das Haus Rodet 1988 mit fünfzig Prozent beteiligt hat. Fünfzehn Hektar werden hier bewirtschaftet, alle Rebstöcke stehen in Grands Crus- oder Premiers Crus-Parzellen – an der Côte de Nuits und der Côte de Beaune. Chambertin und Musigny gehören dazu, Clos-de-Vougeot, Montrachet und Chevalier-Montrachet. Zwei Drittel der Rebfläche sind mit Pinot noir bepflanzt, der Rest mit Chardonnay. Die größte Domäne des Unternehmens, die Domaine Rodet, liegt einige Kilometer südwestlich, in der Nähe von Savigny. Dieses Weingut mit einer Rebfläche von fünfundsiebzig Hektar hat sich auf die roten und weißen Weine der Hautes Côtes de Beaune spezialisiert. Die Rebstöcke wachsen auf zweihundertfünfzig bis dreihundertzwanzig Metern Höhe – im Hinterland, westlich der bekannten Gemeinden an der Côte de Beaune. In der Chalonnaise-Region, der Heimat des Weinhauses Rodet, haben die übrigen beiden Domänen ihren Sitz: Château de Rully und Château de Chamirey. Das Gut in Rully hat Rodet gepachtet, hier wird vor allem die Rebsorte Chardonnay gepflegt. Knapp fünfundzwanzig Hektar sind gegenwärtig bepflanzt, vierzig Hektar sollen es in wenigen Jahren sein. Das Erbstück der Familie ist die Domaine du Château de Chamirey in Mercurey. Hier stehen fünfunddreißig Hektar unter Ertrag, wovon zwei Drittel der Rotwein- und ein Drittel der Weißweinproduktion (Chardonnay) dienen. Alle vier Domänen arbeiten nach denselben Grundsätzen und Methoden, suchen nach einem einheitlichen, soliden Stil. Der Respekt vor dem Boden gilt als Imperativ, die Bewahrung des Rebsorten-Typs als Prinzip. Der Wein soll von mittlerer bis längerer Haltbarkeit sein, er soll sich durch eine gute Struktur und eine ausgewogene Tannin-Frucht-Balance auszeichnen. Bertrand Devillard, der Generaldirektor des Hauses, und Nadine Gublin, die Önologin, wachen darüber, daß die Tradition gewahrt wird, daß die alten Tugenden weiter gepflegt werden. Der Name Burgund wird als Verpflichtung, die Weinproduktion als Passion verstanden. So ist es vermutlich auch kein Zufall, daß der heutige Mehrheitsgesellschafter des Hauses Antonin Rodet ein Unternehmen ist, das mit der gleichen Leidenschaft für die Weinkultur kämpft: das Champagnerhaus Laurent-Perrier in Tours-sur-Marne. Laurent Perrier ist mit zwei Dritteln am Weinhaus Antonin Rodet beteiligt, mit einem Drittel Christiane Devillard, die Ehefrau des Generaldirektors und Erbin der Domaine du Château de Chamirey in Mercurey.

Maison Antonin Rodet, Mercurey (Côte Chalonnaise). Besitzer: Champagnerhaus Laurent-Perrier / Christiane Devillard, Président Directeur Général: Bertrand Devillard, Önologin: Nadine Gublin

Seite 158
Unweit der Domaine de la Renarde, des Weingutes Jean-François Delormes, liegt das mittelalterliche Château de Rully: Die zweiundzwanzig Hektar Weinberge, die hier bepflanzt sind, werden seit 1986 vom Weinhaus Antonin Rodet bewirtschaftet

BURGUNDER ALS PASSION

Seite 160
Fünfunddreißig Hektar Weinberge gehören zum Château de Chamirey: Ein guter Teil davon sind Premiers Crus-Parzellen – unter anderem Le Clos du Roi, Le Clos L'Evêque und La Mission

Schon vor sechshundert Jahren haben die Juillots in Mercurey Wein angebaut: Heute bewirtschaftet Michel Juillot zusammen mit seiner Familie sechsundzwanzig Hektar – eine für Burgund respektable Größe

Seite 164

Die Rotweine der Domaine Juillot betören durch ländlichen Charme: Sie sind gut haltbar, sie können ein respektables Alter erreichen

Sein Temperament und sein Tatendrang sind bemerkenswert. Er ist ein talentierter Winzer, er ist ein geschäftstüchtiger Unternehmer. Schon als Zehnjähriger, berichtet Michel Juillot, habe er sich mit dem Wein beschäftigt. Er liebt den Rebstock, er verehrt die heimatliche Erde, er schwärmt von den sanften Hügeln der Côte Chalonnaise. Den Bund mit dem Weinbau hat die Familie vor sechshundert Jahren geschlossen. Schon 1404 haben die Juillots Reben in Mercurey kultiviert – in jener kleinen Weinbaugemeinde unweit der Côte de Beaune, die ihren Namen Merkur, dem Gott des Handels, verdankt. Juillot hat nach Kräften gemehrt, was die Vorfahren hinterlassen haben. Sein Großvater sei der erste gewesen, der für die Weine der Domäne ausgezeichnet worden sei; inzwischen kann sich die Familie über eine ganze Sammlung von Goldmedaillen freuen. Die Hälfte der Produktion von hundertachtzigtausend Flaschen wird exportiert. Die Weine Juillots symbolisieren den Typ der Region, der Appellation Mercurey: Die Weine besitzen Körper und Bukett, sie sind kräftig und nachhaltig, sie locken durch ländlichen Charme. Obwohl sie im allgemeinen gut altern können, sind sie zuweilen nach zwei, drei Jahren schon gut entwickelt. Und daß sie an die Rotweine der Côte de Beaune erinnern, ist kein Zufall. Denn in den natürlichen Voraussetzungen (Boden und Klima) ist Mercurey der benachbarten Region im Norden verwandt. Sechsundzwanzig Hektar Weinberge stehen der Domäne heute zur Verfügung. Der größte Teil des Besitzes, etwa dreiundzwanzig Hektar, liegt in der Appellation Mercurey. Er verteilt sich zum guten Teil auf Premiers Crus-Parzellen, auf Clos des Barraults zum Beispiel, auf Clos du Roi, auf Clos l'Evêque und Clos Tonnerre (in l'Evêque und in Tonnerre ist Juillot Monopolist). Die übrigen drei Hektar des Besitzes werden an der Côte de Beaune bewirtschaftet, und zwar in den beiden Grands Crus-Lagen Corton und Corton-Charlemagne. Die meisten Weine, die Juillot produziert, sind Rotweine; auf die weißen entfällt nur ein Anteil von durchschnittlich dreißigtausend Flaschen (knapp fünftausend davon sind Corton-Charlemagne). Der Rotwein wird in offenen emaillierten cuves vergoren, die Trauben werden vorher vollständig entrappt. Relativ lang steht der junge Wein auf der Maische: zwölf bis zwanzig Tage. Die Lagerzeit in den Holzfässern erreicht zwölf bis achtzehn Monate – je nach Jahrgang. Vor der Füllung werden die Partien in großen Holzcuves miteinander vermählt. Den Weißweinmost läßt Juillot in pièces vergären, manchmal auch in geschlossenen foudres (in diesen Gebinden findet auch die malolaktische Gärung, der biologische Säureabbau, statt). Die Reifezeit im Holz beträgt im allgemeinen sechs Monate; zwanzig Prozent der pièces sind jeweils neu. Die Weißweine werden vor der Abfüllung gefiltert – im Gegensatz zu den roten, denen der Filter in manchen Jahren erspart bleibt. Seinen kommerziellen Kunden bietet Michel Juillot einen besonderen Service: Er hält ältere Jahrgänge auf Lager, die Gastronomen und Händler bei Bedarf abrufen können. Für den Fortbestand der Winzerdynastie Juillot hat das Familienoberhaupt gut vorgesorgt. Michel Juillot hat drei Töchter und einen Sohn; sie alle sind in die Sache Wein verstrickt: Der Sohn ist Önologe, zwei Töchter besitzen schon eigene Weingüter.

Domaine Michel Juillot, Mercurey (Côte Chalonnaise). Besitzer: Michel Juillot, Kellerwirtschaft: Michel Juillot/Laurent Juillot

WEINBAU SEIT SECHSHUNDERT JAHREN

Seine Mätresse, „la belle Gabrielle", habe dem Konkurrenten gehuldigt, dem Wein von Mercurey. Doch der König – der König habe den Wein von Givry verehrt. Heinrich IV., berichten noch immer die Wein-Heimatforscher der Gemeinde voll Stolz, sei in den Givry geradezu verliebt gewesen. Er habe den Wein in solchen Mengen getrunken, daß ihn die Händler steuer- und zollfrei nach Paris liefern durften. Vielleicht ist es so gewesen, vielleicht auch nicht. Die Winzer von Givry an der Côte Chalonnaise könnten die Sache auf sich beruhen lassen; sie sind auf die Story nicht angewiesen. Seit dem sechsten Jahrhundert ist der Wein von Givry bekannt, seit dem Mittelalter ist er die Quelle des Reichtums. Viele geistliche und weltliche Herrscher – bis hin zu Ludwig XIV. – hatten mit dem Givry Freundschaft geschlossen. Das hat sich nun geändert. Um den Wein von Givry ist es stiller geworden, die noble Weinwelt flirtet mit der Konkurrenz im Norden, mit den Weinen der Côte d'Or, aber auch mit dem alten Rivalen, dem Wein von Mercurey. Der Weinhandel hat die kleine Stadt verlassen, Winzer verkaufen Weinberge an Grundstücksmakler. Aber es gibt Standhafte – Produzenten, die noch an die Zukunft von Givry glauben. Jacques Bordeaux-Montrieux gehört dazu. Der stille, sympathische Mann führt mit Liebe und Geschick einen Familienbetrieb, den seine Vorfahren vor hundertfünfzig Jahren gegründet haben: die Domaine Thénard. Diese Domäne ist mit rund zwanzig Hektar Givry-Weinbergen der bedeutendste Besitzer dieser Appellation, die Reben sind auf die Premiers Crus-Lagen Clos Saint-Pierre, Cellier aux Moines und Bois-Chevaux verteilt. Aber nicht nur in Givry pflegt Bordeaux-Montrieux den Rebstock, zur Domäne gehören auch einige Parzellen im berühmten burgundischen Norden – in den Grands Crus-Lagen Corton Clos-du-Roi, Montrachet und Grands-Echézeaux sowie in den Premiers Crus-Parzellen Ile des Vergelesses. Bordeaux-Montrieux, der Regisseur und gute Geist der Domäne, arbeitet nach

EIN REFUGIUM FÜR DEN GIVRY

Jacques Bordeaux-Montrieux, der Regisseur der Domaine Thénard, pflegt den alten Familienbesitz mit Liebe und Geschick: Obwohl der Name Givry etwas an Glanz eingebüßt hat, glaubt er fest an die Zukunft dieses Weins

Domaine Thénard, Givry (Côte Chalonnaise). Besitzer: Familiengesellschaft, Regisseur: Jacques Bordeaux-Montrieux, Kellermeister: Michel Janin

traditionellen Methoden. Das Handwerkliche dominiert, die moderne Technik findet nur dort Einlaß, wo es unumgänglich scheint. Der Wein kommt nur mit Holzfässern in Berührung; Zement- oder Stahltanks werden auch zur Gärung nicht verwendet. Denn der Wein, meint Bordeaux-Montrieux, fühle sich im Holz wohler. Die Rotweine werden in cuves bei etwa dreißig Grad Celsius vergoren (zum Teil mit Stengeln), der weiße Montrachet in den pièces, den kleinen Burgunderfässern. Nach der Gärung und der Maischezeit (rund zehn Tage) reift der junge Rotwein für knapp drei Monate in großen Fässern aus österreichischer Eiche, die Bierfässern nachempfunden sind, danach in den pièces. Für die Rotweine von Givry benutzt Bordeaux-Montrieux nur wenig neue Fässer, die pièces für den Corton und den Grands Echézeaux werden jährlich zur Hälfte erneuert. Nach einem Jahr werden die Weine gefüllt. Auch die Weißweine reifen ungefähr ein Jahr im Faß, wobei die kleinen Fässer für den Montrachet jährlich zur Hälfte ausgewechselt werden. Die Weine aus der Domaine Thénard sind sehr reintönig und sauber, sie sind lagen- und jahrgangstypisch, sie sind elegant und von guter Struktur. Selbst der geschmeidige Givry, der die Überlegenheit seiner berühmten Geschwister von der Côte de Nuits und der Côte de Beaune anerkennen muß, ist ein Wein von bemerkenswerter Qualität und Art.

Die Weine der Domaine Thénard: Sie sind außergewöhnlich reintönig und sauber, sie sind lagen- und jahrgangstypisch, sie sind fein und elegant

Wo der Norden in den Süden übergeht, wo die flachen Dächer schon die Provence ahnen lassen, wo die Trauben schneller reifen, erstrahlt das Weinland Burgund noch einmal in voller Pracht: in der Heimat des Pouilly-Fuissé. Die Region ist klein. Nur siebenhundert Hektar haben das Recht auf diese Appellation, fünf kleine Dörfer teilen sich den Ruhm: Fuissé, Pouilly, Solutré, Vergisson und Chaintré. Die Reben, nur Chardonnay, wachsen auf kalkreichen Böden – auf zweihundertfünfzig bis dreihundert Metern Höhe, in einer sanften Hügellandschaft, die von den markanten Felsen in Solutré und Vergisson gekrönt wird. Der Wein genießt hohes Ansehen, er kann – wenn er mit Kennerschaft gemacht ist – olympisches Format erreichen. Viel wird ihm angedichtet, Erstaunliches zugeschrieben. Er erinnere an Honig und Aprikosen, an Vanille und exotische Früchte, an Nüsse und Mandeln, an Veilchen und Bananen. Was der eine oder andere auch immer entdecken mag, in einem Punkt sind sich die Winzer einig: Der Pouilly-Fuissé ist ein wunderbarer Wein, man verkauft ihn nicht, man trennt sich von ihm mit Wehmut. Jean-Jacques Vincent, dem Oberhaupt des Familienbetriebs Château de Fuissé, geht es nicht anders. Was er zum Verkauf freigibt, sind Weine der Extraklasse. Fünfundachtzig Prozent der Produktion gehen den Weg ins Ausland, das Château de Fuissé ist das Aushängeschild der Region, fast schon ein Denkmal. Geheimnisse allerdings verwaltet Vincent nicht. Der Agraringenieur und Önologe arbeitet mit offenen Karten: Man muß ein ausgewogenes Verhältnis zwischen neuer Technik und traditionellen Methoden suchen, man muß die Originalität des Produktes achten, man darf den Weinstock nicht überfordern. Statt der erlaubten fünfzig Hektoliter je Hektar erntet er im Durchschnitt deshalb nur vierzig bis fünfundvierzig Hektoliter. Da für die Appellation Pouilly-Fuissé – anders als an der Côte

d'Or oder in Chablis – offiziell keine Grands Crus und Premiers Crus vorgesehen sind, hat Vincent eine betriebsinterne Hierarchie für seine Pouilly-Fuissé-Weine eingeführt, und zwar gestaffelt nach dem Alter der Weinstöcke. Was die jungen Rebstöcke, Pflanzen bis zum Alter von fünfzehn Jahren, produzieren, wird nicht unter dem Etikett Château de Fuissé verkauft. Diese Wein müssen sich mit der Bezeichnun Pouilly-Fuissé Cuvée Premièr begnügen. Sie sollten innerhal von fünf Jahren getrunken we den. Eine Stufe höher stehen di Weine, die von älteren Reb stöcken gewonnen werden. Dies werden als Schloß-Weine angebo ten, unter dem Namen Château Sie können sechs bis zehn Jahr alt werden. An der Spitze des Pou illy-Fuissé-Sortiments finden sic dann die Senioren – die Wein von Rebstöcken, die zwanzig bi sechzig Jahre alt sind. Sie trage auf dem Etikett den Zusat Château Fuissé Vieilles Vignes Die Château-Weine werden i kleinen Eichenfässern, den pièces vergoren und ausgebaut, wobe Vincent jährlich ein Fünftel de Fässer erneuert. Dreißig Hekta Rebfläche stehen Château Fuiss zur Verfügung (davon zweiund zwanzig in der Spitzen-Appellati on Pouilly-Fuissé), zweihundert tausend Flaschen liefert Jean Jacques Vincent jährlich aus.

FAST SCHON EIN DENKMAL

Château de Fuissé, Fuissé (Mâconnais). Besitzer: Familiengesellschaft (Vincent), Weinbau, Kellerwirtschaft und Verwaltung: Jean-Jacques Vincent, Kellermeister: Eric Vieux

Château de Fuissé ist eine Institution – ein Refugium für den Pouilly-Fuissé der Spitzenklasse: Jean-Jacques Vincent, der Besitzer und Regisseur des alten (musealen) Châteaus, trennt sich von seinem Wein nur mit Wehmut

Seite 172

Fuissé, eingebettet in eine Mulde von Weinbergen, verheißt Besonderes: einen weißen Wein, der zum Besten zählt, was auf französischem Boden wächst. Bis ins Dorf, bis an den Kirchhof reichen die Weinberge heran

DER PRÄSIDENT DES CRU FLEURIE

Die Kenner schwärmen. Fleurie ist nicht Beaujolais, Fleurie ist mehr: ein Wein besonderer Art. In der Tat, dieser Cru aus dem Norden des Beaujolais nährt und stützt das Ansehen der Region. Er ist charmant und elegant, seine rote Farbe leuchtet, sein Duft betört. Und er trägt seinen Namen zu Recht. Er erinnert an Blumen – oft an Veilchen und Maiglöckchen, an die ersten Blüten des Frühlings. Gemeinsam mit dem Moulin-à-Vent, dem benachbarten cru, bildet er ein stolzes Paar. Der Fleurie ist der anmutige, der weibliche Partner, der Moulin-à-Vent der kraftvolle, der männliche. Im Reigen der zehn crus des Beaujolais, der besonderen Gemeinde-Bezirksappellationen, spielen beide die Rolle des primus inter pares. André Métrat, Winzer und Präsident des Cru Fleurie, weiß, was er dem großen Namen schuldig ist. Er ficht energisch für die Interessen seiner Kollegen und für den guten Ruf des Weins; und er geht mit gutem Beispiel voran. Sein Wein ist von makelloser Qualität, sein Fleurie bietet alles, was der Weinfreund von einem Beaujolais der Sonderklasse erwartet: Er hat Struktur und Stoff, er ist reich an Aromen, er ruht auf reifen Tanninen, er ist süffig und rund. Erfolgsgeheimnisse hat Métrat nicht, er hält sich schlicht an die alten Regeln. Er beschränkt die Ernte je Hektar auf achtundvierzig bis dreiundfünfzig Hektoliter (erlaubt sind – einschließlich des jährlichen Zuschlags – knapp achtundfünfzig Hektoliter), seine Weinstöcke stehen auf guten (Granit-)Böden, die Weinstöcke sind im reifen Alter, die Hälfte ist mehr als sechzig Jahre alt. Seit 1860 sind die Métrats als Winzer in Fleurie aktiv, doch erst seit fünfundzwanzig Jahren gehören jene Weinbergsparzellen zur Domäne, die als Garanten für hohe Qualitäten gelten: gut vier Hektar aus der bekannten Flur La Roilette, die 1936 von Moulin-à-Vent abgetrennt und Fleurie zugeschlagen worden ist. Es sind aber nicht nur die natürlichen Voraussetzungen und die selbstgewählte Beschränkung in der Produktion, die Métrats Weine zu bemerkenswerten Qualitätserzeugnissen machen. Auch die Sorgfalt und die Geduld, die bei der Verarbeitung der Trauben spürbar werden, fördern den Erfolg. Für die Mazeration und die erste Phase der Fermentation (die Beeren werden vorher nicht zerquetscht) verwendet Métrat offene Gärbottiche, die oben mit einem Metallgitter, einem Grill, abgedeckt sind. Dieses Gitter, das auf dem Chapeau schwimmt, dem Maische-Hut, soll verhindern, daß der Hut vom frei werdenden Kohlendioxyd an die Oberfläche gedrückt wird, den Kontakt zum Most verliert und austrocknet (durch das Eigengewicht der Trauben platzt ein Teil der Beeren auf; Saft tritt aus, die Fermentation beginnt). Der Maische-Hut wird also ständig feucht gehalten – zugunsten einer besseren Aroma-, Farb- und Tanninausbeute. Verstärkt wird dieser Effekt durch die Remontage; der gärende Most wird einmal am Tag vom Boden des Gärbottichs abgezogen und von oben über den Hut gepumpt. Die Gärtemperatur wird ständig kontrolliert; sie wird bei dreißig bis zweiunddreißig Grad Celsius gebremst. Acht bis zehn Tage dauert die Mazeration, dann wird die Maische gepreßt. Der Preßwein wird mit dem Tropfwein, der zuvor abläuft, vermischt und in die cuves zurückgepumpt. Dort läuft dann die Gärung aus. Ein Teil des Weins, etwa ein Zehntel, wird separat in pièces ausgebaut und später – einige Wochen vor dem Filtern und der Abfüllung – mit dem Wein aus den cuves vermählt. Die Menge, die André Métrat anbieten kann, hält mit der Nachfrage meist nicht Schritt. Allenfalls zehn- bis fünfzehntausend Flaschen stehen jährlich zur Verfügung. Deutschland ist der wichtigste Auslandsmarkt für den sympathischen Winzer von Fleurie, der den Beifall seiner Kunden genießt.

Domaine André Métrat, Fleurie (Beaujolais). Besitzer: André Métrat, Weinbau und Kellerwirtschaft: André Métrat

André Métrat, der Besitzer der gleichnamigen Domäne in Fleurie, keltert einen bemerkenswerten Beaujolais: einen süffigen, runden Wein – reich an Aromen

Moulin-à-Vent – die Weine, die Helene Flornoy und Jean-Pierre Bloud ihren Kunden liefern, sind ein getreues Abbild, eine Steigerung dieser Appellation: In ihrer Tiefe und Fülle haben sie kaum Konkurrenz zu fürchten

IM ZEICHEN DER ALTEN MÜHLE

Manche Weinfreunde fühlen sich an Burgund erinnert. Die dunkle Farbe des Moulin-à-Vent, sein komplexes Bukett, sein markanter Geschmack lassen eher an die Côte d'Or denn an Beaujolais denken. Auch sein Alterungspotential, seine Haltbarkeit weisen ihn als Sonderfall unter den Weinen des Beaujolais-Gebietes aus. Die guten Weine bleiben fünf bis zehn Jahre stabil, ohne an Reiz und Güte zu verlieren. Die Sonderstellung unter den zehn crus des Beaujolais verdankt der Moulin-à-Vent vermutlich einer Besonderheit in der Bodenzusammensetzung (die Weinberge liegen jeweils zur Hälfte in den Gemeinden Romanèche-Thorins und Chénas). Der Untergrund ähnelt in seiner Grundstruktur zwar den übrigen crus des Beaujolais – die Reben wachsen auf einer Verwitterungsschicht über hartem Granitgestein. Doch ist hier der Boden mit Mangan angereichert. Und dieses Metall, meinen die Winzer und Wissenschaftler, sei das Geheimnis für die seidige Fülle, die Rasse und die Haltbarkeit des Moulin-à-Vent. Helene Flornoy und Jean-Pierre Bloud, Schwester und Bruder, wuchern mit dem natürlichen Geschenk. Ihre Weine sind perfekt; sie sind ein getreues Abbild der Appellation, eine Steigerung des Moulin-à-Vent. An Tiefe und Fülle kommt ihnen kaum ein Konkurrent der Region nahe, an Lebensfähigkeit sind sie im Beaujolais-Gebiet konkurrenzlos. Vier Jahre brauchen die Weine mindestens, bis sie ihren Charakter und ihre Qualität voll offenbaren, zehn Jahre und mehr bleiben sie in guter Form. Château du Moulin-à-Vent zählt zu den großen Domänen der Region. Dreißig Hektar stehen den beiden Besitzern zur Verfügung; die Weinberge liegen – auf eine Vielzahl von Parzellen verteilt – in der besten Zone der Appellation: auf einer Höhe von zweihundert bis dreihundert Metern, zwischen dem Weiler Les Thorins und der Straße Fleurie/Chénas. Für die Verarbeitung der Trauben, die vor der Gärung und Mazeration nicht entrappt und gequetscht werden, verwenden Helene Flornoy und Jean-Pierre Bloud Edelstahltanks, die eine gute Temperaturkontrolle ermöglichen. In den ersten Tagen wird die Temperatur bei dreißig bis fünfunddreißig Grad gehalten – zur besseren Ausbeute der Farbe; dann wird – zugunsten der Frucht und der Aromen – die Maische auf fünfundzwanzig Grad gekühlt. Nach einer Woche ist der erste Teil der Fermentation bendet. Die Maische wird gepreßt, der Preßwein (der noch natürlichen Zucker enthält) mit dem zuvor ablaufenden Tropfwein vermischt und in die Edelstahltanks zurückgefüllt. Hier läuft die Gärung innerhalb von zwei bis drei Tagen aus. Der Wein sitzt dann ab; die groben Trubstoffe sinken zu Boden. In Holzfässern wird der Jungwein nun ausgebaut. Der größte Teil des neuen Weins reift in gebrauchten, in älteren Fässern, eine kleine, speziell ausgewählte Partie in neuen. Madame Flornoy und Monsieur Bloud bieten ihren Kunden also zwei Abfüllungen an: eine Standardqualität und eine Cuvée Exceptionnelle – die besten Weine des Jahrgangs, in neuen Fässern gereift. Hundertsechzigtausend Liter im Durchschnitt erreicht die jährliche Produktion; gut drei Viertel davon werden an den Handel abgegeben, der Rest, die besten cuvées, werden abgefüllt und in eigener Regie verkauft. Das Symbol der Appellation Moulin-à-Vent, die alte Windmühle auf dem Granithügel Poncier in Les Thorins, trägt das Etikett von Château du Moulin-à-Vent als Botschafter des besonderen Weins hinaus in die Welt.

Château du Moulin-à-Vent, Romanèche-Thorins (Beaujolais). Besitzer: Helene Flornoy und Jean-Pierre Bloud, Kellermeister: André Jambon

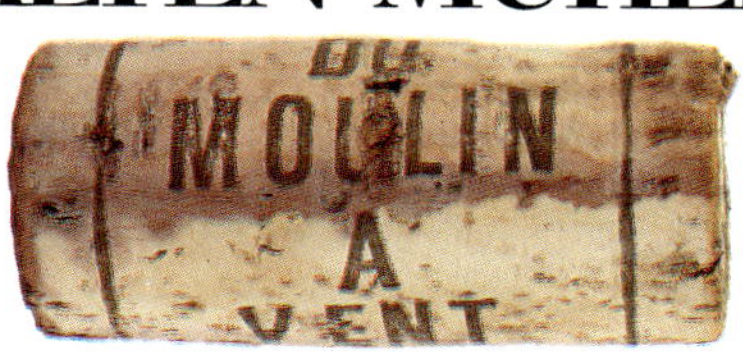

KÄMPFER FÜR DEN BEAUJOLAIS

Château Thivin, Sainte Etienne des Oulliéres/Odenas Beaujolais). Besitzer: Familiengesellschaft Claude-Vincent Geoffray, Weinbau, Kellerwirtschaft und Verwaltung: Claude-Vincent Geoffray

Das Maß war voll. Die Winzer in der Ebene hatten die Weinberge weit ins Flachland vorgetrieben, der Charakter, der gute Ruf des Brouilly drohte zu verblassen. Ihre Widersacher, die Erzeuger, die allein an den Hängen des Mont Brouilly, auf den sonnendurchfluteten vulkanischen Böden, den Weinstock kultivierten, forderten die Scheidung. Ihr Beaujolais, reklamierten sie, sei gehaltvoller und rassiger als der Brouilly aus den unteren Lagen; eine Trennung sei recht und billig. 1936 fanden die Bergwinzer Gehör. Die Anbauzone Brouilly wurde in zwei Teile gespalten: in Brouilly und Côte de Brouilly. Inzwischen ist der Disput Geschichte. Die beiden crus – die markante Côte liegt wie eine kleine Rebeninsel inmitten der viermal größeren Brouilly-Zone – stehen friedlich nebeneinander. Claude Geoffray, Besitzer des Château Thivin, einer achthundert Jahre alten Domäne in Sainte Etienne des Oullières bei Odenas, war einer der Initiatoren der Neuordnung. In seinem rastlosen Bemühen, das Ansehen des Beaujolais zu stärken, ließ er keine Chance aus. Sein Großneffe Claude-Vincent Geoffray trägt das Erbe seit 1975 mit großem Engagement weiter. Sein Interesse für den Beaujolais endet nicht am Hoftor, sein Augenmerk gilt der ganzen Region. Gemeinsam mit seiner Frau Evelyne, die ein eigenes kleines Weingut (Manoir du Pavé) in Saint Lager besitzt, und seinen ehrgeizigen Freunden bemüht er sich unverdrossen um das Renommee des Beaujolais. Mit gutem Beispiel geht er voran. Die gleichmäßige Qualität seiner Arbeit findet Anerkennung, seine delikaten, aromatischen und lagerfähigen Weine werden gelobt (sie erinnern an Veilchen und rote Früchte, sie zeichnen sich durch Tannine aus, die in eine würzige Nuance übergehen). Die Anbaufläche der Domäne hat Geoffray inzwischen auf knapp neunzehn Hektar ausgeweitet. Der größte Teil davon entfällt auf die beiden crus Côte de Brouilly und Brouilly (sieben und sechs Hektar), der Rest verteilt sich auf die Appellationen Beaujolais Village und Beaujolais. In der Verarbeitung der Trauben und dem Ausbau der Weine folgt Geoffray weitgehend den anerkannten önologischen Grundsätzen. Die Ernte wird beschränkt, die gesetzlich möglichen Höchstmengen werden nicht ausgereizt. Rund hunderttausend Flaschen bietet Geoffray jährlich an. Die Hälfte davon wird ins Ausland geliefert, zum guten Teil auf die traditionell wichtigen Märkte: in die Schweiz und nach Deutschland, nach Luxemburg, Belgien und Holland, nach Großbritannien und Kanada. Die Mehrheit der Käufer kommt aus dem Kreis der Privatkunden und Restaurants, die Claude-Vincent Geoffray und seiner attraktiven Frau seit vielen Jahren die Treue halten. Die Geschichte des Weingutes läßt sich bis in das Mittelalter zurückverfolgen. Im zwölften Jahrhundert gehörte der Besitz Humbert III. (Sire de Beaujeu), danach den Stiftsherren von Saint Iréné. Im siebzehnten Jahrhundert wechselte die Domäne, jetzt Clos de Brouilly genannt, in den Besitz der Marquis de Vichy, die es nach der Französischen Revolution wieder verloren. Ein Parlamentarier, Monsieur Thivend, nahm sich der Sache dann an und gab dem Weingut den heutigen Namen Château Thivin. Seit 1879 ist die Domäne Eigentum der Familie Geoffray.

Claude-Vincent Geoffray, der heutige Besitzer der Domäne: Seine Weine, vor allem der Côte de Brouilly, sind Beaujolais-Weine der Meisterklasse

Seite 180
Das Château Thivin hat eine lange Geschichte: Schon für das zwölfte Jahrhundert ist die Existenz dieser Domäne bezeugt. 1879 hat die Familie Geoffray das Weingut erworben

CHAT

AU THIVIN

Als er zehn Jahre alt war, wurde er zum ersten Mal in der Kunst des Weinprobierens unterrichtet. Die Lektio-en, die ihm sein Vater erteilte, estanden zwar nur aus wenigen ropfen, doch als Schulungsma-rial reichten sie aus. Der Sohn atte Talent. Er war ehrgeizig. chon nach wenigen Jahren hatte r gelernt, gut und schlecht, Qua-tät und Mittelmaß, zu unter-cheiden. Der Vater war eruhigt. Die Sache konnte aren Lauf nehmen, und ie Tradition der Familie chien gesichert. Der Juni-r sollte als fünfte Genera-ion fortsetzen, was der Ur-Jrgroßvater 1836 begrün-et hatte: das Geschäft mit em Wein. Sylvain Fessy nttäuschte seinen Vater icht. Nachdem er reich-ich Erfahrung gesammelt atte, als die Lehrjahre im Eltern-aus zu Ende gegangen waren, ründete er sein Unternehmen. Er war gerade zwanzig Jahre alt. Handel mit Wein wollte er trei-ben – Handel mit dem Beaujolais, den er liebte, für den er kämpfte. Sechs Jahre später baute er das Geschäft aus. Die Aktiengesellschaft Sylvain Fessy, wie das Unternehmen nun hieß, wagte den Schritt auf die internationalen Märkte. Fessy hat von Anfang an nach einem festen Konzept gearbeitet. Nicht Größe, nicht schwindelerregende Umsatzzahlen sind sein Ziel, sondern Exklusivität und Qualität. Er sucht die feinen Adressen in der Region, wählt in

den Kellern die besten cuvées und übernimmt die Weine exklusiv in sein Sortiment. Allerdings verlieren die Weine nicht ihre Identität. Der Name der Domäne bleibt erhalten, der Winzer wird auf dem Etikett vermerkt. Dort heißt es dann zum Beispiel: Juliénas. Cuvée Michel Tête. Sélection Sylvain Fessy, oder: Fleurie. La Roilette. André Métrat. Sélection Sylvain Fessy. Bis der neue Jahrgang erwachsen geworden ist, bleiben die Weine in den Kellern der Weingüter. Die Erzeuger sind für die Qualität weiterhin verantwortlich. Erst dann wech-

seln sie den Besitzer. Fessy macht die Weine versandfertig. Er schönt, er filtert, er füllt ab und er etikettiert. Dann nimmt er sie auf sein Lager in Saint-Jean-d'Ardières. Die wichtigsten Kunden des Weinhauses Fessy sind die Restaurants, vor allem die Bistros. Die Gastronomen kommen nach der Ernte in die Region und wählen die Weine aus – den Beaujolais Primeur zuerst (dreizehn bis vierzehn verschiedene cuvées bietet Fessy jährlich an), dann die Village-Weine und die crus. Oder sie verlassen sich ganz auf die Empfehlungen ihres Geschäftspartners und rufen die Weine Partie für Partie ab. Eine Million zweihunderttausend Flaschen liefert Fessy jährlich aus. Das sei nicht besonders viel, er sei ein Kleiner auf dem Markt, was im Hinblick auf die großen Häuser im Beaujolais-Gebiet auch stimmt. Jede zweite Flasche wird exportiert, vor allem nach Japan und in die Vereinigten Staaten. Zu Deutschland findet Fessy nur schwer Zugang. Die deutschen Weinfreunde sähen im Beaujolais noch immer einen Billigwein. Nur wenige seien bisher bereit, für seine Spezialitäten einen entsprechenden Preis zu zahlen. Aber er werde sein Glück jenseits des Rheins weiter versuchen. Sylvain Fessy ist nicht nur ein erfolgreicher Geschäftsmann und Weinexperte; er arbeitet nicht nur in eigener Sache. Er fühlt sich auch als Botschafter für den Beaujolais, für den Wein seiner Heimat. Er wirbt für ihn, er schreibt für ihn. Und er lockt die Weinfreunde von nah und fern: Der Beaujolais sei ein vergnüglicher Wein, er wolle nicht zu ernst genommen werden. Aber er verdiene Respekt. Wer sich an diesem Wein erfreuen wolle, müsse kein Master of Wine sein. Es reiche aus, den Beaujolais mit dem Herzen zu genießen.

EINE FEINE KOLLEKTION

Maison Sylvain Fessy S. A., Saint-Jean-d'Ardières / Belleville (Beaujolais). Besitzer: Familien-Aktiengesellschaft, Geschäftsführung: Sylvain Fessy

Sylvain Fessy, Gründer und Hauptgesellschafter des gleichnamigen Weinhandelshauses, hat ein ehrgeiziges Ziel: Er sucht die besten Adressen in der Region

Seite 184
Belleville ist eine unauffällige, unattraktive kleine Stadt: Und doch kennen viele Weinfreunde ihren Namen. Denn von hier aus ist es nicht weit zu den Spitzenweinen des Beaujolais, zu den zehn Crus

Der Beaujolais, heißt es im allgemeinen, sei ein Wein ohne große Ambitionen. Ein langes Leben sei ihm nicht beschieden, sein Reiz liege im Charme der Jugend. Er solle jung getrunken werden, innerhalb von zwei bis drei Jahren. Der Befund stimmt – zumindest deckt er sich mit den Erfahrungen, die der Weinfreund mit der Masse der Beaujolais-Weine sammeln kann. Aber es gibt Ausnahmen. Im Norden der Beaujolais-Region wachsen Weine, die – ohne an Reiz zu verlieren – über das jugendliche Alter hinauswachsen können, die erst nach einigen Jahren der Reife ihre Schönheit offenbaren. Der Moulin-à-Vent gehört dazu, der Juliénas und der Morgon. Dominique Piron, Junior und Chef der Domaine de la Chanaise in Villié-Morgon, könnte von dieser Ausnahme profitieren. Dreizehn Hektar des Familienweingutes liegen in der Gemarkung Morgon; die Reben stehen auf den typischen, den Charakter und die Lebensfähigkeit der Weine prägenden Böden: auf verwittertem Schiefer (poche pourrie) über einer festen Granitbasis. Doch Piron pflegt seinen eigenen Stil. Nicht die Kraft und Schwere, nicht das Geduld erfordernde Reifepotential sucht er in diesem Cru, sondern jene Eigenschaften, die dem Wein das Attribut „mor-

gonner“ eingetragen haben: die unverwechselbare Frucht – das Bukett, das an betörende Früchte, an Wildkirschen vor allem, erinnert. Der Wein solle schon in seiner Jugend die Sinne erfreuen, er müsse sich durch warme, volle Fruchtigkeit auszeichnen. Aber Piron warnt. Bei allem Bestreben, dem Wein die Frucht zu erhalten, dürfe nicht billig-fruchtig das Ergebnis sein. Der Wein müsse sich vielmehr durch einen edlen, soliden Fruchtgeschmack auszeichnen. Sein Morgon aus dem Jahrgang 1991 komme diesem Ziel sehr nahe; der Wein sei von jener Art Beaujolais, die er am liebsten im Alter von drei Monaten oder aber nach eineinhalb Jahren trinke. Der ehrgeizige Dominique Piron, der seinem Vorgänger, seinem erfolgreichen und geachteten Vater Pierre, alle Ehre macht, hat seine Tätigkeit inzwischen über den Familienbesitz hinaus ausgedehnt. In Brouilly hat der Diplom-Önologe aus der Schule von Dijon sechs Hektar Weinberge gekauft, die er nicht nur selbst bewirtschaftet, die ihm auch gehören (die Weinberge der Domaine de la Chanaise in Morgon, des Familiengutes, hat er von seinem Vater gepachtet). Außerdem bezieht er seit einigen Jahren von anderen Winzern im Beaujolais-Gebiet und im Mâconnais Trauben, die er in seinem Betrieb

dann zu Wein verarbeitet. Um
cher zu gehen, daß die zugeka
ten Trauben seinen Qualitätsa
forderungen entsprechen, kü
mert er sich das ganze Jahr üb
um die Pflege dieser fremd
Weinberge. Insgesamt vinifizi
Piron auf diese Weise eine Me
ge, die der Ernte von fünfun
dreißig Hektar entspricht:
Crus Morgon und Brouilly, Bea
jolais-Village, Beaujolais und M
connais (Chardonnay). Obwo
Dominique Piron mit großem G
schick und spürbarer Begabu
für das Marketing seine Kund
zur Treue zu verpflichten we
fühlt er sich vor allem als Winz
und Weinerzeuger. Die Arbeit i
Weinberg ist ihm Verpflichtun
denn was im Weinberg versäun
werde, könne im Keller nic
nachgeholt werden. Beim Ausba
der Weine geht er mit Vo
sicht und Akribie zu We
ke, wobei er – seiner Wei
Philosophie entsprechen
– vor allem darauf achte
daß die Aromen im Wei
geschützt und erhalte
werden. Piron verwen
det deshalb nur weni
Holzfässer für den (ku
zen) Ausbau der Wein
Der größte Teil der Ernt
ruht bis zur Abfüllung i
Winter in den großen cuve
Hundertfünfzigtausend Flasche
bietet Piron jährlich an; jed
dritte Flasche wird exportier

DIE LIEBE ZUM JUNGEN WEIN

Dominique Piron, der Junior der Domaine de la Chanaise, pfleg seinen eigenen Stil: Der Wein sol schon in seiner Jugend die Sinne erfreuen, er soll ei Bukett entwickeln, da an betörende Früchte, an Wildkirschen vor allem erinner

Domaine de la Chanaise, Villié-Morgon (Beaujolais). Besitzer: Familie Pierre Piron, Weinbau, Kellerwirtschaft und Verwaltung: Dominique Piron

EINE RUNDE SACHE

Michel Tête brannte vor Ehrgeiz. Mit der guten Norm wollte er sich nicht zufrieden eben. Er suchte mehr. Er wollte Veine produzieren, die im Stil unerwechselbar sind, die auf Anieb ihren Meister erkennen lasen. Den Regionalcharakter, den 'yp Juliénas, wollte er zwar nicht erleugnen – die Kraft und die este Gestalt, die diesen Weinen igen sein können. Doch sein Entvurf wies in eine andere Richung. Er träumte von einer runden ache. Die Weine sollten voll und veich sein, fleischig und fruchtig – und vor allem. Der Mann aus Juiénas hat sein Ziel erreicht. Anpruch und Wirklichkeit stimmen iberein, die Weinfreunde genießen den sanften Charme seiner Veine. Allerdings weiß Michel Tête zu unterscheiden. Bei aller Lust am Vollen, Weichen, Runden produziert er keinen langweiigen Einheitswein. Er differeniert. Das Alter der Rebstöcke ist das Maß, die Jahre des Weinstocks bestimmen den Typ und die Herstellungsmethode. Die jungen Reben liefern die fruchtigen, jugendlichen Weine. Die Trauben werden zügig verarbeitet, die Mazeration und Gärung auf kurze Zeit beschränkt (zur besseren Farbausbeute wird die Maische zu Beginn auf sechzig Grad erhitzt). Nach drei Tagen ist die erste Phase der Gärung beendet; die Maische wird gepreßt. Längere Zeit nimmt die Verarbeitung der Trauben in Anspruch, die von fünfzehn bis vierzig Jahre alten Rebstöcken stammen. Allein die Mazeration läuft sieben bis neun Tage, da der Wein mehr Tannin aus den Schalen der Beeren ziehen soll. Auch dieser Wein erfreut durch gute Frucht, doch tritt die volle, weiche Art schon deutlich in den Vordergrund. Die dritte Variante schließlich gilt für die alten Weinstöcke – für die Reben, die vierzig Jahre und älter sind. Die Trauben werden hier in Holzcuves vergoren (die Gärbottiche sind mit Plastikplanen abgedeckt, damit nicht zuviel Kohlensäure entweicht), die Maische wird – zur optimalen Farb- und Tanninausbeute – kontinuierlich umgewälzt (Remontage). Die Gärtemperatur liegt relativ hoch, sie kann bis zu sechsunddreißig Grad erreichen. Erst dann wird die Maische gekühlt. Bis zur Ab-

füllung im März und April reifen diese Weine in den Holzfässern. Mit all dem gibt sich Tête aber noch nicht zufrieden. Michel Têtes ganzer Stolz ist eine Prestige-cuvée, die er in kleinen Mengen seinen ältesten Weinstöcken entlockt – Reben, die ungefähr achtzig Jahre alt sind. Sorgfalt verwendet er auf die Verarbeitung der Trauben, viel Aufwand läßt er sich die Sache kosten. Die Mazeration und die Gärung vollziehen sich gemächlich, die Temperatur wird von Anfang an gezügelt – auf zunächst einundzwanzig, dann auf achtundzwanzig Grad. Höhere Gärtemperaturen, weiß Tête aus Erfahrung, seien nicht erforderlich, denn bei Uralt-Reben sei der Farbgewinn stets ausreichend groß. Auch auf die Chaptalisierung, die Anreicherung des Mostes mit Zucker, könne er verzichten. Die alten Rebstöcke produzierten Trauben mit reichlich potentiellem Alkohol (Zucker). Ausgebaut wird der Wein auf zwei Arten. Eine Hälfte reift in großen Holzcuves, die andere in pièces. Tête achtet allerdings darauf, daß der Wein durch den Ausbau in den pièces nicht mit Tannin und Holz überlastet wird. Daher wird auch nur ein Viertel der kleinen Eichenfässer jährlich erneuert. Drei Monate ruhen die Weine im Holz; dann werden sie miteinander vermählt. Nach zwei Wochen Hochzeitsnacht werden sie gefiltert und gefüllt. Ein Drittel der Weine, die Michel Tête produziert (sechzigtausend Flaschen im Jahr, davon viertausend Flaschen Prestige-cuvée), werden ins Ausland geliefert. In Deutschland ist der Name Tête allerdings nur wenigen ein Begriff.

Die Kraft und die feste Gestalt, die dem Juliénas eigen sein können, will er nicht verleugnen, doch fordert Michel Tête von seinen Weinen mehr: Sie sollen voll und weich sein, fleischig und fruchtig – und vor allem rund. Seine Prestige-cuvée vereinigt das alles in idealer Weise

Domaine du Clos du Fief, Juliénas (Beaujolais). Besitzer: Familiengesellschaft / Familie Tête, Weinbau, Kellerwirtschaft, Verwaltung und Verkauf: Michel Tête

DER ZARTE DUFT DES CHIROUBLES

Auf dem Kirchplatz in Chiroubles wird seiner gedacht: Victor Pulliat (1827 bis 1896) hat den Kampf gegen die Reblaus gewonnen. Er hat als erster in der Welt europäische Edelreben auf amerikanische Rebstöcke gepfropft, denen der gefräßige Parasit nichts anhaben kann

Wer zaudert, kommt zu kurz. Spätestens ein halbes Jahr nach der Ernte leeren sich die Keller, sind die guten Weine schon verkauft. Die besten Kunden kommen aus dem eigenen Land; der Export hält sich in Grenzen. Der Wein von Chiroubles gilt als der Primeur unter den zehn Beaujolais-crus. Er ist zuerst reif, er kann schon kurze Zeit nach der Ernte getrunken werden. Seinen Charme verschwendet er schon im jüngsten Alter. Seine Stärke liegt in seinem zarten Duft, in seiner femininen Art. Er ist fein und lebhaft-leicht. Alain Passot, der Eigner der Domaine de la Grosse Pierre, pflegt den Chiroubles-Typ auf vollkommene Weise. Sein Wein hat Finesse und einen betörenden Duft, er ist zurückhaltend fruchtig, das Tannin ist weich und sanft. Allerdings – und hier geht Passot seinen eigenen Weg – sind seine Weine entwicklungsfähig; sie können fünf, sechs Jahre alt werden, ohne an Anmut und jugendlichem Reiz zu verlieren. Der bescheidene, fast schüchterne Winzer führt das Werk seines Vaters konsequent fort. Georges Passot hatte dreißig Jahre lang die Domaine als Pächter geführt – nach dem System der Métayage (der Winzer bearbeitet den fremden Boden, zahlt dafür als Pacht eine halbe Ernte); seine Weine zählten stets zu den besten der Region. Und er war einer der ersten Winzer in Chiroubles, die ihren Wein nicht mehr anonym als Faßware an den Handel, sondern als eigene Abfüllung in Flaschen verkauften. 1982 hat Alain das Gut gekauft und die Regie übernommen. Acht Hektar Weinberge, auf einer Höhe von dreihundert bis vierhundert Metern, stehen der Domäne zur Verfügung. Sie fallen fast vollständig unter die Appellation Cru Chiroubles; nur ein halber Hektar muß als Beaujolais-Village deklariert werden. In der Herstellung seiner Weine orientiert sich Passot an der Tradition – an den Regeln, die er von seinem Vater übernommen hat. Die Gär- und Mazerationszeit dauert sieben bis acht Tage, wobei Passot zu Beginn der Fermentation die Temperatur schnell auf zweiunddreißig Grad steigen läßt – zur besseren Farb- und Taninausbeute. Nach zwei Tagen wird die Temperatur durch Kühlung auf zwanzig bis vierundzwanzig Grad gedrosselt und bis zum Ende der Mazeration auf diesem Niveau stabilisiert. Denn bei dieser Temperatur, weiß Passot aus Erfahrung, werden das feine Parfum und die Frucht des Chiroubles am besten bewahrt. Die Gärbottiche bleiben während der Fermentation und Mazeration verschlossen. Einen Grill (Holz- oder Metallgitter), der das Auftauchen des Maische-Hutes aus dem Most während der Gärung verhindert, benutzt Passot nicht. Der Wein ziehe sonst zu viel Tannin aus den Schalen der Beeren – zum Schaden der feinen Frucht und der ätherischen Düfte. Im Gegensatz zur allgemeinen Übung filtert Passot seinen Wein nur ein einziges Mal. Er beschränkt sich auf die erste Grobfilterung. Sein Vater habe ihn stets vor den Folgen des Filterns gewarnt. Der Wein werde strapaziert, er verliere seinen Charakter. Rund fünfunddreißigtausend Flaschen kann Passot jährlich anbieten. Sein Hauptmarkt ist Frankreich; der Export, der immer schwieriger werde, konzentriert sich auf wenige Länder: vor allem auf Deutschland, Großbritannien und die Schweiz. Trotz der Kritik, die zuweilen am Beaujolais, vor allem am Primeur-Rummel, geübt wird, ist Alain Passot von seinem Metier überzeugt. Er wird dem leichten, duftigen Chiroubles die Treue halten – nicht nur, weil der Markt funktioniert, sondern aus Überzeugung. Er liebt die jüngeren Weine – ihr dezent-fruchtiges Aroma, ihre Düfte, ihre jugendliche Farbe.

Domaine de la Grosse Pierre, Chiroubles (Beaujolais). Besitzer: Alain Passot / Familiengesellschaft, Weinbau, Kellerwirtschaft, Verwaltung und Verkauf: Alain Passot

Seite 190
Die Domaine de la Grosse Pierre am Rande von Chiroubles: Hier produziert Alain Passot finessereiche Weine, die durch jugendlichen Charme begeistern

OUVERT

REGISTER

CHABLIS

Domaine Jean-Paul Droin
Chablis
Domaine René & Vincent
Dauvissat, Chablis
Domaine Jean-Marie Raveneau
Chablis

CÔTE DE NUITS

Domaine Armand Rousseau
Gevrey-Chambertin
Domaine Drouhin-Laroze
Gevrey-Chambertin
Domaine Philippe Leclerc
Gevrey-Chambertin

Domaine Dujac
Morey-Saint-Denis
Domaine Ponsot
Morey-Saint-Denis
Domaine Hubert Lignier
Morey-Saint-Denis

Domaine Comte George
de Vogüé, Chambolle-Musigny
Domaine George Roumier
Chambolle-Musigny

Domaine Bertagna
Vougeot

Domaine Méo-Camuzet
Vosne-Romanée
Domaine de la Romanée-Conti
Vosne-Romanée
Domaine Jean Gros
Vosne-Romanée
Domaine Grivot
Vosne-Romanée
Domaine Mugneret-Gibourg
Vosne-Romanée

Domaine Robert Chevillon
Nuits-Saint-Georges
Domaine & Maison J. Faiveley
Nuits-Saint-Georges
Domaine Henri Gouges
Nuits-Saint-Georges
Domaine Jean-Jacques
Confuron, Nuits-Saint-Georges

CÔTE DE BEAUNE

Domaine Bonneau du Martray
Pernand-Vergelesses

Domaine Simon Bize & Fils
Savigny-lès-Beaune
Domaine Chandon de Briailles
Savigny-lès-Beaune

Domaine Tollot-Beaut & Fils
Chorey-lès-Beaune

Maison Joseph Drouhin
Beaune
Maison Louis Jadot
Beaune

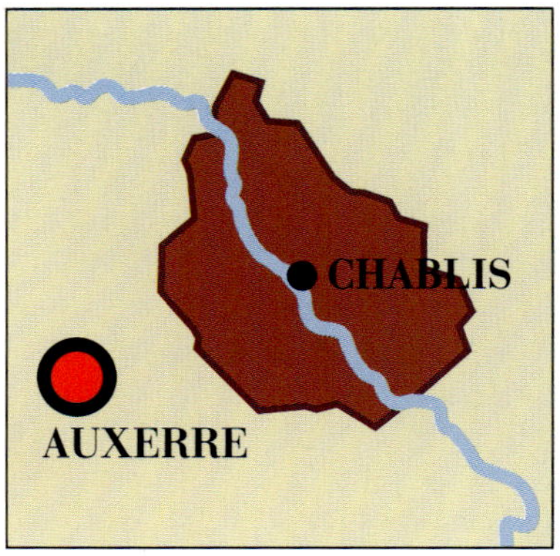

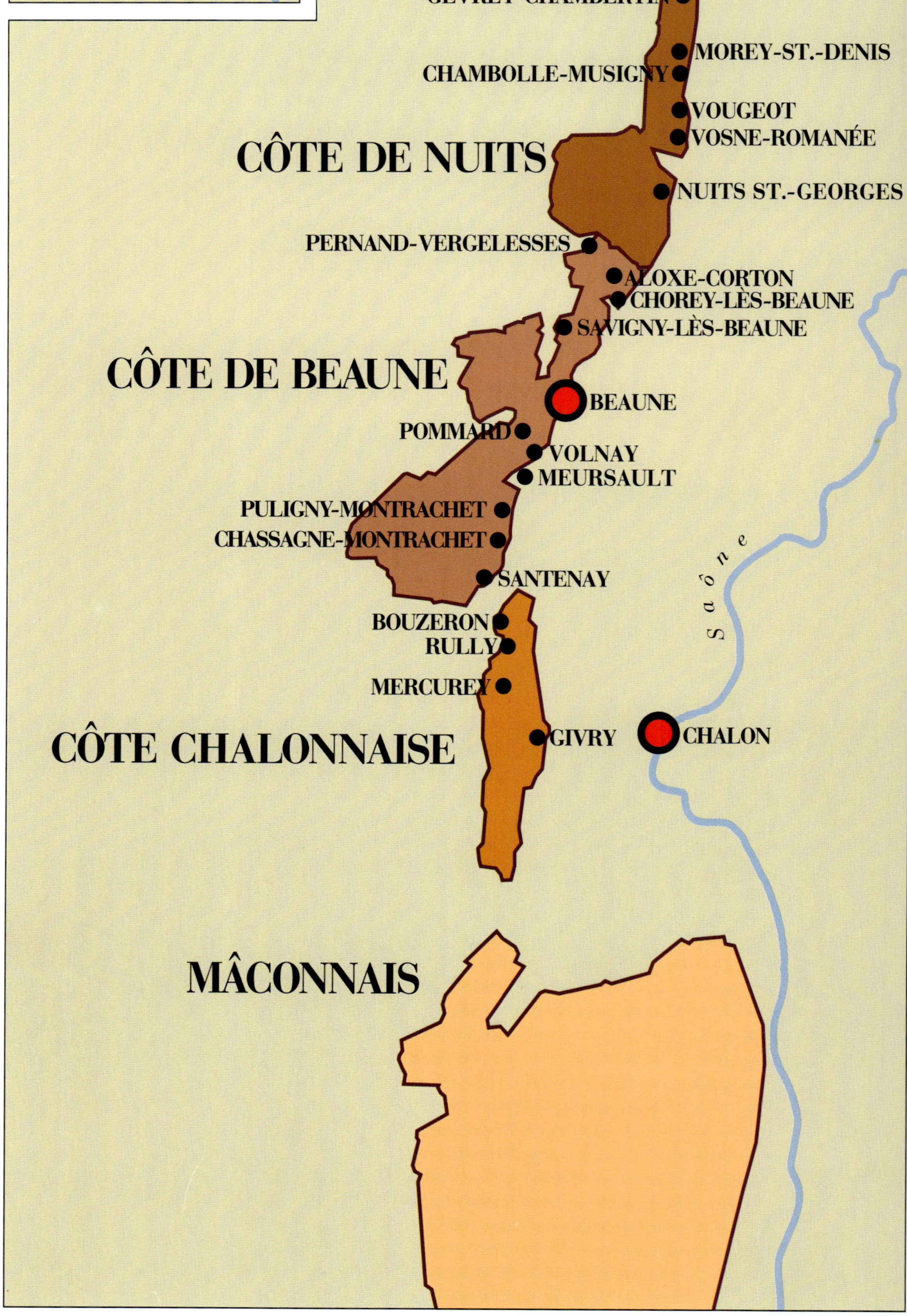

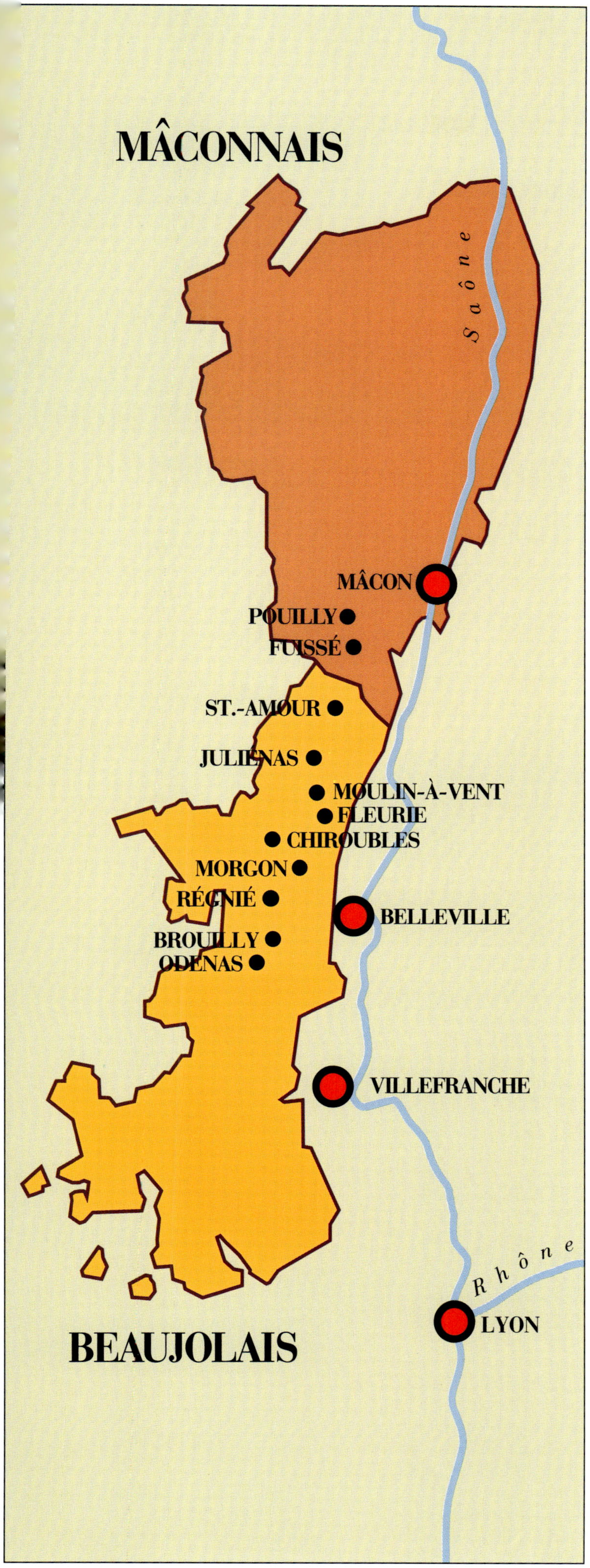

Maison Louis Latour
Beaune
Maison Champy Père & Cie.
Beaune

Domaine du Clos des Epeneaux
Pommard

Domaine Marquis d' Angerville
Volnay
Domaine Hubert de Montille
Volnay
Domaine de la Pousse d'Or
Volnay
Domaine Joseph Voillot
Volnay

Domaine François Jobard
Meursault
Domaine des Comtes Lafon
Meursault
Domaine Pierre Morey
Meursault
Domaine Coche-Dury
Meursault
Domaine Michelot - Buisson
Meursault
Domaine Jean Monnier & Fils
Meursault

Domaine Etienne Sauzet
Puligny-Montrachet
Domaine Leflaive
Puligny-Montrachet

Domaine Ramonet
Chassagne-Montrachet
Dom. Jean-Marc Morey
Chassagne-Montrachet

Domaine Lequin-Roussot
Santenay
Domaine Mestre Père & Fils
Santenay
Domaine Girardin
Santenay

CÔTE CHALONNAISE

Domaine A. & P. Villaine
Bouzeron

Domaine de la Renarde
Rully

Maison Antonin Rodet
Mercurey
Domaine Michel Juillot
Mercurey

Domaine Thénard
Givry

MÂCONNAIS

Château de Fuissé,
Fuissé

BEAUJOLAIS

Domaine André Métrat
Fleurie

Château du Moulin-à-Vent
Romanèche-Thorins

Château Thivin
Odenas

Maison Sylvain Fessy
Belleville

Domaine de la Chanaise
Villié-Morgon

Domaine du Clos du Fief
Juliénas

Domaine
de la Grosse Pierre
Chiroubles

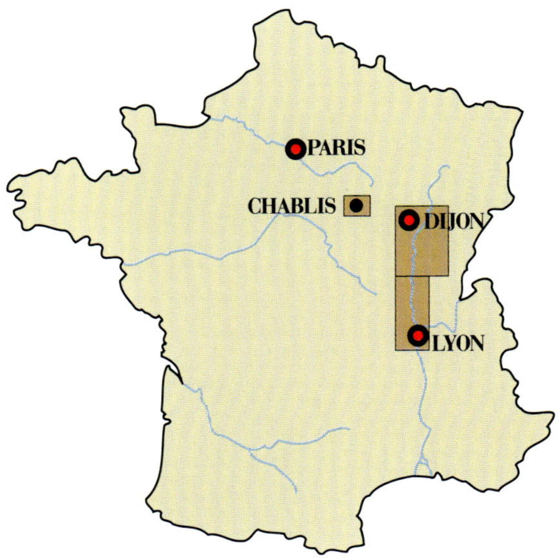

BEZUGSQUELLEN
(eine Auswahl)

Domaine Comte Georges de Vogüé
Fegers & Unterberg,
5000 Köln 1, Heumarkt 55-57
Telefon: 02 21 / 21 32 03
Alpina Burkhard Bovensiepen,
8938 Buchlohe, Alpenstraße 35
Telefon: 0 82 41 / 5 00 50
A. Segnitz & Co. GmbH,
2803 Weyhe-Dreye, Löwenhof
Telefon: 0 42 03 / 69 45

Domaine Simon Bize & Fils
A. Segnitz & Co. GmbH,
2803 Weyhe-Dreye, Löwenhof
Telefon: 0 42 03 / 69 45

Domaine Robert Chevillon
A. Segnitz & Co. GmbH,
2803 Weyhe-Dreye, Löwenhof
Telefon: 0 42 03 / 69 45
Champa Vins Français GmbH,
5190 Stolberg, Am Glasofen 9
Telefon: 0 24 02 / 2 00 64

Domaine des Comtes Lafon
A. Segnitz & Co. GmbH,
2803 Weyhe-Dreye, Löwenhof
Telefon: 0 42 03 / 69 45

Domaine Jean Monnier & Fils
A. Segnitz & Co. GmbH,
2803 Weyhe-Dreye, Löwenhof
Telefon: 0 42 03 / 69 45
Spirituosen- und Weinhandelsgesellschaft Kurt Burgard GmbH,
6604 Güdingen/Saar,
Dieselstraße 13
Telefon: 06 81 / 87 40 91

Domaine Bertagna
Fegers & Unterberg,
5000 Köln 1, Heumarkt 55-57
Telefon: 02 21 / 21 32 03
La Cave Steines,
8058 Erding,
Taufkirchner Straße 2
Telefon: 0 81 22 / 1 82 00
Weingut Reichsgraf
von Kesselstatt, 5500 Trier
Liebfrauenstraße 10
Telefon: 06 51 / 7 51 01

Domaine George Roumier
A. Segnitz & Co. GmbH,
2803 Weyhe-Dreye, Löwenhof
Telefon: 0 42 03 / 69 45

Domaine Marquis d'Angerville
A. Segnitz & Co. GmbH,
2803 Weyhe-Dreye, Löwenhof
Telefon: 0 42 03 / 69 45
Grand Cru Select
Weinhandelsgesellschaft mbH,
5300 Bonn,
Drachenburgstraße 36a
Telefon: 02 28 / 8 54 10
Weinart GmbH,
5300 Bonn 2,
Drachenburgstraße 36a
Telefon: 02 28 / 85 82 32

Domaine Hubert de Montille
A. Segnitz & Co. GmbH,
2803 Weyhe-Dreye, Löwenhof
Telefon: 0 42 03 / 69 45

Domaine Chandon de Briailles
A. Segnitz & Co. GmbH,
2803 Weyhe-Dreye, Löwenhof
Telefon: 0 42 03 / 69 45
Spirituosen- und
Weinhandelsgesellschaft Kurt
Burgard GmbH,
6604 Güdingen/Saar
Dieselstraße 13
Telefon: 06 81 / 87 40 91

Domaine de la Pousse d'Or
Grand Cru Select
Weinhandelsgesellschaft mbH,
5300 Bonn,
Drachenburgstraße 36a
Telefon: 02 28 / 8 54 10
Franz Keller/Schwarzer Adler,
7818 Vogtsburg-Oberbergen,
Telefon: 0 76 62 / 7 15
Fegers & Unterberg, 5000 Köln 1,
Heumarkt 55-57
Telefon: 02 21 / 21 32 03

Domaine Thénard
A. Segnitz & Co. GmbH,
2803 Weyhe-Dreye, Löwenhof
Telefon: 0 42 03 / 69 45.

Domaine Bonneau du Martray
A. Segnitz & Co. GmbH,
2803 Weyhe-Dreye, Löwenhof
Telefon: 0 42 03 / 69 45

Domaine Drouhin-Laroze
France Vinicole,
7640 Kehl, Hafenstraße 20
Telefon: 0 78 51 / 21 35
A. Segnitz & Co. GmbH,
2803 Weyhe-Dreye,
Löwenhof
Telefon: 0 42 03 / 69 45

Domaine A. & P. de Villaine
A. Segnitz & Co. GmbH,
2803 Weyhe-Dreye, Löwenhof
Telefon: 0 42 03 / 69 45

Maison Joseph Drouhin
D. V. Schlumberger KG,
5309 Meckenheim,
Buschstraße 20
Telefon: 0 22 25 / 8 80 90
Frankhof-Kellerei GmbH,
6203 Hochheim/Main,
Burgeffstraße 19
Telefon: 0 61 46 / 90 30
Fegers & Unterberg,
5000 Köln 1,
Heumarkt 55-57
Telefon: 02 21 / 21 32 03

Domaine Dujac
Fegers & Unterberg,
5000 Köln 1,
Heumarkt 55-57
Telefon: 02 21 / 21 32 03
Gerwig Import Gebr. Geraci,
7014 Kornwestheim,
Solitudeallee 123
Telefon: 0 71 54 / 60 87
J. S. Keiler GmbH,
4600 Dortmund-Oespel,
Brennaborstraße 5
Telefon: 02 31 / 6 53 88

Domaine Michel Juillot
A. Segnitz & Co. GmbH,
2803 Weyhe-Dreye,
Löwenhof
Telefon: 0 42 03 / 69 45
Fegers & Unterberg,
5000 Köln 1, Heumarkt 55-57
Telefon: 02 21 / 21 32 03

Domaine Jean Gros
France Vinicole, 7640 Kehl,
Hafenstraße 20
Telefon: 0 78 51 / 21 35

Domaine Grivot
Fegers & Unterberg,
5000 Köln 1, Heumarkt 55-57
Telefon: 02 21 / 21 32 03
A. Segnitz & Co. GmbH,
2803 Weyhe-Dreye, Löwenhof
Telefon: 0 42 03 / 69 45

Domaine Leflaive
Grand Cru Select
Weinhandelsgesellschaft mbH,
5300 Bonn,
Drachenburgstraße 36a
Telefon: 02 28 / 8 54 10
A. Segnitz & Co. GmbH,
2803 Weyhe-Dreye, Löwenhof
Telefon: 0 42 03 / 69 45
Hanseatisches Wein-
und Sekt-Kontor,
2082 Tornesch bei Hamburg,
Hamburger Straße 14-20
Telefon: 0 41 22 / 50 44 33
Weinart GmbH,
5300 Bonn 2,
Drachenburgstraße 36a
Telefon: 02 28 / 85 82 32

Domaine Méo-Camuzet
Grand Cru Select
Weinhandelsgesellschaft mbH,
5300 Bonn,
Drachenburgstraße 36a
Telefon: 02 28 / 8 54 10
Fegers & Unterberg,
5000 Köln 1, Heumarkt 55-57
Telefon: 02 21 / 21 32 03
Weinart GmbH, 5300 Bonn 2,
Drachenburgstraße 36a
Telefon: 02 28 / 85 82 32

Maison Louis Jadot
Ludwig von Kapff,
2800 Bremen 1, Hollerallee 24
Telefon 04 21 / 34 63 80

Maison Louis Latour
Weinwolf Import GmbH
& Co. KG, 5300 Bonn 2,
Godesberger Allee 76
Telefon: 02 28 / 8 19 62 30
Fegers & Unterberg,
5000 Köln 1, Heumarkt 55-57
Telefon: 02 21 / 21 32 03
Weinart GmbH, 5300 Bonn 2,
Drachenburgstraße 36a
Telefon: 02 28 / 85 82 32

Domaine Coche-Dury
France Vinicole,
7640 Kehl, Hafenstraße 20
Telefon: 0 78 51 / 21 35

aison Champy Père & Cie.
-21200 Beaune,
ue du Grenier à Sel 3
elefon: 00 33 80 247323

omaine Ponsot
hampa Vins Français GmbH,
190 Stolberg,
m Glasofen 9
elefon: 0 24 02 / 2 00 64
egers & Unterberg,
000 Köln 1, Heumarkt 55-57
elefon: 02 21 / 21 32 03

omaine & Maison J. Faiveley
rance Vinicole, 7640 Kehl,
Iafenstraße 20
elefon: 0 78 51 / 21 35

omaine Etienne Sauzet
egers & Unterberg,
000 Köln 1, Heumarkt 55-57
Telefon: 02 21 / 21 32 03
Weinart GmbH, 5300 Bonn 2,
Drachenburgstraße 36a
Telefon: 02 28 / 85 82 32

Domaine François Jobard,
France Vinicole,
7640 Kehl,
Hafenstraße 20
Telefon: 0 78 51 / 21 35

Domaine Jean-Marc Morey
A. Segnitz & Co. GmbH,
2803 Weyhe-Dreye, Löwenhof
Telefon: 0 42 03 / 69 45
Les Châteaux, 8500 Nürnberg 30,
Laufamholzstraße 1
Telefon: 09 11 / 45 84 85
Restaurant „Die Mühlenhelle“,
5270 Gummersbach
(Ortsteil Dieringhausen),
Hohler Straße 1
Telefon: 0 22 61 / 7 50 97

Domaine Ramonet
Grand Cru Select
Weinhandelsgesellschaft mbH,
5300 Bonn,
Drachenburgstraße 36a
Telefon: 02 28 / 8 54 10
Weinart GmbH, 5300 Bonn 2,
Drachenburgstraße 36a
Telefon: 02 28 / 85 82 32

Domaine Pierre Morey
Champa Vins Français GmbH,
5190 Stolberg, Am Glasofen 9
Telefon: 0 24 02 / 2 00 64
Grand Cru Select
Weinhandelsgesellschaft mbH,
5300 Bonn,
Drachenburgstraße 36a
Telefon: 02 28 / 8 54 10

Domaine Michelot-Buisson
Franz Keller/Schwarzer Adler,
7818 Vogtsburg-Oberbergen,
Telefon: 0 76 62 / 7 15
Grand Cru Select
Weinhandelsgesellschaft mbH,
5300 Bonn,
Drachenburgstraße 36a
Telefon: 02 28 / 8 54 10

Champa Vins Français GmbH,
5190 Stolberg,
Am Glasofen 9
Telefon: 0 24 02 / 2 00 64

Domaine Hubert Lignier
Karl Kerler,
8540 Schwabach, Waldstraße 7a
Telefon: 0 91 22 / 7 37 37

Domaine Mestre Père et Fils
Champa Vins Français GmbH,
5190 Stolberg,
Am Glasofen 9
Telefon: 0 24 02 / 2 00 64
J. S. Keiler GmbH,
4600 Dortmund-Oespel,
Brennaborstraße 5
Telefon: 02 31 / 6 53 88
Fegers & Unterberg,
5000 Köln 1,
Heumarkt 55-57
Telefon: 02 21 / 21 32 03
France Vinicole,
7640 Kehl, Hafenstraße 20
Telefon: 0 78 51 / 21 35
Weinhandlung Drexler,
7800 Freiburg/ Breisgau,
Merianstraße 4
Telefon: 07 61 / 3 39 23

Domaine Philippe Leclerc
Domaine Philippe Leclerc,
F-21220 Gevrey-Chambertin,
Telefon: 00 33 80 343072

Domaine Tollot-Beau & Fils
France Vinicole,
7640 Kehl,
Hafenstraße 20
Telefon: 0 78 51 / 21 35

Domaine Armand Rousseau
Fegers & Unterberg,
5000 Köln 1,
Heumarkt 55-57
Telefon: 02 21 / 21 32 03
Grand Cru Select
Weinhandelsgesellschaft mbH,
5300 Bonn,
Drachenburgstraße 36a
Telefon: 02 28 / 8 54 10
Franz Keller/Schwarzer Adler,
7818 Vogtsburg-Oberbergen,
Telefon: 0 76 62 / 7 15
Alpina Burkhard Bovensiepen,
8938 Buchlohe,
Alpenstraße 35
Telefon: 0 82 41 / 5 00 50
Weinart GmbH,
5300 Bonn 2,
Drachenburgstraße 36a
Telefon: 02 28 / 85 82 32

Domaine Mugneret-Gibourg
Domaine Mugneret-Gibourg,
F-21700 Vosne-Romanée
Telefon: 00 33 80 610157

Domaine Henri Gouges
Grand Cru Select
Weinhandelsgesellschaft mbH,
5300 Bonn,
Drachenburgstraße 36a
Telefon: 02 28 / 8 54 10

Domaine Lequin-Roussot
Georg Hack.
Haus der guten Weine,
7758 Meersburg,
Schützenstraße 1
Telefon: 0 75 32 / 90 97

Domaine Girardin
Domaine Girardin,
F-21590 Santenay-le-Haut
Telefon: 00 33 80 206195

Domaine Joseph Voillot
Domaine Joseph Voillot,
F-21190 Volnay
Telefon 00 33 80 216227

Domaine Jean-Jacques Confuron
Domaine Jean-Jacques
Confuron,
F-21700 Premeaux-Prissey
Telefon: 00 33 80 623108

Domaine du Clos des Epeneaux
J. S. Keiler GmbH,
4600 Dortmund-Oespel,
Brennaborstraße 5
Telefon: 02 31 / 6 53 88
Georg Wahnschaffe,
4190 Kleve,
Königsallee 173
Telefon: 0 28 21 / 2 93 21

Domaine de la Renarde
Titanic Warenhandelsgesellschaft
mbH, 2000 Hamburg 50,
Schützenstraße 35 - 37
Telefon: 0 40 / 8 50 53 51
Weinhaus Burgund,
5000 Köln 1, Rathenauplatz 35
Telefon: 02 21 / 24 96 45
Weinhaus Drexler,
7800 Freiburg, Merianstraße 4
Telefon: 07 61 / 3 39 23
Vin + Vino Weinspezialitäten,
8000 München 5,
Müllerstraße 40
Telefon: 0 89 / 2 60 79 63
Maison Gaston Frottier,
6250 Worms,
Eulenburgstraße 2
Telefon: 0 62 41 / 41 17

Maison Antonin Rodet
Eggers & Franke,
2800 Bremen 1,
Töferbohmstraße 8
Telefon: 04 21 / 3 05 30

Domaine Jean-Marie Raveneau
Domaine Jean-Marie Raveneau,
F-89800 Chablis
Telefon: 00 33 86 421746

Domaine René & Vincent Dauvissat
Weinart GmbH,
5300 Bonn 2,
Drachenburgstraße 36a
Telefon: 02 28 / 85 82 32

Domaine Jean-Paul Droin,
Bordeaux Importkontor Fuchs,
2000 Hamburg 36,
Kaiser-Wilhelm-Straße 53
Telefon: 0 40 / 34 13 47

Château de Fuissé
Fegers & Unterberg,
5000 Köln 1, Heumarkt 55-57
Telefon: 02 21 / 21 32 03
Grand Cru Select
Weinhandelsgesellschaft mbH,
5300 Bonn,
Drachenburgstraße 36a
Telefon: 02 28 / 8 54 10

André Métrat
Delia Baumgarten,
6600 Saarbrücken,
St. Arnualer Markt 6
Telefon: 06 81 / 85 10 17

Domaine de la Chanaise
Schenk GmbH,
7570 Baden-Baden,
Ludwig-Wilhelm-Platz 4
Telefon: 0 72 21 / 35 40
Fegers & Unterberg,
5000 Köln 1, Heumarkt 55-57
Telefon: 02 21 / 21 32 03

Domaine de la Grosse Pierre
Jacques' Wein-Depot,
4000 Düsseldorf 1,
Bilker Allee 49
Telefon 0211 / 39 00 20

Château Moulin-à-Vent
Château Moulin-à-Vent,
F-71570 Romanèche-Thorins,
Telefon: 00 33 85 355068

Château Thivin
Peter Bothmann,
4322 Sprockhövel,
Gartenstraße 18
Telefon: 0 23 24 / 7 28 84

Domaine du Clos du Fief
Michel Tête, F-69840 Juliénas
Telefon: 00 33 74 044162

Sylvain Fessy
Sylvain Fessy,
F-69220 St.-Jean-D'Ardières
Telefon: 00 33 74 696921
Diva,
F-21200 Beaune,
Rue du Grenier à Sel 3,
Telefon: 00 33 80 247323

Domaine de la Romanée Conti
Ludwig von Kapff,
2800 Bremen 1, Hollerallee 24
Telefon 04 21 / 34 63 80 (autorisierter Alleinimporteur vom Jahrgang 1990 an)
Fegers & Unterberg,
5000 Köln 1, Heumarkt 55-57
Telefon: 02 21 / 21 32 03
Weinart GmbH, 5300 Bonn 2,
Drachenburgstraße 36a
Telefon: 02 28 / 85 82 32
Champagner und
Wein Distributions GmbH,
5300 Bonn 3,
Königswinterer Straße 552,
Telefon: 02 28 / 97 08 00
Champa Vins Français GmbH,
5190 Stolberg, Am Glasofen 9
Telefon: 0 24 02 / 2 00 64

STICHWORT VERZEICHNIS

Autor und Herausgeber danken
Henri Meurgey,
Edmée und Christian Voarick
und Inge Dohm
für liebenswürdige Unterstützung

Die Deutsche Bibliothek – CIP-Einheitsaufnahme
Flaschenpost aus Burgund:
Die sechzig grossen Weine / Horst Dohm.
Fotogr. von Jürgen Röhrscheid.
[Hrsg. von Thomas Schröder].—
München: Keyser, 1993
(Edition Frankfurter-Allgemeine-Magazin)

ISBN 3-87405-233-8

NE: Dohm, Horst; Röhrscheid, Jürgen; Schröder, Thomas [Hrsg.]

Layout: Christian Mehrtens

Produktion: Martin Faust, Franz Hofbauer
Bildredaktion: Monika Rettschnick

Herstellung: Wiesbadener Graphische Betriebe GmbH, Wiesbaden

Bindung: C. Fikentscher Großbuchbinderei GmbH, Darmstadt